未来を共創する智恵

沖縄大学土曜教養講座が問う日本の課題

沖縄大学地域研究所 編集

沖縄大学地域研究所叢書

芙蓉書房出版

はしがき――共創の手掛かりに

沖縄大学副学長　仲　地　博

二〇一二年は、私たちにとって二つの節目が重なりました。一つは土曜教養講座が五〇〇回目を迎えるという節目であり、もう一つは沖縄の施政権返還四〇周年という節目です。

市民向けの教養講座が五〇〇回を数えるのは、全国に大学多しといえど、ざらにあることとは思えません。一昨年は、那覇市の市制九〇周年にあたり市民への貢献が表彰され、昨年は沖縄タイムス社から社会活動賞を授与されました。市民に定着した沖縄大学の地域共創活動であり、沖縄大学が密かに誇りとするものです。

その教養講座の五〇〇回目の節目をどう企画し祝うか、学長を筆頭に、副学長、両学部長を含む実行委員会が設置されました。海外に会場を移しての国際的企画案や那覇市民会館の大ホールを一杯にする著名人を招いてのシンポジウム案などの夢が語られましたが、祝うだけでなく意義あるものにしたいという議論は自ずから収斂し、地域に太く根を下ろした沖縄大学らしく、「復帰」の意味を検証し、来し方を振り返り、行く手を展望する連続企画になりました。

四月二十八日の「屈辱の日」（平和条約の発効の日）、五月十五日の「復帰の日」、六月二十三日の慰霊の日（の前後）はそれにふさわしい企画を、ＩＳＯやエコキャンパスに積極的に取り組んだ沖縄大学らしく環境は欠かせない、そしていまや看板学科となったこども文化学科を擁する大学らしくこどもの課題、研究機関として地域研究の総括、教育機関としての沖大の成果等、これらの視点から企画は練り上げられました。

1　4月「時の眼―沖縄復帰四〇年の軌跡　記憶の原像を探る」
2　5月「日本復帰四〇年を問うー沖縄の政治・行政の変容と今後の展開可能性」
3　5月「世界の沖縄学―沖縄研究五〇年の歩み」
4　6月「沖縄における平和教育の課題と展望」
5　7月「沖縄学の未来―沖縄の歴史・文化・政治の情報発信」
6　10月「シンポジウム・子どもの居場所から問い直す」
7　11月「復帰四〇年と沖縄大学―地域に根差す学びの場をめざして」。
8　12月『『復帰』四〇年・持続可能なシマ社会へ―琉球列島の環境問題からの提案―」

本書は、これらのうち2、6、7、8の成果をまとめたものです。3は既に同じタイトルで沖縄大学地域研究所叢書（著者、ヨーゼフ・クライナー）として出版（芙蓉書房出版）されており、8は『琉球列島の環境問題』（著者、桜井国俊ほか、高文研）の執筆メンバーによるシンポジウム部分を掲載しました。4は別途地域研究所からブックレットを準備しております。

あらためて述べるまでもありませんが、沖縄大学は地域の未来を共に作り上げたいと念願しております。小さい大学のこの大いなる志は本書にもきっと表れていると思います。読者の皆様が本書を手にとるときそれは共創の始めであり、そして読後に抱いた共感や批判が共創を構築する具体的手掛かりであろうと信じます。

※土曜教養講座五〇〇回の歩みについては、本書の姉妹編として『地域共創・未来共創』（芙蓉書房出版）が刊行されており、特に学長による「はじめに」を参照いただきたい。

土曜教養講座は、主に学内教員・職員からの発案で実施される。活字化された場合の解説なども担当者に委ねられることが多い。この本には四回の講演&シンポジウムをまとめたため、各回ごとに分量などが異なることをご了解頂きたい。

いずれにせよ沖縄の問題とさらには日本の抱える問題の解決方法が模索されている。

未来を共創する智恵●目次

日本復帰四〇年を問う

—沖縄の政治・行政の変容と今後の展開可能性—

第四九五回沖縄大学土曜教養講座（二〇一二年五月十二日）

沖縄大学土曜教養講座五〇〇回記念〈復帰四〇年〉特別企画シリーズ

【パネリスト】上原　康助（元衆議院議員・元沖縄開発庁長官）

古堅　実吉（元衆議院議員）

白保　台一（元衆議院議員）

仲本　安一（元県議会議員・元沖縄社会大衆党委員長）

西田健次郎（元県議会議員）

吉元　政矩（元沖縄県副知事）

【コーディネーター】金城　一雄（沖縄大学教授）

司会（金城一雄）　本日は、ご多忙の中多くの県民の皆様にご参加いただき感謝申し上げます。皆様ご周知のように来る五月十五日に沖縄県は日本復帰四〇周年を迎えます。四〇年間で沖縄社会は大きく変容してきました。政治・行政においても然りでございます。戦後二七年間はアメリカの軍政下で琉球政府として行政を行い、立法院で政党政治の展開と立法が行われていました。日本政府や本土の政党政治との結びつきは弱く、沖縄の独自的展開が強かったように思われます。しかしながら、一九六九年に日米間で沖縄返還が決定され、一九七〇年の国政参加を契機に政党政治の本土系列化が深化し、一九七二年の復帰後は行政も日本政府と不可分のものとなっていきます。

戦後沖縄の政治・行政、そして労働運動等はどのように展開され、変容してきたのか。本日のシンポジウムでは、それぞれの局面で大きな役割を果たされた方々をお招きしております。貴重な体験等をお話しいただいた後に、参加者の皆さまとの討論を行いたいと考えております。

それでは、パネリストの先生方のプロフィールをご紹介致します。（後掲）

本日のシンポジウムは、三部構成で進めさせていただきます。第一部は「復帰前・復帰時・復帰後の琉球・沖縄の政治・行政・経済・労働状況」について、第二部は「昨今の日本・沖縄の政治・行政状況（社会・経済を含めても可）をどのように捉えるか」。第三部では「今後の沖縄の政治・行政（社会・経済を含めても可）はどのようにあるべきか。また政治家・行政・県民に何を望むのか」等についてお話をいただき、それぞれフロアとの質疑を交えながら進めていきたいと思います。

金城一雄

第一部
復帰前・復帰後の琉球・沖縄の政治・行政・労働運動等の状況

司会　これより第一部を始めさせていただきます。最初に各パネリストの方々に「復帰前・復帰後の琉球・沖縄の政治・行政・労働運動等の状況」について五、六分程度お話をいただき、さらに二、三分の補足説明をいただいた後に、本日ご参加の皆さまとの質疑応答をおこないたいと思います。

それでは、順番に行きます。まず上原先生よろしくお願いいたします。

上原康助　今日は沖縄大学の地域研究所の第五〇〇回シンポジウムにこのようにたくさんの県民の皆さんがご参加のことをうれしく思います。ご紹介を受けました上原康助です。私の方から、最初に発言するのは、ちょっとチムフトゥフトゥー（気分が高揚）して、頭の整理もしてありませんので、ご期待に添えないかもしれませんが、また五、六分程度で今までのことを話しなさいと言われても、そう要約できるものではありませんが、ご指名ですので、私の所感を述べさせていただきたいと存じます。

いよいよ沖縄復帰四〇周年を来る五月十五日に迎えることになります。おそらく会場におられる皆さんもいろいろと復帰に対する思い出、また、これからの沖縄をどうするか、というお気持ちもお持ちだと思います。

私は一九五一年に高校を卒業して、食べ物もない、裸足で、大変な戦後の状況で、軍作業に食うために入りました。私が軍作業に入って一番感じたことは、もちろん、まだまだ能力もない、勉強もしていないからよくわかりませんでしたが、アメリカの民主主義というのは平等で、人を大事にする、人権を尊重するというのが、にわか勉強でも知っていたんですが、軍作業やアネーアイビランタン（そうではなかった）。お手洗いも沖縄の人は別、コーヒーショップもない。沖縄の人をなんと呼ぶかというと、日本人とはもちろん言わない。リュウキュアン（琉球人）あるいはローカルネイティブ、これは地方人と訳するのが適切かもしれませんが、ある意味では〈土人〉というふうに聞こえますね。私は、アメリカは民主主義国家といわれているのに、なぜこういう人種差別をするのか、と疑問をもちながら少しずつ成長をしていった。一九五〇年代というのは、みなさんおわかりのように、北谷村とか小禄村とか伊江島とか、みんな銃剣とブルドーザーで沖縄の豊かな水田や畑を強制接収されて軍事基地をつくったんですね。そういう中で沖縄の社会経済状況も、政治家のみなさんも、だんだんこれは平和憲法、日本への復帰を考えなければいかない、ということで、次第に社会の状況が変化をしていくことになるんです。

一九六〇年代に入って、まだまだ大変でしたが、毎朝、黙々と金網の中に出入りする軍雇用員というのは、これでいいのかと、疑問を持つようになりました。ウヒグヮー（少し）は勉強もして、労組結成に立ちあがって、いろいろやりました。一九六八年の4・24、一〇割年休、これは沖縄をある面では非常に奮い立たせましたね。そして銃剣闘争とかそういうのもあって、一九六九年の日米共同声明、佐藤・ニクソン会談で沖縄が一九七二年中に復帰するということになったら、今度は二四〇〇名の軍雇用員解雇というのが出てきて、そこから大闘争に発展をしていくんです。

そして、いろいろな闘いがありましたが、全軍労の委員長をやってい

上原康助

る上原を国会に出そうという声が出てきた。基地問題とかそういうものをやってもらうから、ということで。私は自分で自分の性格、人間性では政治家には向かないと見ていたから断ったんですが、チャーシンイジレー（どうしても出なさい）と言うものですから、一九七〇年の十一月に安里積千代さん、瀬長さん、西銘さん、國場さん、私が衆議院に。そしてもうお二人、喜屋武真栄先生、稲嶺一郎先生が参議院に当選した。一時「七人の侍」と言われていました。

一年ぐらいはウチナーンチュ（沖縄人）ということで仲良くしていましたが、だんだん、日本政府のやることがおかしくなってくるから、政党的な立場もあり七人の侍の協力関係も、次第に十分ではなくなっていきました。そして、沖縄復帰が目の前という一九七二年近くになって、一九七一年十一月十七日三時十六分に、あの沖縄返還協定が衆議院の第一委員会で強行採決されたんですね。自民党の緊急動議でね。このことは、私は今も、絶対に忘れられない。本当に沖縄を侮辱しているのか、と。これほど憤慨したことはありませんでした。

ようやく一九七二年の復帰を迎えて、今度は与儀公園近くの市民会館で記念式典が持たれていましたね。私と瀬長さん、多分安里先生もそうだったと思うんですが、与儀公園の県民抗議大会に参加しました。これが四〇年前の沖縄返還で日本政府がやってきたことなんです。根源は今の基地問題にしても、いろんなことについても変わっていない。これをどうするかということを、どうぞ新しい世代の皆さんが、先人たちがやってきた苦労を参考にしながら、これからの沖縄を自分たちの感覚で、自分たちの社会観、正義感、連帯感で切り開いていってもらいたい、というのが私の本当に強い念願でありますので、ご参考にしていただきたいと思います（拍手）。

司会　上原先生、どうも有難うございました。続きまして、古堅先生お願いします。

古堅実吉　貴重な時間だと思って、原稿にしてまいりました。読み上げますのでご理解いただきたいと思います。

復帰四〇年です。同時に一九五二年四月二十八日、沖縄の施政権をアメリカに委ねた、あの屈辱的なサンフランシスコ平和条約と、日本を対米従属下にくくりつけることになった日米安保条約が発効して六〇年を迎える年となっています。そして沖縄では、アメリカの軍事的植民地的支配の下部機構であった琉球政府が設立され、それから実に二〇年も続きました。私は、一九六〇年から復帰まで立法院議員の職にありましたので、立法院でのいくつかの問題をエピソード的に報告させていただきたいと思います。

最初に、日本復帰要請決議についてです。立法院は任命行政主席が米国民政府の完全なコントロール下に置かれていた状況とは異なって、住民の切実な声が反映され、対外的な諸活動を展開する住民の代表機関としての役割を担う一面がありました。その二〇年の歴史の中で取り上げた対外的な決議は約三二二本で、そのうち圧倒的に多いのが、復帰要請決議の約三〇本であります。最初の決議は、立法院設立初年度の一九五二年四月二十九日でした。題名は「琉球の日本復帰に関する請願」。内容は「対日平和条約第三条によって、琉球は尚日本の一部であると吾々は信じて居ります。然しながら実際に政治的に日本から切り離されていることは、吾々琉球住民の苦痛とするところであります。（時間の都合により少し端折ります）。何卆住民の意志を理解せられ、一日も早く日本復帰を実現せられるよう熱願する次第であります」こういった調子で、いかにも恐る恐るアメリカに向って請願をしたという内容のものでありました。その上、念入りに

古堅実吉

も感謝状という決議まで抱き合わせでやられたのであります。アメリカ民政長官、民政副長官、首席民政官あてのものでありました。これが初回の復帰決議です。ところが、一九六〇年代に入り、沖縄県祖国復帰協議会を中心とする県民の闘いの高揚期となった、六〇年二月一日の、あの有名な立法院2・1施政権返還要請決議は、実に堂々と県民の意思を表明したものとなっています。

最初の打ちだしから、「日本国との平和条約第三条によって沖縄を日本から分離することは、正義と平和の精神にもとり、将来に禍根を残し、日本の独立を侵し、国連憲章の規定に反する不当なものである。しかるにアメリカ合衆国は、軍事占領に引き続き前記の条約によって沖縄を日本の統治から分離し、施政権を行使すること一六年に及んでいる」。このような調子で、実にいい内容の、かなり厳しくアメリカの沖縄支配を指弾するものとなっています。それは立法院が豹変したというものではなく、復帰協を中心とする県民の闘いの質的な発展が立法院決議に反映された結果でありました。

次に憲法記念日についてです。米軍占領下の沖縄で、しかも沖縄だけにしかない、日本国憲法記念日が制定されていたことについて、ご存知ない方も多いと思います。その記念日は、一九六五年四月九日に住民の祝祭日に関する立法の一部改正として生まれます。本土での憲法記念日は「五月三日日本国憲法の施行を記念し、国の成長を期する」となっておりますが、沖縄の記念日は、「五月三日日本国憲法の施行を記念し、沖縄への適用を期する」でした。憲法記念日の内容が闘いの内容になっているものであります。本会議での提案説明では、「憲法記念日を設け、憲法の沖縄への適用を期して闘うことは二〇年にわたるアメリカの支配を打ち破り、祖国復帰を勝ち取る道に通ずるものである」と述べています。沖縄で初めて憲法記念日が実施されたのが、一九六五年五月三日でした。その憲法が沖縄に適用されたのは、それから七年後であったのであります。

三番目に、高等弁務官メッセージ拒否の闘いです。立法院本会議場の表玄関が毎年一度だけ開かれる日があったことについてもご存知ない方が多いと思います。それはオールマイティな権力と言われていた琉球列島高等弁務官が定例会の開会にあたり、支配者のメッセージを発表するために登院するときでありました。高等弁務官メッセージは一九五六年に始まり、六八年まで十三回に及んでいます。私が最初の定例会開会を迎えたのは、六一年二月一日で、ブース高等弁務官のメッセージがありました。私を除くすべての議員が総立ちとなり、力一杯拍手で弁務官を迎えました。私はそのとき、県民代表の立法院が、これではいかん、と強く思いました。それ以後毎年、メッセージを止めさせるよういろいろな闘いを同僚議員にも呼び掛けて行い、ついに八年後の一九六九年にはあの高等弁務官の登院を止めさせたのでありました。沖縄にとって小さなことではなかったように思います。以上で最初の発言を終わります。

司会　古堅先生、どうも有難うございました。引き続きまして白保先生よろしくお願いします。

白保台一　白保台一でございます。実はお二人の先生方との年代の差もありまして、私は同席させていただくのが適当かどうか、ということも考えました。同時に、我が党のグループのあの時代にいた先輩の皆さん方がおりませんので、今お二人のかくかくたる成果のあったお話とか実績だとか、そういうことを話すことができる人が、もう今はおりませんので、私で適当かどうかはわかりませんが、県議もやり衆議院もやったからぜひ出てこい、ということでございましたので、私自身の過去を振り返ったお話をさせていただきますので、ご了承をお願い申しあげます。

六〇年安保のとき私は、石垣にいました。八重山高校の三年生ですから、あのころになりますと、新報もタイムスもしっかりと報道がなされていて、石垣にも届いておりましたから、安保闘争というのはすごいな、とそのようなことを見ながら一九六一年に進学で東京に行ったわけです。六一年に大学に入って一年間は静岡の分校の方に行っておりましたので、その間のことはよくわからないんですが、六二年（昭和三十七年）に東京へ戻って来てたいへん驚いたことは、あの六〇年安保闘争というのはいったいなんだったのか。あんなに騒然としていたものが、東京というのは槌音高くものすごい勢いでもって、東京の社会資本の整備がされて、昭和三十五年に岸さんが引退して、池田さんが総理になって所得倍増論ということを言う。所得倍増なんてのは本当にできるのか。子どもですからびっくりしてましたけれど、昭和三十九年の東京オリンピックを目指して、東京はすでに安保の話よりも経済の発展のことで、まさに所得倍増論の勢いに乗っかったそういう形でもって東京オリンピックへ東京オリンピックへと、全国が東京中心に進んでいく。東京は、日本は、東京オリンピックを契機にして国際社会へ躍り出ようとこういう時代だったと思います。

そのころ私たちは貧乏学生ですから、先輩に呼ばれてラーメンおごってもらって、あるときはアパートへ集まって、先輩が復帰の話をしてくれるわけです。日の丸に名前を書いたり、署名をしたり、ということで、先輩に連れられていろいろなところに行って、お話をさせてもらったり。そういう時代を経て、沖縄が今、憲法という日本の恒久平和、基本的人権の尊重、国民主権、こういう人権が非常に尊重されるそういう憲法の下に、沖縄社会は復帰しようとして、一生懸命頑張っている。東京は国際社会に躍り出ようとしている。その落差の中で私は、非常にさみしい思いをしました。必ず復帰して、我々も豊かにならないといけない。こういうような思いを強くしたのが、学生時代でありました。

白保台一

卒業して、昭和四十四年の暮れの、佐藤・ニクソン会談の話が出ましたが、あのときテレビで「両三年」という言葉が出てきました。「両三年」って何だ、二、三年だよ、ああそうか。二、三年、両三年の間に沖縄が復帰するんだという、こういうニュースをテレビで見ながら非常に感動を覚えたわけであります。その後、衆議院の事務局に配属になりまして、衆議院で衆議院議員の他府県の秘書をやらされました。当然のこととして「調査なくして発言なし」という命題を掲げておりましたから、他府県の議員の政策でも調査活動に専念をしました。ずっと調査ばかりをやっておりました。一回目の上原先生たちが参加された国政参加選挙で我が党は代表を出すことができませんでしたので、次に代表で出てくるまでの間、他の県の秘書をやっておりましたけれど、その間に昭和四二、四三年に在日米軍基地の総点検というものをやりました。四二年に全国の総点検をやって四三年沖縄の基地の総点検、そして大体全貌をあきらかにするという形になったわけでありますが、その後、私どもの代表が出てきて、そこで秘書になりました。復帰するために、先ほどの古堅先生のお話にもありましたが、いろんな条例とか決議等、大変な作業があったんだろうと思います。日本という体制に移行するわけですから。その作業は多としますけれど、私は、もしその中で何か積み残し分があったりすると大変なことになる、人権の問題とかそういった問題で大きな課題が出てくるんじゃないか、所有権の問題とかいろいろあるんじゃないか、と真剣に考えておりました。というわけであります。ということでまた調査活動を始めていきまして、旧日本軍用地、この問題に真剣に取り組むことになったわけであります。これは宮古・八重山と、沖縄本島ではだいぶ形態が違うわけですけれど、ある日突然、四七年五月十五日を期して、これはおれたちのものだと思っていたものが、突如として国有地になっている。なぜ国有地になったのか、その経過がはっきりしない。そういう中で人の所有権というものを経過もきっちりとしない中で、そういう簡単にできるものなのか、そういうことを含めてやはり人権の問題、あるいは所有権の問題、そういったことを含めて、その後私たちはしっかりと取り組んでいかなければいけない、ということで取り組んでまいりました。時間がまいりましたので、一回目の挨拶にさせていただきます。

司会　白保先生、どうも有難うございます。時間を守っていただきまして有難うございます。次に仲本先生、お願いいします。

仲本安一　みなさん、こんにちは。仲本安一（アイチ）です。一〇年前ですと、皆さん方のお顔を拝見しますと有権者に見えたんでしょうが、今ではただのおじさんおばさんにしか見えません（笑）。今ご三方からいろいろ発言がありましたので、重複しないようにしたいと思うんですが、会場をお見受けしますと、三分の二はウチナーンチュヂラ（沖縄の人の顔）した人がおられます。三分の一はヤマトンチュヂラー（大和の人の顔）して、イルシルー（色白）のチュラカーギー（美人）の方がいらっしゃいます。それともう一つ、本当はわれわれの話は温故知新と言いますか、歴史を学ぶという意味では、学生さんをはじめ、もっと若い世代に伝えたかったんですが、大体私と同じようなランプグヮー（灯火）時代に、芋を食った方々が集まっても、これはお互い傷をなめ合って、同病相哀れむ話になりかねません。しかし、ここに座った以上は、時間内に話したいと思いますが、私がこれから発言することは、アメリカーというのはいわゆる米軍人や権力者を指します。ヤマトゥーというのは霞が関とか永田町を含めた権力層を指しますので、個人的にはウチナーンチュにもヤマトゥンチュにもイイッチュ（良い人）もヤナンチュ（悪い人）もいますから、ヤマトゥンチューと言ったからといって、ウチアタイ（僻み）せんようにして下さい。

そこで申し上げたいのですが、われわれは今から四〇年以前から復帰運動をしたんですね。私は一九五五年に東京に行き、四年ばかり日大法学部にいました。弁護士になろうと思って、当時ウチナーンチュは皆差別されていたから、正義の味方の弁護士になってやろうと思ったんですが、その時「プライス勧告」というのがありまして、土地の強制接収がなされ、それを受けて沖縄では「四原則貫徹」といって頑張っていた。血気盛んな青年時代ですから、これじゃあいかんと、沖縄出身の学生たちに呼び掛け、当時、社共のくだらん対立で、沖縄県人会も分裂して雲散霧消していたので、それではしょうがないと、二〇〇人ぐらいの沖縄出身学生が集まって「東京沖縄県学生会」を結成しました。それが中心になって沖縄返還運動をやったのです。そしてその一ヵ月後に、「東京沖縄県人会」を浅草公会堂で結成し、神山政良さんを会長に、県人会を再建しました。それを起爆剤にして、今度は、「沖縄問題解決促進国民運動連絡会議」というのを、社会党、共産党、総評、同盟や日本青年団協議会など多くの団体が入って作りました。後に「沖縄返還要求国民運動連絡協議会」に改名され、これがいわゆる「沖縄連」です。その時はこういう運動など学生運動ばかりして司法試験の勉強をしないものですから、弁護士をあきらめました。そして、オジーにも非常に怒られました。「お前、ランプグヮー時分に、あり金の大半を学資に送ったのに、こんな、余計な政治運動をやって、弁護士とか医者だったら学資を出した価値があるんだが、なにしに東京まで行ったんだ」とさんざん油をしぼられたことがあるんですが、それでも卒業後に帰って来て、すぐ沖縄社会大衆党に入党。社大党は人道主義的で、復帰運動の中心でしたから、迷わず入党しました。そして一方、青年運動に関わりまして、一九六〇年には沖縄県青年団協議会の副会長に選任され、そのときに沖縄県祖国復帰協議会（復帰協）をつくりました。余談ですが、小沢一郎は壊し屋ですが、私は作り屋

仲本安一

で、県学生会も県人会も作ってきました。ところで、沖青協というのは網羅組織で、ヤンバルから与那国までである。教職員会も同じくである。この二つの団体が共通の広場ということで中心になり、いろんな準備をしていったんです。私も規約を作ったり、運動方針を作ったりしました。そして一九六〇年の四月二十八日、沖縄タイムスホールで結成大会をして、国際通りをデモ行進した記憶がよみがえってくるわけでありますが、そのような形で頑張りました。政党は沖縄社会大衆党、沖縄人民党、それから沖縄社会党など、それに官公労などでありました。そういう形で復帰運動をやり、復帰一途にと言ってもいいぐらい、我が人生は復帰運動に終始したという感じがしてなりません。

一九六二年に那覇市役所に入って自治労運動をしました。兼次市長から西銘市長の時代でしたが、西銘さんともいろいろやりあいましたが、その頃一九六七年でしたか、弁務官の主席指名というのがありました。松岡主席が指名されようとしたものですから、我々は復帰協傘下でそれに反対し、阻止闘争をして立法院を包囲したんです。後の「教公二法」の先陣を切った全県的な闘いでしたが、院内に五十数名が入り、抗議行動をして、会議を蹴散らしたかっこうになったわけです。それで刑法上は建造物不法侵入ということで検挙されて、十二年間、被告団長として裁判闘争を闘った経験がありますが。私は確信犯的な正義の味方でしたから問題ないが、こども達は大変でした。「お前の親父は被告か」と言われて。被告というと盗人かなにかしたように見られる時代ですから、大変だったと思います。当時、琉大生だった二十歳前後の正義感のあるときはよかったけれど、三十前にもなって結婚して子どもができて、「パパは被告」と言われるのがつらいから早く裁判を止めてくれと泣きつく人もいるし、自殺した人もおりました。そういう闘争を経て、一九六〇年、話は遡りますが、古堅さんは三十歳で立法院議員に当選されましたが、私は二十五歳で落選しました。後に三十歳で那覇市会議員になり、四十五歳で県会議員になって頑張ったんです氏）が、その後に参議院や衆議院に立候補したが、ヒッチー（しょっちゅう）落選して。ここにもそういう人がいますが（笑）、そっち（上原・古堅・白保氏）はみなくじ運がいい人、こちら（仲本・西田・吉元氏）はくじ運が悪い人ですなー（笑）。それでもこういう風に元気で頑張っております。

とにかく復帰は実現した。われわれは祖国復帰と言っていたが、「琉球住民」から「日本国民」になろうとした、「沖縄県民」になろうとしたんです。しかしなれなかった。だから、私は「祖国」とは言いたくない。「同胞」とも言いたくない。ウチナーンチュはウチナーンチュで今後生きていかなくちゃならん、と思っています。これ以上なめられちゃいかんのです。もっと自主性を持って、自立、主体的に「沖縄特別自治州」を目指して頑張っていこうではありませんか。ありがとうございました。

司会　後半は、仲本節・炸裂という感じでしたが……。次に西田先生お願いします。

西田健次郎　今日は、少しショックがありますけれども、当時のことを、まず何をしていたか、説明しろというコーディネーターから指示がありますから、私は一九六三年の琉球大学の入学です。それで、当時はほとんどの学生はアルバイトで学資をかせがなくてはならない。一年のときに、その貧乏学生たちをなんとか少しでも支えられないか、当時、ヤマトでは大学生協がかなり影響力を出していましたから、琉球大学の学生生協をつくろうということで、琉球大学学生共済会というのがスタートしたんです。一年のときから積極的に参加をしまして、三年ぐらい共済会の委員長をやりました。そして学生共済会食堂を経営する。男子寮・女子寮に売店をつくる。狙いは、当時はそばが一〇セントでしたので、それを九セントで提供しよう。それから五セントのパンを四セントで売ろう。五セントの牛乳を四セントで売ろう、と。その時、私は伊是名で育ったことも幸いして、オキコ（社長は伊是名村出身）さんとか明治乳業さんとか、こういう企業に協力していただいたんですよ。そういうことで学生共済会、今のコープですよね。それの前身になると思ってください。そのころ、私はほとんど三時間睡眠ぐらいで三年間、学校どころではなかった。一生懸命やっていたものですから、あいつは民青だ、と今でも誤解されている面があるようですけれども、私が卒業してから、共済会もコープも共産党に持っていかれたんです。はっきり申し上げておきます。

さて、次に二点目ですけれど、4・28闘争というのは、あの時の沖縄の米軍占領の実態からすると、まさしくウチナーンチュの心としての叫びであったわけです。だから「沖縄を返せ」の歌も、本当にウチナーンチュの声として、県民で大合唱をしました。今でも私は丸暗記しております。それで、私も二年までは、4・28闘争のリーダーとして参加していました。しかし一九六五年、ベトナム戦争が激しくなってきたころ、本土では第一次安保闘争の余韻がまだ残っていました。そのときから、六五年あたりから日の丸の、純粋に民族運動であったはずの復帰闘争が、だんだん変質していったんですよ。日の丸が赤旗闘争に変わった。最後は左翼階級闘争に変わっていったと私は見ています。一九六五年からは保守系自民党系は4・28大会に大会から排除される、参加できなくなったんです。4・28闘争が日米安保破棄、米軍基地の即時撤去運動に変わっていくんです。われわれがついていけなくなった。このような歴史の事実というのがありました。大学のキャンパスは革新にあらずんば人にあらず、という状況で、赤旗一色ですから。そのときに、この赤旗に万人が蝟集する中で、衆人酔えるなかに独り醒むる者として、私は自民党の学生部を七名の同士でスタートをさせました。それで自由主義学生同盟というのを結成して、以来、茨の道を歩むことになってしまいましたけれども、ひたすら自由民主党として闘いをしてきた青春

西田健次郎

であり、今日であります。

なお、復帰闘争というのは、学校の先生方、公務員のみなさんが先頭になって、そのエネルギーが復帰を実現させた。そのことについては率直に評価をしているものです。しかし、その復帰闘争があまりにも政治的に先鋭化したために、県民のマグマが政治闘争に集中していったので、沖縄の県民生活はどうなるんだ、一〇年後、二〇年後の沖縄の暮らしはどうなるんだ、というような経済を真剣に議論する、県民全体として話しあいをする、そういう提案と論議が欠落していた。これは当時、復帰闘争をしていた人たちも認めています。そういうことがあったのも事実ですね。

結びとしては、復帰にはいろいろな思いがありますけれども、正直なところ、一九七二年沖縄の県民所得は四四万円ぐらいでした。今、二〇四万円ですよね。この間、高知県が少し沖縄より落ちましたけれども、まだ全国から下から四番目。それでも四四万円からこの四〇年で県民所得は二〇四万円に上がってきた。県民総生産、ＧＤＰは復帰の時は四五〇億円、今は三・七兆円です。これは五兆円まで持っていかなければならない。そういうことからすると、復帰ということは、政治的捉え方がいろいろありましょうけれど、私は素直に復帰してよかった、そういう評価をしていい、と思います。県民の世論調査でも大体、八割か九割近い人が復帰してよかったんじゃないの、という評価をしていることは認めていいと思います。

ただ、経済的な側面から見ると、復帰の時の大失敗は、当時沖縄は司法権、行政権、立法権、三権を持っていたんですよ。これをいとも簡単に日本の権力機構の中に融合させてしまった。これは大失態だと思います。飛行機は国際航路を内港にされてしまった。船運賃も、サンフランシスコから日本に来る運賃と、神戸から那覇に来る運賃と一緒なんです。こういう経済、沖縄が自立できないような足かせを咬まされるということを、沖縄の経験不足なのか、智恵が不足していたのか、大失敗をしたということだけは、大きな反省です。それから、小泉改革で、沖縄は復帰三法の、理念・約束の沖縄の経済自立を国がやりつくしてないのに、みるも無残に、小泉改革で沖縄の経済生活は崩壊してしまった。この点は鋭く指摘しておかなければならないと思います。

司会　西田先生、どうもありがとうございました。本人も述べておられるように、西田さんは左翼の民青とか日思会とかの右翼ではなかった、というお話です。それでは、次に吉元先生お願いします。

吉元政矩　西田さんが私のそばに座って、復帰運動に対決していた話を本音でやってもらった。うれしいです。今までそういう機会がなかった。復帰四〇年経って、今日は私にとって、西田さんの本音はこうだったのか、とつかめたという点では大成果です。これからはいっしょに闘っていきたいですね。これからが問題だと思います。

私は一九六三年、六四年、六五年、復帰協の事務局長をしていました。二十六、七、八歳頃、まだ独身でした。先月、納戸を片付けていたら名刺が一枚出てきました。「沖縄県沖縄官公庁労働組合組織部副部長、建設運輸支部書記長（専従）、沖縄県祖国復帰協議会事務局長　吉元政矩」、あの時の名刺を見てびっくりしたんです。電話番号も書いてあります、「復帰協事務局は、８の２９０３」。復帰段階では、私は琉球政府の職員の労働組合である沖縄官公労の書記長です。八六〇〇名ぐらいの組合員の身分引き継ぎ、賃金の現給保障などを含めた闘争の中心に据わっていました。琉球政府は今で言うならば、県庁と国の出先機関のすべてをまとめた組織ですから、復帰段階で琉球政府の中から国の機関に身分が移っていく人もたくさんいました。わかりやすく言いますと、総合事務局ですよね。行きたくない、って言うんですよね。「なんで？」って言ったら、どこに飛ばされるかわからん。将来の生活が不安だ、と。ではこれも日本政府との団体交渉の事項にするか、などですね。実は復帰前は、「組合員の命と暮らしを守る」という、大げさな言い方かも知れませんけれど、そういうものも真ん中に据えて労働組合をやっていた。思い出になるのは一つ。復帰が一九七二年の五月十五日、五月六日~十日、この最後のパスポートを出さないというアメリカ民政府の労働局長のところへ行って、パスポートを取りまして、東京へ行ってきました。沖縄担当大臣の山中さんに会いました。山中さんの部屋で、大臣室でさしで抗議をしました。もちろん社会党の当時の大出俊さんとか伊藤茂さんとか多くの方が傍に座っておられた。

あの頃、一番大事だったのは最後の一人まで身分を完全に引き継がそうということです。もちろんそれは当たり前でしたから、組合も、ものすごくそれに危機を感じて、沖縄県に残りたい、国の方に移転したくない、移りたくない。ところが労働組合が二年前、一九七〇年の定期大会で決めた方針があり、今やっている仕事がどこに引き継ぐか、ということで身分もそこに行くよ、という原則を作ったんです。ところがその原則から、最後の二人だけ外されるんです。労働組合の沖縄官公労の中央執行委員二四名、その中の二人、一人は当時の委員長の仲吉良新さん、お名前はご記憶にあるかもしれません。彼は身分引き継ぎや名簿では、国の方に、法務省の方に引き継がれることになっていた。もう一人は私なんです。吉元政矩という名簿が作られていた。私もともと気象台の職員で、気象職なんです。ですから全部向こうで引き取る、と思ったんですが、この二人の身分を沖縄に戻すために先ほど言いました山中さんと詰めをやりました。山中さんは笑って答えない。だけど、名簿を作るのは琉球政府ですよ。私たちは琉球政府主席、屋良さんと交渉の中で決着を付けます。付けたときにいちゃもん付けるな、という話をしに行ったようなもんです。もち

吉元政矩

ろんたくさん課題はありました。まあそういう意味で、二人だけ残された。当時の沖縄官公労、それが沖縄闘争の中心でやっていました。執行委員会が決めたのは、沖縄県庁に身分を移しとったほうが、沖縄のためにこの二人を使えるのではないか、というのが決定だったんです。少なくともあの時分は、そういう危機感を、どうなる、復帰後の沖縄は、というごっちゃに抱えていた時代です。

それから、先ほど仲本安一さんが、逮捕者が十何年間、裁判にかかった刑事事件の話を、立法院闘争、ですからあのとき私は復帰協の事務局長で、院外の方のテレビ中継車の上に乗って、立法院闘争の指揮を取っていたんです。あのときに私が「突っ込め」と言った。だから入ったという人がおりましてね。立法院の玄関を開けたのは仲本さんなんですね。今だから言えますが……。あのとき、いや吉元は何も言わなかったけれど、機動隊が、警察が、押し合いへしあいしてひっぱりだしてひきずり込まれているうちにやったんだ、ということに落ち着いたんですけれど、それにしても長い裁判闘争でした。十四年。あのとき私は警察からは無罪放免でしたけれど、回りまわって、一九六七年の教公二法闘争、私は被告人代表で一〇年間、復帰後も刑事裁判を抱えました。結果としては無罪でしたけれど。でも、そうとう厳しい裁判闘争で一〇年間かかった。一〇年というとちょうど復帰を挟んでいますので、さきほど西田健次郎さんが、法的なことをいろいろ言っていましたよね。あの時の刑事裁判、あるいは刑事罰、ほんとにそのまま日本の憲法のもとに作られた法律で処罰されるのと同じような形で引き継がれていいのかどうか、というのは実は大問題になった。しかし、全体の流れとしては、いやそれでいいんじゃないか、ということで、復帰特別措置、法律関係の引き継ぎなどはされていったんですね。ですから、あのことは私は最後まで忘れないつもりです。時間がありませんのでこの程度にしますけど、復帰後は職場復帰をしました、県庁に。でも一九八三年に県庁を辞めたんです。辞めさせられたというのが本当かもしれない。県労協の事務局長に引っぱり出されて、そのときに少しかっこいい表現をしました、記者会見で。「沖縄闘争を再構築する」。だから県庁を辞めた、いっしょに協力してくれ、と。県労協にも、関連団体にも、頭を下げたことがあります。あれから一九八七年嘉手納包囲闘争、一九九〇年にも第二回がありましたよね。大田知事が一九九〇年の十一月に誕生、その後は政策調整監、副知事をやりました。今は完全にフリーです。日々の状況に対応しております。以上です。

司会　どうも有難うございました。それでは、早速ですが、本日のパネリストの方々がお話になった内容に関連しまして、フロアの方からご質問等がございましたら、挙手をしてください。どなたでも遠慮なくご質問していただきたいと思います。

フロアA（女性）　最初にご質問させていただくことをお許しください。とても感動的な皆さんのご意見を聞いて、お二人の先生に簡単でけっこうですけれど質問をしたいと思います。私、長いこと県庁に勤めておりました大城と申します。古堅先生に、一点は。実は私県外の出身なものですから、高校のクラス会を復帰四〇年に合わせて、五月二十一日から四日間、同級生を呼んでいるんです。その資料づくりに「沖縄を返せ」の歌をプリントしようと思って、いろいろ歌詞を探したら、灯の合唱団が出している楽譜の中にありまして。それをつくったのは、私、沖縄の人だと思って、長いこと「沖縄を返せ」を歌っていたんですが、福岡の司法支部がつくったと書いてあるんですね。その辺が、どうして福岡の司法、裁判所の組合のみなさんだと思うんですが、その辺がもしおわかりでしたら、ということをお聞きしたいんです。

それから二点目に吉元先生にお聞きしたいのは、復帰のときに、いろんな苦労があったことは私も今改めて思い直しているんですが、行政組織で、私は当時は労働局の婦人少年課というところにおりましたから、国に行くことになっていたんですが、いろいろあって県の方になったんです。そのとき、復帰して国際婦人年のときに、労働省沖縄婦人少年室が移ったんですが、県に女性行政の窓口がなくて、そしてその後、やっと国際婦人年のころに県にも必要だということでつくったんですね。その時、欠落して、婦人少年行政、婦人行政を県の方にそのまま残しておくべきだったんですが、その辺の経過がもしおわかりだったら、今、本当に女性行政は進んでいますけれど、当時はまあそういうことがなかったのかな、と私も気がつかなかったんですが、その点よろしくお願いします。

司会 古堅先生、今のご質問について、いかがですか。

古堅 あまり細かいことはわかりませんけれど、おおまかなことを申し上げれば、「沖縄を返せ」の歌というのは、沖縄で復帰運動をする人たちがつくったということではなしに、沖縄を返せ、の闘いというのは、文字通り、日本国民全体の闘いだという立場を踏まえて、全国的に「沖縄を返せ」、そういう闘いを展開していかなくちゃいかんじゃないか、そういう立場を踏まえて、全司法の福岡支部、そこの労働者たちがつくり上げ、その曲を荒木栄の編曲によって、今日歌われている、そういうことになっています。それから、取り上げられたのは、九州の歌声大会、大牟田で開催されたものでしたか、第三回か第四回の歌声大会でそれがいい歌だということで取り上げられて、その後、その曲についても歌いやすいように編曲をされる、そういった形で普及していったものであります。ですから、あの歌を、最近、飲み屋での話し合いみたいな、そういうところで出そうな、最後のところを「沖縄を返せ」を「沖縄に返せ」そういう形でもじってやる人たちがいるんです。私はそれには抵抗があります。日本全体の立場から我が国の独立と平和を、その立場を踏まえてつくり上げられ、歌われた歌なんで、「沖縄に返せ」などという形で矮小化してそれを琉球独立みたいなものにまで結びつける、そういうふうなニュアンスをつくろうとするものがありますから、私はそれには抵抗を感じています。

吉元　その「沖縄を返せ」の歌を作った職場、仲吉良新さんはそこにおったんです。ですから、それを作って、広げる中にいたんです。その後、仲吉さんは沖縄に戻ってきて、琉球政府に入る。それから、婦人行政の話ですね。言われて気がついたんですが、そうですね。考えてなかったですね。（笑）

司会　他にご質問等ありませんか。質問がないとパネラーの先生方もイマイチ元気が出ないと思いますので……。

先ほどの「沖縄を返せ」ですが、私は高校生のときに、新聞社に投書をしまして、その作詞・作曲者と五線譜の楽譜を公表してくれと書いたら、ちゃんと公表してくれました。ただし文末に、今後はこのような質問にはお答えできません、と付記がありました。蛇足かもしれませんが……。

第二部
昨今の日本・沖縄の政治・行政状況等

司会　これより第二部に移りたいと思います。

第二部はさきほども申し上げましたが、昨今の日本・沖縄の政治、そして行政状況、もちろん社会経済状況を含めてもよろしいですが、それについてどのように捉えておられるのか。これは沖縄県議、国会議員も経験なさった先生方もおいでですし、またあらゆる形で日本の政治状況と関連している方々もおりますので、先ほど仲本先生は、小沢一郎は壊し屋で、私は作り屋だとおっしゃっていましたが、そういうことにもちろんからめてもかまいません。どういう角度からでもけっこうですので、昨今の日本・沖縄の政治行政状況についてお話しいただければ、と思います。お一人五分です。上原先生、お願いいたします。

上原　立った方がいいので、立って話します。今の政治状況については、会場のみなさんだけじゃなくして、特に沖縄県民、国民全体が大変な不信感というか、期待はずれになっているとみていると思うんですね。ただ私は、政治の世界で、三〇年近く働かせていただきましたが、そう簡単なことじゃないですね。今の民主党の、政治運営、政策マニフェスト等々、国民から大変な批判を受けているのはよくわかります。ただ、では今の民主党を叱るだけで、日本の政治が改革され前進し、立ち直るかというと、私は必ずしもそうではないと思う。それはそれとして批判もし、もっとしっかりせよ、という声は当然だと思うんです。

日本の戦後の政治の土台があまりにも対米従属だったと思うんです。そして冷戦構造下のアメリカとソ連の対立軸、それの延長線上にあるわけでしょう。今度は中国が経済大国になる、軍事的にも相当力をつけてくると、今度はまた中国が大変だ、大変だと。こういう力で外交をする、政治をまとめていく、経済をいい方向に持っていくということは、私はやっぱり、改めた方がいいと思うんですね。尖閣諸島の問題も、もちろん日本の領土ということにどなたも異存はないと思います、大半の人は九割以上、一〇〇%と言ってもいいかもしれません。じゃあ、力で中国と対決をして解決しようと思っても、私はできっこないと思うんです。日中の友好関係ということは、あそこに海底資源があるならそれをどう共同開発をするのか、相互の利益にするのか、国民の、県民の立場に立った視点や、いろんな国際社会というものを見てやらなければならない。そういう政治改革、外交、日本の主権、国家としての立場とか、力とか、包容力とか、柔軟性というものが非常に欠けていると思うんです。

私なんかから申し上げては大変失礼になるかと思うんですが、現在、政治行政に携わっているみなさん、あるいはこれから三十代、四十代のみなさんが沖縄を背負って行かれようとする方々は、どうぞそういうこともご参考にしていただいて、日本の戦後の外交姿勢とかやり方とか、ただアメリカと協力すればなんでも片付くということではないんです。アメリカとの協力関係大事です。私も基地の全面撤去とか、安保廃棄論者じゃないです。正直申し上げて。これは一定程度の必要性というのは認める。　認めるがアメリカのいいなりになるようなことは止めてもらいたい。オスプレイを持ってくるとか、国土の僅か〇・六％の沖縄に米軍基地を七四％も押し付けるとか。当然、基地問題は軍雇用員の立場も軍用地主の立場も考えて、県民全体の総意というものを最大公約数というのをまとめてやっていくというのが、これからの沖縄の生きざまではないか、生き方ではないのか。そういう方向に日本の政治も変えていく、という努力をウチナーンチュがしっかりやらないと、ただ文句言うだけではなかなかうまくいかないと思いますよ。人を批判したり、けなしたりするのは誰でもできる。私もかつて大変批判を受けたこともありますが、

長い政治活動、人生経験からしてそういう立場で、今の日本の政治、沖縄を含めて変えていくように努力した方が一番いいんだと、私個人はそう思っております。

司会　上原先生、どうもありがとうございました。往年の上原先生の熱情に満ちた、お話しぶりがだんだん出てきたように思います。では古堅先生、お願いします。

古堅　普天間飛行場の早期閉鎖・返還と県内移設反対、これは県民の総意となっています。それについて、若干発言したいと思います。普天間飛行場は、米軍占領直後、生き残った住民が十六の収容地区に分離・収容されている間に、住民の土地を金網で囲い、軍事基地に取られたものであります。戦時中であっても、占領者は住民の財産を守らなければならない、と定めた国際法規があります。「陸戦ノ法規慣例ニ関スル規則」です。通常はハーグ陸戦規則とも言われております。その規則第四六条は（私権の尊重）で、「家ノ名誉及権利、個人ノ生命、私有財産並宗教ノ信仰及其ノ遵行ハ之ヲ尊重スヘシ」。このように定め、第四七条は、略奪の禁止の項目で「掠奪ハ之ヲ厳禁ス」と定めています。米軍はこの国際法規を踏みにじって、住民の土地を略奪し、普天間飛行場をはじめいたるところに基地をつくったわけであります。

ところが、その略奪した土地について米軍はなんと言っているか。新原昭治さんの『日米「密約」外交と人民の戦い』という著書によりますと、米陸軍琉球軍司令部作戦の秘密報告があって、沖縄における米国の土地取得の経過が述べられています。これは一九五四年十一月一日付です。その中に、「米国は一九四五年の（沖縄）侵攻後、ただちに征服者の権利、（ライト・オブ・コンクェスト）によって、必要な土地を手に入れた」。このように述べられているというのであります。長いいろいろな経過があるとは言え、普天間飛行場問題をめぐる今日のわれわれの闘いは、国際法規で厳禁されている占領軍の略奪によって手に入れた土地を、征服者の権利によって手に入れたという強盗の論理を振りかざすアメリカと、その共同正犯者とでも言うべき日本政府を相手にした大きな闘いとなっているのであります。

ＳＡＣＯ合意による辺野古海上基地建設反対の闘いは、一九九七年一月五日、名護市久志公民館で地元からの十四人の参加者を含むわずか二〇人ほどの懇談会から始まりました。それが二〇一〇年四月二十五日には県内外の九万人が参加したあの県民大会となり、その大会において、「普天間飛行場の早期閉鎖・返還と県内移設反対」という決議が採択され、「県民の総意」となったわけであります。日米両政府を相手にした十六年の紆余曲折を経た困難な闘いではあったが、辺野古の海に杭一本打ちこませることなく、今日の「県民の総意」にまで闘いを発展させ、結実させることができたのであります。まことに感慨深いものがあります。しかし、闘いが終わったわけではありません。日米両政府の理不尽な押し付けは続いています。また、ごく一部の県民の中に、訪米して辺野古推進を訴える動きも抱えています。

このような状況を踏まえ、これからもいかなる切り崩しにも乗じられることなく、さらに闘いを発展させ、全国にも広げていく努力をさらに続けていく、これが大事ではないかとこう考えております。二回目の発言を終わります。

司会　古堅先生、どうもありがとうございました。さすがに法律家でございまして、理路整然と国際法等を引用されてお話しいただきました。どうもありがとうございました。次に白保先生、お願いいたします。

白保　昨今の日本と沖縄の政治行政等について、日本の政治状況と沖縄の政治状況の二つのテーマですが、まずは、先ほど上原先生からかなり手厳しい話もありましたけれど、最近の総選挙を見ていますと、オセロみたいにぐらぐらっとひっくり返って、議席があっち行ったりこっち行ったりする。これも国民の選択ですから、当然尊重していかなくちゃならない。一番肝心なことは、政権が不安定、動くということである以上、政権公約っていうのは非常に大事だと思います。政権公約いわゆるマニフェスト、マニフェストで何を言ってきたのか。政権公約というのはまさに政権を取ったらこれをこうゆうふうにやっていくんですよ、という国民への約束ですから、その意味では、マニフェストをきっちりと一つ一つ実行し、これを実現させていく。これが本来のマニフェスト選挙と言われる、そしてまた政権公約と言われる形ではないかと思います。しかしながら、普天間の問題もありますけれど、前の選挙のときに、約束したマニフェスト、沖縄におけるマニフェストでも、これは普天間の問題があるが、これは解決しそうな話をしておりましたが、まったく元に戻っている。こういうようなマニフェストを実現できないような形というのは、非常に残念だと思いますし、政治家のこの今の政治状況の中では、政治家の発言というのは非常に重みがありますし、また、国民の選択もはっきりしている。そういうことを考えると、マニフェストというのはしっかりと守ってもらわなければいけない、と思います。

もう一つは、長い官僚主導から、今度は政治主導ということを掲げて、現政権は政治主導ということでもって政権を取りました。しかしながら最近の状況をみますと、去年の大震災もそうですが、危機管理という問題についても、あるいはさまざまな面においても官僚主導になっているんじゃないか。むしろ政治主導になっていない。政治主導と言うならば、マニフェストをきっちりとやっていく、そういう形になっていくんだろうと思います。そういう意味では、私は今の政治状況というのは極めて残念な、そういうような政権であるから、やはり経済状況というものも、世界から見た日本の経済というのも非常に弱体化されて、見えてくるのではないか、こういうふうに思います。

それから、沖縄の、非常に大事なことは、そういう政権の下でものごとをやっていくわけですから、リーダーがしっかりしていかないと、今の普天間の問題等含めて、大変な状況になりかねない。こういう面で、私たち一人一人が総意をきっちりと方向付けを固めてやっていかなきゃならないだろうな、と思っています。先ほど、短い時間の中でいろんなことを申し上げないといけない、と思っていましたが、なかなか時間がなかったんですけれど、やはり沖縄というのは、私はずーっと日本経済を見てまして、東京オリンピックをやるとなると関東周辺が潤ってくる、関東周辺がなぜ潤うのか、地続きだから。万博をやったら大阪周辺が潤ってくる。「ひかり（新幹線）」は西へ、とか陸奥へ、とか。新幹線が通ったら、その周辺がみんな潤ってくる。ところが、島嶼県であるところの沖縄というのは、経済の広がりというのが、他から来る広がりというのがない。したがってこの沖縄は、どうやって島嶼型の県経済をきっちりとやっていくのか、こういうことを考えると、私は、今はいろいろな特区というのが出てますけれど、沖縄の経済特区というものをしっかりとやっていく必要があるだろうと思います。法の下の平等というか、変なところで法の下の平等があって、他の県とのバランスの上で。税制上の特区は、特区というものを沖縄でつくって、沖縄の将来というものを描いていけるような形にしていかなかったならば、他の県は地続きですから、経済の広がりがありますけれど、島嶼県の経済状況というのはそういう何らかの形を作っていかなければありえない、こういうふうに思います。二回目の発言終わります。

司会　白保先生、どうもありがとうございました。おそらく現在の民主党政権に対する公明党の立場、あるいは白保さんの立場からのご批判と注文だったんだろうと思います。次に、仲本先生お願いします。

仲本　今、ヤマトの政治を見て、例えて申しますと、自民党というのは老舗なんですよ、だから親父の時代、祖父の時代はともかく、だんだん息子や孫の時代になって胡坐をかいてしまって、ちょっとバカ息子みたいなかっこうになり、金権政治の方向に入り過ぎて、今では腐敗してしまい、民主党という新しい風に変わったんです。しかし、私は三年前にも言ったんですが、「民主党の政権になっても大した期待はできんよ。窓を開けて風を入れ替える程度の役目を果たすかもしらんが」と。案の定、そうなりましたよ。

なぜか、松下政経塾など、いろんな偏差値リキャーター（秀才達）がいるんですが、リキャーとジンブン（知恵）があるというのは違う。田中角栄は小学校出ですが、力があるんですよ。ですから列島改造も新幹線もやった。確かにロッキード事件で悪いこともしましたよ。しかし田中角栄は大政治家だと思います。例えば、一〇〇の力があるとすると、ロッキード事件で三〇を差し引いても七〇は残る。野田佳彦は初めから六〇しかないから、三〇引いたら三〇しか残らん。力の差です。だから民主党というのは、公約と言えばいいのに、マニュフェストとかなんとか言って、カタカナできれいごというもんだからできるわけないでしょう。そういうようなことをするから、あれは机上のままごとなんですよ。例えれば自民党は、古い家にだんだん白アリが入ってくる。民主党はかっこいいマンションに入っているが、料理を作るにしても、おっぱい飲ませるにしても、すべて、レシピと言うんですか、案内書みたいなものを見るからうまくいかないんですよ。やはり料理というのはおふくろの味、古里の味というか経験で作らんといかんわけですよ。ティーアンダグヮー（おふくろの味）を出して。政治もそれと同じで、大義があって、志があって、それに向かって屁理屈も、弁解も二番にして、まっしぐらに体を張ってほしい。パソコンや、偏差値だけでやろうとするからおかしくなるんです。それは学者に任せればいいんで、政治家というのは体でやるべきだと思います。

もう一つ、私は政治というのは思想家とは違うと思う。思想は１＋１は２ですよ。しかし、政治というのは営みですから、１＋１は２には必ずしもならん。うまくいけば３にも４にもなるんでしょう。下手するとマイナス５になることもある。慰謝料を払うために五〇〇万だ一〇〇〇万だということになるとこれはマイナスですよ。だから政治というのは国民が今何を欲しているのか、そのためにはどうすべきかを考えんと、今国民が欲しているのはなんでしょうか。生活福祉ですよ。自民党も民主党もそれをやればいいでしょう。ところが、民主党がやろうとしたら、この連中に手柄を立てさせちゃいかんと自民党が足をひっぱるでしょう。また、小沢さんが足をひっぱる。

とにかく民主党もだめだが、自民党もだめなんですよ。二大政党になってから、古堅さんには失礼ですが共産党も社会党も影が薄くなって、ただアビヤーアビヤーグヮー（叫ぶ）するだけで大した影響力がない非常勤監査役みたいなものです（笑）。もう少し、共産党さんもしっかりして、二、三〇名ぐらいに数を増やせば、常勤監査役になる。まったく今のままじゃあ、犬の遠吠えみたいな感じです。だから政治は営みですから、そして情熱とパワーですよ、愛情ですよ。大学出のお母さんは立派な家庭を作るが、中学出のお母さんは悪い家庭、ということがありますか。愛情があれば中学出だろうが無学だろうが立派なお母さんになれるんじゃないですか。愛情の薄いやつは大学出て、何もわからないでは、離婚しかしない。だから政治も同じなんですよ。主権在民であるならば、国民に向って何をやるか、汗をかいてほしい。体で感じてほしい。体で感じないで、頭だけの屁理屈ばっかしでやるもんだから、おかしくなる。どっちもどっちで、まったく見ちゃーおられん。もう少し、男らしい男と言いますか、政治家と言うか、池田勇人もかつてはそうです。あの人が所得倍増をしたんじゃないですか。党派の問題じゃない、心意気の問題です。そういう人が出てきて政治をやるならば、上等になると思いますが、今のような、わが党わが党と陣取り合戦では、将棋じゃあるまいし、桂馬ぐらい取ったってどうってことないですよ。田中角栄は上等で、真紀子さんも上等だが、あの婿どのは種馬みたいなものといわれ、なんにも役にたたんではないか（笑）。こういう人を置いとくから政治はますます不信感が増してくるのではないか、国民の眼から見て、やっぱり政治家はすごいと思うような政治をやるなら、日本は平和憲法のもとで世界に平和宣言をして、どんどん胸を張って行けばいいじゃないですか。アメリカの下請けになることをせんでも十分やっていける国になるのではないか、というふうに私は思っております。沖縄をどうすべきかは、また第三部でやります。

司会　仲本先生有難うございました。今、会場の皆さんの顔をうかがいますと、今のお話、もちろん他の先生方もそうですが、今のお話を聞いて本日は来てよかったというような顔になっています。（拍手）。非常になんといいますか、昔の政治家というと怒られますが、非常に熱気があって、気迫が感じられますね。仲本先生どうも有難うございました。次、西田先生お願いいたします。先程の打ち合わせの際に、どなたも「もう選挙に出ることはない」とおっしゃっていましたので、西田先生、ざっくばらんに何でも結構です。

西田　今、政界引退という紹介をされていて、私、それ困ったな、訂正させていただきたいと思っているんですが。ただ今、仲本先生からいろいろありましたけれども、確かに長期にわたる自民党政権が党としての、国家の基本である憲法、外交、教育、防衛、こういう党の綱領を具体的に上げながらですね、それを真摯に取り組まずに、選挙民向けの大衆ポピュリズム、迎合主義ですか、それでずーっと国民との議論を先送りにしてきたつけが今となってはいかんともしがたい。政治と経済の液状化現象を惹起している。これは自民党政権の責任は大きいです。同時にまた、最近の民主党政権は混とんとして党の綱領がない。憲法どうするか、外交どうするか、教育をどうするか、こういう綱領のない、ジューシーメー（沖縄の炊き込みご飯）のような政治屋の寄り集まりになっているものですから、決めきれない、進めきれない、ますます液状化してきている状況ですね。これは鋭く批判していかなければならない。特に普天間移設問題については、鳩山由紀夫さんは、市中引き回し火あぶりの刑にしてもいいぐらい、歴史的な政治犯ですよ。とんでもないことをしてくれた。こういう人が大きい顔して復帰式典来るなんて言うから、どういう神経をしているのか、まったく理解できないことも事実です。

さて、沖縄では、われわれ世代というのは、戦後、近世史を歩んできた世代です。一六〇九年の薩摩の侵攻というのは、あれは薩摩藩が侵攻してきただけじゃなくて、あくまでも豊臣政権が国策として琉球を支配、侵攻しようとした。国策として琉球は併合、薩摩の支配を受けた。この一六〇九年からそれから植民地化されてきて、さらに明治十二年の琉球処分、そして太平洋戦争で唯一の地上戦で島民の四分の一が犠牲になるという灰燼の島となった苦悩の歴史、そしてサンフランシスコ平和条約によって、二十七年間の異民族支配、こういう大変な悲惨な道を歩まされた。それから晴れて一九七二年に祖国復帰が実現したけれども、今なお東アジア、あるいは日本、アメリカの安全を守るという日米安保体制の中の基盤は米軍基地ですからね。主権国家の日本が、外国に軍隊の基地を提供する、これは根幹なんです、日米安保の。そのうちの八〇%をウチナーがマンガタミー（丸抱え）している。こういうことが、われわれがヤマトの政治家とか、いろいろなところで講演したり、討論するとき、必ず、彼らと向き合うときの枕詞なんです。われわれの世代というのは。こうこういう歴史で、現実にこうなったから、イッター（あんたたち）けしからん。沖縄をなんとかしろ、ということが枕詞として出てくる。歴史から一生懸命学ぶ必要がある、歴史は重要ですから。しかし、もうそろそろ、そういう思いの感情や枠を乗り越えて、私は復帰世代の、あの若者たちに沖縄の未来、沖縄の将来を任せる方向に県民は持っていった方がいいなと思う。スポーツ・芸能、いろんなことに今の若者というのは、日本中で一番評価されているんですよ。われわれの世代はヤマト行ったら、うかつに東京でしゃべるなよ、ウチナーンチュはばかにされるよ。この教育を受けている世代。それが、私は今、沖縄の若者たちに非常に感謝しています。本当に沖縄のステイタスを上げたのは若者たちですよ。彼等に、そろそろ沖縄の未来づくりを任せるような流れを、雰囲気を作る時代が来ているのかな、という感じがします。それで、このパネラーたちも次の五〇周年のときはみんな入れ替わって、復帰世代の復帰っ子たちが、沖縄はおれに任せとけよ、沖縄の経済こうする、沖縄の夢はこう実現する、こういう大きな流れを変えていっていただきたいなあ、と。今の沖縄の若者たちを評価して、すごいなあと思ってますから、あえてそういうことを提言しておきます。

仲本　あなた、いいこと言うなあ。

司会　西田先生、どうもありがとうございました。隣の仲本先生が「あんた、いいこと言うな」というのに拍手をしておりますが、まったくそのとおりだと思います。そして、今日は、恩着せがましく言うわけじゃないんですが、西田先生にとってもいい日じゃないかと、思うんですが。世間の思い込みとか誤解を解くというか（笑い）、多分、今日お聞きの方々は、西田先生というのは本当にまじめで、理論家でというふうに思うんじゃないかと勝手に思っていますが。西田先生、よろしいですか。どうも有難うございました。次に吉元先生、お願いします。

吉元　五名は全部政治家の経験があって、街頭演説もうまいし、ある意味では沖縄の各界での、特に復帰後の沖縄運動の中での特筆される人々ですよね。私も側で生で聞くのは初めてで感謝しておりますが、沖縄振興開発特別措置法など、三法、三つの法律がなんのためにできたかということですよね。実はこれを解釈すると、これは反発するな、沖縄県民の生活と、いのちと暮らしを守るためにまずは道路港湾の復興から、そして企業から整理しようというふうに作られている法律ではあるんです。その通りやっていたのかどうか、というのが問題ですよね。では、その法律ができる以前に、復帰以前にどういうことが日米政府で話し合われてきたのかということです。もう少し遡りましょう。沖縄を日本という国はどのように処理してきたのか。一九四五年一月、沖縄戦、あぶない、もう間近というときに、日本の総理大臣が昭和天皇のところに行っていろんな話をするんですよね。「もうだめですよ」「この際、戦争を終わりにしよう」「だめだ、もうひとふんばりしろ」沖縄が戦場になることをあえて承知の上で突っ込ませた。これが出発点、「沖縄捨て石論」の昭和天皇の発想ですよね。この話を三月に北海道でやりました。呼ばれたものですから。たいへんびっくりしていました。終わった後の懇談会の中で、そこまで言っていいんですか。それはあなたたちは言えないだろうが、沖縄の僕だから言えるんだ、事実関係きちっと調べてくれ、と言いました。

もう一つ、一九四七年の九月二十日、昭和天皇がマッカーサーに「沖縄メッセージ」というのを出しましたよね。その中になんと書いてあります？ わかりやすく最後の言葉だけ言いましょうね。「今後二十五年、あるいは五十年、あるいは恒久的に沖縄を占領していい」と言っているでしょう。あれから六〇年ですか。もう五〇年過ぎたから恒久的に入っているんですね。その延長線上で、マッカーサーは何をしたんですか。一九四八年、沖縄に駐留している米軍に対して、「基地をつくれ」という指令を出したでしょう。そして普天間基地ができて、いろんな基地が整備されていくでしょう。その後、本土では反対運動が起きると、海兵隊をどんどん沖縄にぶち込んでいるんですね。今の姿ができたんです。これは、みなさん、現実にいろいろ言われているからわかると思います。一九四七年九月二十日の「天皇メッセージ」、ここは非常に大事なことです。

それを踏まえて、アメリカは日本政府との間で対日講和条約をつくったでしょう。一九五二年四月二十八日。同日、会場を別にして吉田さんは安保条約を単独で署名しましたよね。じゃあ、対日講和条約第三条になんと書いてあるか、沖縄を切り捨てたでしょう。そういう理由なんかは、計画的に目的意識的に沖縄をアメリカに委ねてきた、というより、もっと自由に使いなさいと、そして沖縄にある米軍基地が日本を守ってください、と発言しているんですよね。このことは原点として忘れちゃいかん、と私はいつも言っているんです。
その延長線上になにがあったか。一九六六年、六七年日米がそろそろ沖縄問題にけりをつけなくちゃいかん、という話し合いに入った段階で、外務省、アメリカとの交渉の窓口、責任者とアメリカとの話し合いの中では、沖縄にある米軍基地を自由使用させることについて、将来にも存続させることで合意をしている。何日か前の朝日新聞でアメリカに保存された、あの当時の秘密文書、これを紹介していたでしょう。最後の部分になりますが、一九七二年の五月十五日が復帰でその直前に日米間で、NSDN13号、秘密協定があります。これが沖縄にある米軍基地を自由使用してよろしいという内容です。今日まで続いています。ですから、今の沖縄で何を闘うかという場合に、そこのところをきちっと抑えて、私たちは日本が沖縄をそのように処理してきたのだったら、日本政府と話し合ってもだめですよ。われわれはアメリカと直接話をしよう、そういう時期に入っているし、そうすべきだと思います。大田県政が誕生して、毎年アメリカに大田を行かせたのはそういう意味なんです。その後十二年間、私は「失われた十二年」と言っています。二〇〇九年まで、何をやっていたんですか。考えていこうじゃないですか。

司会　吉元先生、どうも有難うございました。問題の核になるところを時系列的に整理していただきました。たぶん、今お話しなさった点は、第三部の今後どうすべきか、というところにもつながっていく話題提供だったと思います。
これで、一応六名のパネリストの方の第二部のお話は全部出たわけですが、あとは、会場の皆さんに質問をしていただきたい。挙手をなさって質問をして下さい。

フロアB　おととしか、民主党政権になったばかりの普天間の問題が、まだ鳩山政権時代で知事会を確かやって、普天間を、あれもどの程度意味があったかわからないけれど……

司会　お話の途中ですが、ご意見ではなく質問を。どなたに質問ですか。

フロアB　どなたに質問していいかわからないので……。知事会をやって、結局はうちは基地受け入れはいやだっていうんで、ああいうのも見て、もうちょっと政府というものが大切だと思う。どうするべきかという、大切だと思うんですけれど、もう少し一般市民レベルで本土の方の人間も意識を高めて、あれも一つの例じゃないか、知事会の対応というものがですね。それを表わしているんじゃないかと思うんですけど、かつて一九五〇年代、六〇年代、本土の方にもかなり米軍基地があって、反米、反基地闘争をかなり活発にやってこられたと思うんですが、本土と沖縄の環境を見てですね、かつては同じ関心のことっていうのがあったと思うんですけれど、最近を見ると、本土側の関心がかなりずれて来ているんじゃないかと思うんですけれど、皆さまが戦後振り返って、本土側とそういう連携という言い方がいいのか、お互いに理解を深める可能性があったか、それとも可能性はもともとなくて、同じように進んできたのか、それとも逆に言えば、もっと関心のあれがどんどんずれてきたのか、どういうふうに戦後の沖縄と本土の一般市民レベルでの意識っていうんですか、労働組合という意味でもいいし、政党でも、その辺をどういうふうに感じておられるのか。どなたか答えていただけたらと。

フロアより　それは君自身が考えることだよ。自分がちゃんと考えて。

フロアB　私、本土出身の人間なので、沖縄の方から見てみると、どういう風に感じておられるのか、知りたいと思いまして質問させていただきました。

司会　どうもありがとうございました。今のは、質問と言うより自分の意見が入り過ぎではないか、と思います。これは第三部でやっていただきたい。仲本先生の手が挙がっていますのでお願いします。

仲本　今の、あなたの日本語はヤマトゥー発音だからヤマトゥンチュだと思うんですが、私が答えます。

今の質問で一つ目、鳩山さんの話が出ていましたが、私は上原先生がおっしゃったのとちょっとニュアンスが違うのは、鳩山さんは恨みません。鳩山さんというのは、良家のおぼっちゃんで、何億円はわかるけれど、庶民のニィキュッパ（２９８）はわからんわけですよ。あの時、「少なくとも県外」というのは本心だったと思うんです。疑っちゃあいかん。ところが、「色男金と力はなかりけり」という諺がありますが、あの男は「色男、金はあれども力なし」だから、やりたくてもやれなかっただけの話。しかし、災い転じて福となしましたよ。おかげで日本政府の実態なり、あるいは本土の沖縄に対する見方なりがすべてわかったじゃないですか。こういう怪我の功名という意味では、鳩山さんは功労者ですよ。（拍手）

二つ目、本土と沖縄のずれ、というがそこが違う。ヤマトンチューはね、ときどき口を開けばいいかっこうして、沖縄頑張れ、沖縄頑張れとおっしゃる。ありがたいが、それは来賓祝辞としてはけっこうだ。ところが、ウチナーンチュのわれわれは昔から体を張って、沖縄のために頑張ってるんですよ。あなたたは、沖縄頑張れと言うんだったら、よし四七分の一ずつは各県が基地を引き取ろうじゃないか。そして、ヤマトで沖縄の基地を引き取る運動を起こすべきであって、自分たちは何もしないで、「沖縄頑張れ」、これはアンダグチ（お世辞）というものですよ。そんなものだから、温度差が出てくるんです。本気ならば、ちゃんとヤマトで自分たちで引き取ろう運動をやればいいじゃないですか。頑張れと言われなくてもこちらは頑張っていますよ。（拍手）。そこが大事なんですよ。

吉元　一九九〇年代の中ごろ、さきがけの代表であった鳩山さん、連立政権の一人ですよね。話し合ったことがあります。沖縄基地返還アクションプログラムの関係で、彼が最初に言ったのは、じゃあ沖縄海兵隊を全部引き取ります。どこに引き取るんだ？と。彼は自分の選挙区である北海道の南、苫小牧ですね。新全総で大規模開発でつくったとこです。港湾もある、だだっぴろい広場もある。そしてダムもある。Ｃ

ＴＳもずっと向こうにある。そこで具体的に絵を描く、コンサルを使ってですね。絵を描いています。それは出来上がった段階でそれを潰したのは、その後の小渕さんの総理のときの官房長官、野中さんです。彼はそれを潰した。その時、私は東京に呼ばれて行ったんです。副知事退任後の一九九八年です。どうして北海道に海兵隊を送ることを反対するのかと聞いたときに、野中さん曰く、「吉元さん、北海道寒いんですよ」と。「北朝鮮より北海道は寒くないですよ。あなたわかるの？　私は気象台ですよ」と言ったら彼は笑っていました。鳩山さんが本気になって、「沖縄の海兵隊を苫小牧に」と。この間総理になって沖縄に来た時、それを最初に言えばよかったんです。日本で二人の総理大臣がアメリカにつぶされた。一人は、一九九三年の細川さんです、彼がなぜ潰されたか。日米安保は大事にする、しかし冷戦終焉後、東アジアの国々と安全保障体制を取っていく、こういうことで「樋口懇談会」をつくって動き始めたんです。それで彼は潰されました。特捜部とＣＩＡによって。クロネコヤマトからの政治献金でした。あと一つは、鳩山さんです。「対等な日米関係」、「東アジア共同体」、これで潰された。これも表向きは政治資金がらみに見られましたがね。これだけは言っておきます。

西田　あのね、あなたいらだちがあると思うんだよな。沖縄と日本の温度差、どうしたらいいのかというね、たとえば清掃工場とか、原発とか、こういうものが出て来ると、必ずオー・ノー・マイバックヤード、俺の裏には変なものを持ってくるな、というのが世論ですよ。基地問題についても、本土の人が同情したように、仲本先輩がおっしゃったように頑張れ頑張れというけれども、しからば自分のところに沖縄の基地引き取るか、オール・ノーでしょう。そのためには、簡単な方法があるんですよ。日本の安全を守っている、アジアの安全を守っている、日米安保体制のかなめである米軍基地を沖縄が八〇％背負わせているなら、全国民が等しく、平等に負担しろ、と。一人当たり基地負担税、千円か二千円税金取ればいい。

日本国民全部、全員、一三〇〇億円。その内八割を沖縄の振興策で、沖縄で自由に使ってください、と。これは迷惑税です、と。こんな提案、アイデアを出してね、そして日本国民一人千円ずつ税金を納めるんだから、なんでかよー、ということで沖縄問題を含む具体的な一つの例にならんかな、と。私は次に提案するつもりでいた。そういう作業も必要だと思うんです。これをやるんです。そうしたらヤマトゥンチューたちも目覚めてくる、わかってくる。

司会　どうもありがとうございました。あとお一人お二人、質問がありましたら……、どうぞ。

フロアC　六名の先生方に質問です。右からどうやら民主党にコネがありそう。二番目が共産党、しっかりコネがある。三番目は公明党にコンタクトできる。次、社大党にできる。西田さんは自民党にしっかり足を下ろしている。吉元さん、社民党にありそう。大方そういう方がおそろいで、第三部のほうで意識的にぼくのこれからの質問に答えてほしいんですが、コーディネーターの金城一雄先生を含めて、七人の侍で、五月十五日にコンベンションにやってくる野田総理に沖縄から普天間をさっさと撤去せよ、と。そういう直訴状を持って行って闘うおじさんになってくれないかなあ、という質問です。

司会　今の件はこの場で即答できるような話ではありませんので、後ほど懇親会のときにでも先生方にコンタクト持っていただきたいと思います。よろしいですか。

フロアC　今すぐではなくて、第三部でそれを意識した議論をしていただけるんじゃないか、という質問です。

司会　ほかに質問ございませんか。

フロアD　浦添から来ましたトウヤマと申します。テレビで先生方のお顔を拝見することもあったんですけれど、今日は直にお話を聞けてほんとうにうれしく思います。上原先生にご質問させてください。私一週間前に、ＮＨＫの復帰シリーズでやっているので、上原先生の涙を見たんですね。国会答弁のときの、佐藤総理との激しいやりとり、その時に先生の深い情熱を感じました。今日もまた、先生の新たなご意見を拝聴して感謝です。先生にお伺いしたいんですけれど、先生は全軍労で長いこと組合活動もなさってて、その中で、先ほどもおっしゃってたんですけど、やっぱり私たち沖縄県民はみんな復帰を願って、たぶんこちらにいらっしゃる方はほとんどだと思うんですね。その中で基地で働いている方々の、今後の生活保障とか、その辺の面を深く掘り下げて考えてゆくことも重要だと思うんですよね。生活保障の点、みなさんやっぱり生活をなして思想あり、というところですよね。その点を先生から、組合の中で活動されていたときに、基地で働いている方の本音を少し聞かせていただけたら、と思います。よろしくお願いします。

司会　上原先生、お願いします。

上原　難しい質問ですから、立たないと……（笑）。今、ご質問のように、日本の政治は基地問題、外交問題、安全保障、そういうことも大事ですが、国民の、一般庶民を含めて大変痛感なさっているのは、社会保障のあり方だと思うんですね。だから税と社会保障の改革問題、今揺れ動いているんですが。今日は、消費税の話は出ませんでしたが、確かに国民は、もらうのはたくさんもらいたい、だれでもね。しかし、税金とか、なにかで取られるのはいつも反対なんですよ。選挙で増税の話をするとすぐ負けたり、苦労します。しかし、恒久的な社会保障とか、一定のものを維持していく、あるいは改革していくというなら、出すものは出す、それを補う税制のあり方というのも真剣に国民の協力も得ないと私は難しいと思うんですね。そういう意味で、今度沖縄の場合は一括交付金というのがようやくめど付けされて、みなさんも新聞やその他で評価なさっていると思うんですが、仲井真県知事はじめ、よくその点を指摘している。ですから、弱い立ち場にある方々の生活というもの、あるいは生活保護とか、いろいろやって行かなければいけないと思いますし、私がいろいろ力を入れたのは、やっぱり年金、社会保障の問題と戦後のマラリア補償の問題とかね。大変苦労いたしました。十分ではありませんでしたが、そういうことはかなり私は県民の期待に応えた面もあったと思うんです。ですから、今のご質問のことを地域や現在の国会議員の先生方とか、県会議員の先生方とか、地方議員の皆さんにしっかりと注文を付けて、こういう面ももっと前進させるように力を入れてもらいたいということを、県民の方からも大きな声を出す、絶えず注文を付けるということが、政治を前進させる一つの力になると思います。そういう面も合わせて頑張っていきたいと思います。私はもう力はありませんが、努力はしたいと思っています。

司会 どうもありがとうございました。さきほどのフロアからの質問の冒頭にＮＨＫの復帰シリーズの番組を見て、上原先生が、ウチナーグチで言いますとナダグルグルーして（涙ぐんで）いて、見て非常に感動した、という話だったんですけれど、当時の西田先生もときどき出ていて、非常に若い姿で出ておりますけれど。上原先生は、国会でそうとう頑張っておられるんですが、さきほど沖縄選出の議員は、古堅先生もそうですが、場合によっては党派を超えた共同関係性ができるかどうか、というのは第三部の話なんですが、例えば、上原先生が相当つっこもうとしたら、後ろから「康助、ナーシムサ（もう、いいよ）」と背広を引っ張った人がいる、と。それは西銘さんだった、という話を聞いて感動したんですけれど。今日は西銘さんの娘さんもおいでになっておりますけれど、そういうところも、党派を超えて、一定程度の共闘できるところは共闘するというのも今後の課題であろうと思います。これは第三部でまた。他にご質問ありませんか。

フロアＥ 第三部で答えてほしい質問をします。全員に第三部で答えてほしいと思います。先ほど、古堅さんが「沖縄を返せ」ではなくて「沖縄に返せ」と歌っているやつがいる、と。私です（笑）。二〇年前の復帰二〇周年のとき以来、「沖縄を返せ」ではなくて、沖縄に返すべきだということで私は歌っています。

全員に対する質問を次のコーナーで答えて欲しいんですが、少女の暴行事件があったあと、復帰世代の若者たちが琉球語の先住民族会というのをつくって、国連にアイヌ民族と一緒に行って、国連から沖縄・琉球の人間は琉球民族である、アイヌ民族と一緒になって、日本の中の複数民族国家として、民族の権利を確立すべきだと。そういうことを国連の中で決議されたんですよ。具体的には、二〇〇八年の十月三十日に国連の人権規約委員会が日本政府に対して、ウチナーンチュも先住民族、琉球民族であると、先住民族には自己決定権、自決権があると。土地の権利があると。それを保障せよ、と言いました。二〇一〇年三月には人種差別撤廃委員会、国連から琉球民族を差別するなということを日本政府に勧告しているわけなんです。二つの、琉球民族の権利をちゃんとせよ、ということを日本政府に国連が勧告しているんです。そういうことで私が言いたいことは、ワッターウチナーンチュはアイヌ民族と同じ、琉球民族であるということ、先住民族であるということを六名の方は認めるのかどうか、それを聞きたいと思います。ちなみに国連の言っている先住民族の規定は「先住民族とは独自の文化や言語を持ち、歴史を育んできたにもかかわらず、近代国家によって植民地化され、土地や文化・言語を奪われ、差別状態に置かれた人々のことである」と国連が言っています。この言っていることは、まさにワッター（わたしたち）は先住民族であると言っています。私はそう思っています。次、答えてください、お願いします。

司会　みなさん、ご存知かと思いますが、今質問した方は大城シンヤ、まよなかしんやさん、歌手でしたかね。

まよなか　フォークシンガーです。

司会　それでは、これから休憩を取りたいと思います。

第三部
今後の沖縄の政治・行政等はどうあるべきか

司会　第三部を始めさせていただきます。第三部では今後の沖縄の政治・行政、社会・経済も含めてもかまいませんが、どうあるべきか。さらに政治家、行政マン、そして県民に何を望まれるか。ざっくばらんに、辛口な内容でもかまいませんので、お話しいただきたいと思います。それでは上原さんから。

上原　簡潔にまとめますが、一つは政党や各団体の足のひっぱり合いはよした方がいいんじゃないでしょうか。沖縄の基地問題、経済、その他いろんな県民課題を解決するには、私はいろんな批判も受けてきましたが、政権を取れない政党は存在価値がないと思います。とやかく言われても政権を担当する能力をきちっと養っていく、その意味では支持する有権者のみなさん、選挙民の方々、県民の方々が最大公約数で沖縄の過去・現在、将来を見通して物事をまとめる。だから普天間の県外移設、これはまとまっているでしょう。これはようやく、県知事はじめ革新だけがやったんじゃない、県民世論でようやくこういう方向になっているんですよ。名護市含めてね。そういうことを大事にしたい。もう一つは、沖縄の課題というのは基地問題だけじゃないですね。やっぱり沖縄の若い世代のみなさん、人材をどう育成していくかということです。これは教育界に対しても、あるいはいろんな経済界、政治界いろんなところにもっとウチナーンチュ魂をしっかり持って、ヤマトゥンチュに負けるわけにはいかないですよ。負けないためにはそれだけの実力、力がないといけない。社会における存在感、尊厳がないといけない。ただヤマトゥーだ、ウチナーだというだけではいけませんので、そういった人材育成というものを、沖縄は今後もっとやってもらいたい。だから、結びとして、これをやっていくには、もうわたしは枯れ木なんでいくらしゃべったってあまり期待感持てないと思うんです。ただ、私が、再三言っておりますように復帰後世代、特に復帰の時に十代のみなさんは五十代になりますよね。今、社会を担っている中枢部にあるのは四十代、五十代のみなさんじゃないですか。この四十代、五十代のみなさんが先輩、先達たちがやってきた苦労やあるいはよかったこと、悪かったことを参考にして、自分はもっとりっぱなことをやるんだという気概と気骨と勇気を持って立ち向かっていただきたい。これが、私の復帰四〇年の大きな節目に寄せる期待、起点になると思います。その意味ではもう少しは生きているかもしれませんが、そういう立場から後輩に頑張ってもらいたい、県民の気持ちというものをまとめて、みんなで協力していこうや、その立場で努力をしていきたいと思います。以上です。

司会　有難うございます。続いて古堅先生、お願いいたします。

古堅　みなさん、戦後六十七年が過ぎました。六十七年前に戦争が終わったんです。しかるに戦争のための米軍基地が横暴をふるい続けています。なぜそれが許され続くのか。言うまでもなく、日米安保条約があるからです。日米軍事同盟の強化を図るわが国政府の姿勢があるから、平和憲法の上に日米安保条約がのさばって、米軍専用基地の七四％のみならず、この期に及んで、辺野古に新基地建設を認めろ、高江にヘリパッドを認めろ、とまで押し付けてくるのであります。もはや我慢の問題ではないでしょう。しかし、みなさん、この諸悪の根源、日米安保条約はいつでも止めることができるようになっています。安保条約第一〇条にそのように書いてあるからです。「いずれの締約国からも条約を終了させる意思を通告することができ、その通告がなされたら、この条約は一年後には終了する」。実に明確ではありませんか。これが一〇条の規定です。アメリカの同意を必要とすることなどまったくありません。二十一世紀はこの安保条約の廃棄通告がなされる時代となるでしょう。いつまでも永久に、このままでよいと考えている日本国民は、私は一人もおられないだろう、と思います。それは日本国憲法が、真に輝いている日本を取り戻すために不可欠の課題でもあります。したがって、日本国民の崇高な責務と申せるのではないでしょうか。沖縄の闘いが、この歴史的闘いの推進的役割を果たすことができれば、と私自身は心からそう願っています。みなさんと共にそのことを踏まえて頑張っていきたいと思います。

司会　どうも有難うございました。次、白保先生お願いします。

白保　復帰から四〇年ということで、このようにシンポジウム等も開かれているわけですが、私自身は、みなさんもそうだと思いますが、復帰というのは、いろいろと本土か祖国か母国か、といろいろ議論もあるようですが、私自身は法の下の平等がきちんと確保される日本国憲法の下の、そういう社会の中に入るのが復帰だ、とこういうふうに思っています。したがって、法の下の平等というのが四〇年経って今、どのような形になっているのか。こういうことをしっかりとこれからも追及をしていかなければならないだろうと思います。例えば国の主権の問題についても、国の主権の中でも、例えばつい最近まで嘉手納ラプコン（航空管制）がわが国の領空にある、そういった領空というのは、主権国家というのは領土領海領空、ここに他の主権国家から排他的に権限を行使できる、そういうことであるから、国民の生命と財産を守ることができる。にも関わらず、嘉手納のラプコン（航空管制）は最近までずっと米軍に牛耳られている。そういったことが解決しておりません。あるいはまた、与那国の上空に、まだ台湾の防空網、こういったものが張り出している。主権国家として本当に、沖縄をきちっと守っているのかどうか、という、こういう問題というのは、法の下の平等の憲法の中に入っていった沖縄県としてはもっともっと追及していかなければならないと、私は思います。そしてまた、私が一生懸命取り組んできましたが、基本的人権の問題でもアメラジアンの問題があります。アメリカ人の父親とアジア人、沖縄人の間に生まれた子どもたちの教育権の問題。基本的人権を尊重する国家であるならば、そういった問題というのは、しっかりとやっていかなきゃならない問題であるにもかかわらず、こういった問題がなおざりにされている。こういうことを考える、我々はなんのために復帰したのか、法の下の平等を確保するためでしょう。そのために復帰をしたんじゃないか。ならばそれぞれの人権がきっちりと守られる国家でなければ、法治国家ですから。そうでなければいけない。それが四〇年経って、今、政治家のみなさんがあと一〇年後にこんな大きな声でしゃべっていただけるかどうかわかりませんけれど、本当にどうこのことをつなげていくのかということは、きわめて重要な問題だと、したがって、しっかりと私たちはこのことを、なぜ復帰をしたのか、という問題について、しっかりとこれからも思いを馳せていかなければならない。こういうふうに思います。同時に先ほども申し上げましたが、この島嶼県におけるところの、現在、失われた島嶼県の文化、こういった問題は極めて重要な問題です。終了になりましたので、また後ほどお話ししたいと思います。

司会　白保先生、有難うございました。続いて仲本先生、お願いします。

仲本　結論に入ります前に、まよなかしんやさんからの質問。その気持ちはわかります。僕もウチナーンチュという自覚がありますから、しかし一万年前は生まれていませんでしたから（笑）、それ以上のことは答えられません。ウチナーンチュという自覚はあります。ただ、民族問題をあまり力説すると少数派になってしまう危険性があります。運動論としては広がらんでしょうね。それから真喜志好一さんの話、この人も辺野古で一生懸命頑張っていますから、頭が下がるんですが、総理大臣が会って下さるなら直訴したいが、会ってくれないでしょうね。結論、われわれは平和憲法への復帰を目指して頑張りましたが、夢は破れました。結局、薩摩の侵攻以来四〇〇年、戦前・戦中・戦後を通じてヤマトはウチナーを利用してるだけですよ。薩摩は琉球を鵜飼の鵜にしたんですよ。中継貿易での利益を薩摩が吸い上げたじゃないですか。だから利用されたんです。それから、戦前でも台湾・朝鮮・琉球は外地だったんじゃないですか。あっちは内地、こちらは今でも外地扱いです、本土の防波堤ですよ。だからそういうことは、この何百年も本質的には変わっていない。形は変わっていても、実態は変わっていない。ぼくはそういう理解をしています。そこでウチナーンチュは何をやるべきか。さっき上原さんも言いましたが、今まではアメリカやヤマトの悪口だけ言っておけばよかったんです。ところがジーグイ（愚痴）だけしたら、ウチナーンチュはますます馬鹿にされます。じゃあ立ち上がって何がやれるのか。やっぱり自主自立の気概を持ってですね、もう日本は頼りにならん、お互い立ち上がろう、こういう気持ちになることが大事だと、ぼくはそう思います。そのためには、いい機会ですから、もう一回ウチナーを見なおす、幸い今回から「一括交付金」が、国から県に下りてきております。これを立派に使いこなすことが大事なんです。「弁務官資金」みたいにぶんどりあいしたら、またなめられますよ。財務省はその失敗を今待っているかも。そうしたら、ウチナーンチュは任してもできなかったじゃないか。いわゆる経営能力がないじゃないか、行政力もないじゃないか、ということになり、元の木阿弥になる。だからやって見せないといけないんです。そのためにはどうするか。それを実現することによって、チムグクル（思いやり、優しさ）のある、人情のある、沖縄をつくりましょうよ。ヤマトゥンチュ・ネービ（まねる）することないですよ。とにかく幸福度、安心感のある、ウチナーらしいウチナー、ゆったりしたウチナーを建設していくことが大切ではないか。そのためには沖縄を全島自由貿易地域にして、さらに「琉球特別自治州」なるものを建設する第一歩の年にして立ち上がること。本当は独立したいけれど、今は、道州制を計画して、独立への突破口と言いますか、そういう形の自覚が大事だと思います。私は声を大にしてそれを訴えて、最後の結論といたしたいと思います。白保さんは公明党だが、あまり線香カジャー（匂い）してないですよ。西田さんも自民党だが、あまりユークー（欲張り）じゃないんですよ。だから一皮剥けば、みな同じウチナーンチュですから、あまりヤーグヮーチュクエー（縄張り争い）して、クンクルバーセー（足の引っ張り合い）せんで、超党派で沖縄問題に当たっていくならば、政府にも対抗していけますが、県民同士けんかしたんじゃあ話にならん。ウチナーンチュ同志は仲良くした方がいいですよ。私はそういう気持ちでいます。（拍手）

司会　どうも有難うございました。次に西田先生お願いします。

西田　あまりウチナーらしさ、ウチナーらしさということを張り叫んでいると文化論でしか終わらないんですよ。もっと沖縄が全体と競争できる文明論まで議論を深めていかないと沖縄の二十一世紀はないと思いますよ。確かに、沖縄が歩んできた歴史を鋭く検証する、とても大事なことです。米軍基地の問題どうするか、県民が正面から向き合ってコンセンサスを得て、それから行動していく。その気配は出てまいりました。こういう議論も行動も大事です。メディアもほとんどそういう方向に報道もされておりますけれど、しかし、じゃあ二十一世紀の沖縄はどう生きていくか、と。今、沖縄が生活できているのは、スリーKですよね。一つは公共事業、公共事業は平成十二年は四五〇〇億円、公共事業の予算があったんです。小泉改革で平成二十三年、二三〇〇億円ですか。半分に減らされているんです。だから土建屋さんが半分以上倒産した。こういうことで公共事業というのは全くあてになりません。

じゃあ米軍基地関係収入、これも沖縄経済を占める割合はずいぶん小さくなった。これから基地関連収入が沖縄の経済に大きな影響を与えるという、これもまた期待できない。じゃあどうするか。観光産業しかないんですよ。その観光産業が、国際競争力があって、そして本当に沖縄が、アジア、日本のオアシスとして安心して、安全で、豊かで、退屈しない素晴らしい観光の島がつくれるかどうか。この点に、私は沖縄のエネルギーを結集していかなければならない。そういう意味で、いろいろなことを県に提言をしたり、我々は万国津梁機構という一般財団をつくりましてね、いろんな政策提言をしております。その中で、先ほど言った、基地の負担金の問題、これはヤマトの大学生の討議委員会でも出ておりましたけれども、沖縄の基地を沖縄にだけ押し付けておいて、自分たちは知らんふり、そういう議論が主流ですよ。それならば、基地負担税をあなたたちは納めて、沖縄にその見返り、一括交付金の形で返しなさい。これも一つのアイデアです。当然の負担ですよ。アメリカへの思いやり予算、あれは間違いです。基地防衛負担金なんですよ、思いやり予算じゃないんです。

それから、沖縄は夢、いっぱいあるんです。鉄軌道の導入問題が出てきている、シルバータウン構想が出てくる、あるいはカジノ・エンターテイメントの導入の問題、糸数慶子先生がこっちで目を光らせていますけれど、それからいわゆる沖縄がいかに生き延びていくか、とてもいい形がいっぱいあるんです。要はやる事です。県も二十一世紀ビジョンをつくりましたけれど、行政の枠から、彼等ははみ出しきれない。冒険しない。これじゃあだめなんですよ。行政の枠を踏み越えて、沖縄をひっくり返しても、日本がどうってことないんだ。思い切ったチャレンジをしていくという気構えをみんなが持ってね、私は、沖縄の二十一世紀の経済振興、県民生活をどうしていくのか、何で生きていくのか、そうして日本一の古里を沖縄でつくれる、そういうふうな夢に、県民のエネルギーを結集していく方向でいろいろ提言して行動していきたいと思います。終わります。

司会 どうも有難うございました。フロアからまた質問が出ると思います。それでは最後に、吉元先生、お願いします。

吉元 健次郎さんの最後の方の考え方、沖縄のあり方、共鳴します。最近、なかなか付き合わない人と付き合い始めると、今まではまったくすれ違っていたことが重なってくるんですね。そういう意味では、今日は本当にいい日だったと思います。

二〇一五年に、ASEAN一〇ヵ国が、東南アジア一〇ヵ国が共同体に移行します。これは経済共同体、社会文化共同体、安全保障共同体がワンセットで、EUより強い形ですね。しかし、国境は開放しません。アジア的な考え方ですね。今月、来週ですか、日本と韓国と中国のトップが首脳会議をやります。議題は三ヵ国の自由貿易地域、FTA協定です。十二月までに内容がまとまってきます。年明け、そう遅くない時期に三ヵ国が、FTAに共通な土俵に入っていきます。それには一つ背景がありました。二〇〇九年に東京に来たオバマさんがアメリカは太平洋国家だと叫んだんです。そして打ちだしたのがTPPですよね。アメリカ主義の、アメリカナイズされた日本との、あるいはその他の国々との自由貿易、全くの貿易の自由化をフリーハンドでやろう、と言った。こんなもんされたら大変なことになる、と中国も。先にアメリカと韓国がFTAやりました。韓国、大問題になりました。ですから日本も少し智恵を働かせて、中国と先にすること、という話になっているんです。さて、この二つが一緒になった場合なんですが、東南アジア一〇ヵ国、北東アジア三ヵ国、これは東アジア経済連携、鳩山さん流に言うと、「東アジア共同体」ですね。中国の国家主席も東アジア共同体、これを言っとるんです。この話がそう遅くない時期に実行に移ります。さて、その時に、沖縄は四七都道府県の一つじゃないです。沖縄の北に日本があるとそう思いましょう。沖縄の西に、鹿児島と同じ距離に中国がある。沖縄の南にASEAN一〇ヵ国がある。少し、いやとっても遠いけれども東の方にアメリカがある。東アジア、北東アジア、東南アジアのど真ん中に東シナ海、そのど真ん中に沖縄がある、ということをきちっと押さえた上で、民間の方々も一人ひとり、個人も、若者も、お年寄りも、行政も、沖縄の将来を描こうじゃないですか。それを描いたのが、実は大田県政時代の国際都市形成構想であり、基地のない沖縄ということで、基地返還アクションプログラムであり、同時に全県フリーゾーンになっているんですね。最後の締めくくりに入ります。

そういうふうに見てきますと、案外もう目の前に来ているんです。基地のない沖縄をどうつくるか。もうがちゃがちゃ論議しないでおこう、とにかく今言ったようなしくみが東アジアでできると戦争をするわけにはいかんですからね。ですから、お互いそういう頭づくりをそろそろやって、思い切って行動に出ようじゃないですか。以上です。

司会 以上で6名のパネリストの方のお話をひとまず終わって、後ほど、また補足していただきますが、ここで、少し時間を取りたいと思います。会場からご意見をいただきたいと思います。お願いします。

フロアF 平良長政と言います。新聞とか見て一週間に五日ぐらいはワジワジー（腹が立つ）する記事があります。ちょっと思い起こすと、去年から「犯す前に犯すと言うか」という発言があったり、最近では、与那国に部隊を移そうとしたら、すぐ反対したら、「ああ、そう反対ですよね」ってすぐ撤回して、また沖縄に舞い戻ってというのが出ていたり、あるいは沖縄の登野城番地にある尖閣をなんの関係もない東京都の知事が買う、と言いだしたり、とワジワジーすることばっかりですが、尖閣の問題では、康助先生に、沖縄差別については仲本安一先生に、あと少し、単独州や東アジア構想については吉元先生にお願いしたい。まず尖閣ですが、石原都知事は昔、参議院時代、青嵐会に入っていた時代に、西町にある古賀辰四郎のおそらく子どもか孫かの奥さんに会って、尖閣を個人で買いたい、と言ったら奥さんが断った。

なぜ断ったかというと、いわゆる「生意気だったから断った」と。この尖閣を力づくではだめだ、という康助先生、私もその通りなんですが、東京都が買うことについてどうお考えか、ということをお願いしたいと思います。それから仲本安一先生、我が人生は復帰に始まり復帰に終わる、といい、あるいはヤマト、日本を祖国と言いたくない、という話もありましたが、与那国のことなど含めて、本当に大きな差別についてお願いしたい。それから東アジア構想について、吉元さんが言っていたんですが、スコットランドは、いわゆるEUにオブザーバー加盟しているんですが、東アジア共同体ができた場合、単独州にしてやはりオブザーバー加盟をして、そして東アジアの中で生きるということについてどうお考えか、以上でございます。

司会　どなたから先に、では上原先生からお願いいたします。

上原　尖閣問題、私はそんなに勉強しているわけではありませんので、あるいは誤解を招いてはいけませんので、慎重にお答えします。さっきも申し上げましたが、尖閣諸島は沖縄県の領域に指定され、国としても日本の領土として認めてきたわけですからね、その基本は維持すべきであるし、中国に対しても主張していいと思うんです。問題は、じゃあこういう領土問題というのを、軍事力、武力で片づけられるかというとそうはいかないと思うんですね。そこがやっぱり外交力、政治力、ジンブン、智恵ですよね。そういう面を働かせて、中国との協力関係、台湾との均衡関係というものを大事にしていくべきだと私は思うんです。それは、私も現職時代、中国にも行ったし、いろいろ外交の面でもある程度関与してまいりましたが、やっぱり相手を敵視して理論で打ちまかせて、力づくで屈服させようとしたってそう簡単にいきませんよ。今の中国は大国になってきているでしょう。そういうことを大事にして、日本の外交力、政治力、友好関係というものを大事にしてやっていくべきだと思うんですね。幸い、今度プーチンさん、これもいろいろ批判が出ておりますが、北方領土問題だって、日本固有の領土には間違いないですよ。竹島だってね、韓国との関係。これを武力でやるんじゃなくて、友好関係、外交の力、そして資源開発はどうするのか、という互いに利益も半分ずつとは言わないけれど、相手の立場というものにも耳を貸して解決するというのが私はいいと思います。

西田　尖閣問題については大見謝恒寿先生が試掘権を申請して、復帰前です。私は二ヵ年間大見謝先生の秘書をしていましたから、試掘権をとても詳しく研究した一人です。そこで問題は、尖閣諸島の試掘権を与えたけれど、採掘権を日本政府は与えないんですよ。これは外務省が、中国に対する遠慮です。中国を刺激して、採掘権を与えてしまうとむこうで日本の関係者が石油や天然資源を掘る、そのチャンスが出てきたら、中国が黙っていない、中国を刺激しちゃいかんという、外務省の、日本政府の弱腰外交の典型的なものです。それともう一つ、石原慎太郎知事が尖閣諸島を買うと言い出したのは、あれ、なんにもしてこなかった無作為外交、日本政府に対する当てつけですよ。ざまあみろ、俺が買ってやるよ、と。それは民主党政権、今の政府、自民党時代も一緒ですけれど、顔につばかけられたようなもんですよ。そういうことでは、日本政府が目覚めよ、と。今のままでは、尖閣は確実に中国に領有されますよ。竹島だって、実質的に占有されてもうどうにもならないですよ。外交的な解決のめどがつかない。戦争するわけにはいかん。国際法上は、最初に実効支配したところのものに島はなるんですよ。尖閣諸島も今の方針でいったら確実にやられる。そういう思いから石原慎太郎はああいう行為に出たと思う。最後にもう一つ。共同開発の話は出されますけれど、平良長政さん、おっしゃっていたけれど、尖閣諸島は日本の固有の領土ですから、結果的に共同開発するならいいんです。領有権持っている日本側が、中国よ、共同開発しませんか、と持ちかけるのは間違っています。全部中国に取られる、乗っ取られますよ。そういう危険なことがあるから、共同開発いっしょにやりましょう、と非常に仲良く、いい感じだけれども、外交交渉としては大変なことになります。以上です。

吉元　尖閣で一つ。一九九六年の十一月三十日、台湾の総統府で李登輝さんと直接この問題で対決しました。李登輝さん曰く、「台湾の尖閣諸島は」という発言があったので、私は発言を中止させて、その場で抗議した。「いつからそうなったの、あなたのところの中学校の教科書にはそう書いていないけれど。沖縄のものと書いてあるでしょう」。彼、黙っちゃってね。その翌年、九七年に沖縄タイムスの記者が取材に行きました。その時に登輝さんははっきりと「尖閣は沖縄のものである、台湾のものでもないし、まして中国のものでもない」と明確にしました。それは沖縄の新聞に出ましたし、これは外務省の方は、黙って沖縄の知事がこの種の問題を台湾と話し合うのはおかしい、という抗議を、非公式に出しましたけれど、「黙っとったって、あなたたち何もやらんだろう」と、日本政府に、とりわけ外務省に厳しい反論をしたいきさつがあります。

それから先ほど質問のありましたスコットランドのことですね。詳しい話をするつもりはありません、それほど知っているわけでもない。ただ、イギリス、ある憲法の下で議会でつくられた法律、それを前提にスコットランドについては特別に自治州、自治区として認めているんです。したがって、そこに議会があるんです。その議会は、今言った、国の憲法に反しない限り、それがやっていけるんです。それは当然です。もともとイギリスという国は、フランスから、ヨーロッパから来た連中が力で支配して、潰して大英帝国をつくったわけですからね。もともとあったのはスコットランド政府ですから。そういういきさつがあります。実は、二〇〇七年から二〇〇九年にかけて2年半、沖縄県で経済界の方々を含めて、学者、文化人、さらに行政体験者ということで私も入りましたけれど、そこで、道州制の議論を厳しくやりました。結論は、特例型の沖縄自治州をつくろうじゃないかということです。去年の四月一日に、沖縄県議会の議員をされた方々が全部集まって、会議をつくっています。この今言ったことを推進していくための、そして聞くところによると、そこが今度は県議会の選挙がありますから、立候補される方々の政党に対して公開質問状を出すと聞いています。そういうことですので、新しい議会で特別委員会をつくって、この話にすぐ入ってほしいと思います。以上です。

司会 尖閣の問題は非常に脚光をあびつつありますが、私も実は二年前に与那国、宮古、八重山で関係各庁とか漁協長とか漁民の方々に、都合十五時間ぐらいインタビューをしたんですけど、地元でも少し温度差がありますね。漁民の方は領土問題というよりは、むしろ安全に操業できることを望みたい、という人もおりました。それから復帰前までは、台湾から来ても、一緒に意見交換していたと。でも復帰後はそれが出来なくなった、というような話でした。それから、大量に魚を取ってぱっと逃げていくのは、実は台湾、中国ではなくて、宮崎の船だった、みたいなことを言っていました。まあ、安全な漁港はつくってほしいという意見でした。それから、蛇足になるかと思いますが、例の大宮の栗原さんの知り合いが一人今日会場に来ています。名前は言いませんけれど、私の友人です。彼もあまり詳しく教えてくれないんですけれど、一応報告だけしておきます。

司会 次、仲本先生、沖縄のアイデンティティを含めて、質問がございましたので、よろしくお願いします。

仲本 平良さんから尖閣と道州制についてのご質問がありました。尖閣問題は以下同文です。みなさんから詳しい話がありました。ただ一点だけ付け加えますと、そのまま中国にびくびくするんじゃなく、だからって槍を持って立ち向かう必要もない、ただ、支配権の確立という立場から、そこに漁業基地たとえば貯蔵所とか簡易宿泊所とか、そういうような既成事実をつくる必要があると思います。それは早くやらんと、もたもたするから中国につけこまれてしまう。次に道州制については吉元さんからいろいろありました。彼の方が専門家ですが、仲地博教授も専門家ですけれども、要するに琉球王国という経験もあり、温故知新という立場から、歴史に学び、それを基礎にする。そして曲がりなりにも琉球政府というのがありました、立法院というのもありました。以前の琉球政府と違うのは、それは高等弁務官というアメリカの絶対権力を取り除くわけですから、外交権とか治安は中央政府にあるわけですが、沖縄は地方自治の立場からやれる。さらに、外交権の範囲内で、貿易交渉とか東南アジアとの交流とかは沖縄に権限を一部委譲してもらう。そういう形にして、立法院の権限を強化して予算などの決定権を持たすことです。今の県議会はどの県でもそうですが、執行部に出させておいて、ああでもないこうでもないと、文句ばかり垂れて、自分たちでどうするかはできないんですよ。立法院になると、自分たちも関わっていくわけですから、相当勉強せんといかん。ただ、票目当てで、なんでもやりますと言ってちっともできないような政治家ではだめなんで、やはりそういった意味では道州制でやるべきだと思います。

その場合に、知事との問題なんですが、例えば仲井真知事、私は支持しませんでしたが、「普天間問題」についてはすばらしいことをやっている、沖縄県民代表として。今度のオスプレイの問題についても、「日比谷公園か新宿御苑に持っていって下さい」と。これは沖縄県民の声を代表して、立派です。それには賛成すればいい。革新でも賛成してほしい。ただし、朝鮮の慰安婦問題についてはだめですよ。ケースバイケース、是は是、非は非として評価すればよいですよ。

もう一つ、観光問題については、一〇〇〇万ということを言いますけれども、一〇〇〇万だろうと五〇〇万だろうと同じ、一〇〇〇万でできなかったら次は二〇〇〇万、二〇〇〇万でできなかったら三〇〇〇万、必ずそう言うでしょう。そういうことはやっちゃいかん。五〇〇万でも歩留りをどうするかですよ。今、ミージョーキー（ザル）やバーキ（カゴ）みたいだから歩留りが少ない、全部ヤマトに吸い上げられてしまう。ホテルも、レンタカーも、旅行社もそうでしょう。だから、県としてやるべきは沖縄の中小零細企業の足腰を強くして、彼らの方に歩留りとして落ちる方策を考えることが先決です。今、国際通りを通ってごらんなさい、ほとんどヤマトンチューに占められ、そんなところまで入り込んでいるのかと思うほどである。それはヤマトンチュが悪いのじゃない、お互いウチナーンチュの気概がないからですよ。もっと立ち上がりましょうよ。もっと自分で、ドゥーワジー（自己憤慨）をしましょう。そういう気持ちで、今後の県政や諸問題に当たっていく必要があります。どうぞそういうことでお互い頑張っていこうじゃありませんか。どうも有難うございました。

西田　いろいろ観光のあり方とか、論議は、とってもこういうのは異なりますけれども、あの琉球が万国津梁時代、海外交易時代に生きた、あのときの琉球王国のしたたかな外交戦略、中国の三国志を上回るだけのすごいことをしているんですよ。それからすると、私も道州制の、吉元さんの下で副会長をしておりますけれど、道州制がかなうことをやりながら、なおかつ沖縄が今できることは、那覇市が中核都市を目指している。中核都市ではだめなんですよ。沖縄県全体で政令指定都市を目指すという方向を出していく、それに取り組むべき、そして那覇から沖縄市あたり、七〇万人口の一つの市をつくればいいんですから、政令指定都市を目指すという方向で、県民のエネルギーを結集していく作業、現実的な知恵としては必要だと思います。

司会　仲本先生、西田先生、有難うございました。上原先生、何かありますか。質問がございましたらどうぞ。フロアからの最後の時間帯になりますので、どうぞ遠慮なくご質問いただきたいと思います。それでは、パネリストの先生方、お一人一分で最後のまとめを含めてお話しいただきたい。白保先生、一分ではできないということですけれども、そうですね、では二分。お一人二分ずつ、最後の「今後の沖縄社会のあり方について」、これまでも触れておられますが、ぜひここだけは最後に強調しておきたいという点をお一人二分ずつでお話しいただきたいと思います。

上原 私は一分で終わりますから。今日、各パネリストの方々のお話を聞いてですね、いろいろお感じになった点、あるいはおかしいとか、賛成とか、よしこうしようや、という気持ちも出たと思うんですが。あまり悲観論だけでは、沖縄の将来も明るくならないと思いますので、ネバー・ギブ・アップ、お互い。復帰四〇年を起点に、さっき申し上げましたように、ものごとには賛否両論あるけれども、沖縄をどうするのか、日本をどうするのか、ということについては、譲り合うところは譲り合って、県民の最大公約数というものを各界の指導者の皆さんが、求めてそれで県民の意思を結集し、動いていくという、そういう政治力、外交力、県民の英知、智恵というか、ジンブンをね、出して頑張っていきましょう。ぜひ若い方々には特にそのことをご要望申し上げておきたいと思います。

古堅 復帰四〇年ですが、復帰協を中心とするわれわれの闘いの中心的スローガンは「核兵器も基地もない平和な沖縄を取り戻す」ということでありました。熾烈な闘いを通じて、施政権は返還させたが、われわれが言うところの平和との関係での基地の問題は、まったく解決されないままになりました。今日、この基地問題を巡る闘いが沖縄の直面している最大の闘いだと、そのように私は考えています。最後のコメントとしてその問題にも触れて申し上げたいと思います。

沖縄の米軍基地問題は、一地域や一地方の性格の問題ではありません。日米安保条約と関連法規によって体制化されている、日米両国間の基本問題です。単純に分量的に見れば、米軍専用基地のまったく存在しない府県に比べ、沖縄米軍基地の現状は確かに異常極まりないものだと思います。しかし、そのことを本土の沖縄への差別問題だと決めつけて、本土の人はみな沖縄の基地を持ち帰れとか、全国で公平に負担させようなどとの主張になっては、問題の本質を見失ってしまうのではないでしょうか。日米安保体制下のわが国の現状をその根源から正すことが大事な基本点だと思います。安保条約も基地も容認して、量的に負担が公平であればよし、とするのではなく、平和憲法の大原則に立って、世界一危険な普天間基地は沖縄にも全国いずこにも移設するのではなく、無条件に撤去し、返還せよ、このように迫るべきが筋ではないかと思います。平和を願い、正義と道理にかなった県民の闘いは紆余曲折はあってもこれからもさらに発展前進して、必ず勝利する、これが私の確信です。以上です。

白保　二十一世紀を目前にして私たちは新しい二十一世紀の国づくりをどうするかという議論をずっと重ねたことがありました。そういった中で、二十一世紀の国づくりは、二十世紀の反省の上に立って、二十世紀は戦争が多かったですね、経済も暴走しましたね、人の心が荒廃されましたね、だから二十一世紀は文化・芸術でもって日本の国づくりをやろう、ということで文化芸術振興基本法をつくりました。その際に多くの識者にお話をうかがいました。一番最初に来てくれたのが三枝成彰さんでした。三枝さんが、ドイツの婦人は戦後、リヤカーをひっぱって煉瓦を集めて野外音楽堂をつくって、音楽を聴くところからドイツの復興を始めた。おっちょっと待てよ、と。沖縄はカンカラ三線をやって、そして自らの民謡を聴き、踊り、そしてその中で立ち上がってきた。そういった面では、沖縄の持つ強さというのは、この伝統文化にあるのかな、こんなふうに思いました。私はこの沖縄の持つ強さをきっちりと踏まえた上で、先ほど申し上げましたけれど、島嶼性の沖縄をどうしていくのかということを、やはり若い人たちにはしっかりと考えていかなきゃならないだろうと思いますし、同時に受け継いでいってもらわなきゃならないのは、法の下の平等というものをどう確保していくのか、担保していくのか。このことは受け継いでいっていただかなきゃならない、こんなふうに思っております。若い人たちが大いに頑張っていける沖縄をしっかりとつくっていかなくちゃならん、こんなふうに思いますし、私どもはまだまだ、西田さんみたいに野心はありませんけども、しっかりと応援していきたいとこういうふうに思っています。以上です。

仲本　一言だけ申し上げます。ここに座っている人は、大体みな五〇％オフみたいな、耐用年数切れですから、これからたいしてやれるわけない、だから鉦打チャー（応援団）ですよ（笑）。気合いを入れて、ハッパをかければいいんです。ところが、若い連中は、興南高校の甲子園優勝をはじめ、相当強いんですよ。若い連中が弱いのは駅伝だけ。あとはバレー、バスケット、そしてゴルフなど強いのです。それから芸能界、アムラーから始まって仲間由紀恵まですごいじゃないですか。漫才もウチナーは多いですよ。ウチナーの若い者は捨てたものじゃない。しかし、どうしていいか方向性がわからなくなっているんではないですか。復帰後生れですから。だから、こうあるべきだということをムンナラーシ（指南）するのはお互いの役割として活用していただければいいことができると思いますよ。

西田　米軍基地の問題とか、憲法の問題とか、政治的なテーマでこうして議論することはとってもいいことですけれど、先ほどから申し上げているとおり、沖縄が二十一世紀、どうして何で生活していくのか、どう生きていくのか、これも県民的に大きなテーマとして真剣に議論するチャンスをつくらなきゃならないんです。例えばシンガポールを見ますと、一九六五年にマレーシアから追い出された、あの島人口は二〇〇万でした。今五〇〇万超します。島の大きさは沖縄本島の三分の一ぐらいですよ。それで外国人観光客は一二〇〇万。日本全国で八五〇万です。沖縄は二四万かな。六〇〇万人来ている観光客の九八％がヤマトのお客さん、そのうちの八割がリピーター。リピーターは金使わない。沖縄の観光客の消費量七万円です一人。ハワイは二四万円ですよ。そういう中で、シンガポールというあのすごい国を見習うような、思い切った観光施策のしかけをしていかなくてはいかん、そのためには行政が行政の枠を超えんといかんです。そういうことで、シンガポールをモデルにして、今いろんなことをわれわれ勉強しているし、提言もしています。だから県民が、二十一世紀に、もう観光しかないんですから、その観光でどういうしかけをして観光客を、アジアの、アメリカの富裕層を沖縄にあと五〇〇万人呼ぶか、このしかけをどうするかということでは、思い切った行動と提案をする、そのためにはリーダーたちは勉強せんといかんですよ。発言せんといかん、行動しなきゃならん。こういうことをやっていけば、沖縄の二十一世紀、本当に夢はいっぱいあるんです。大きなプロジェクトとか。国民があっと驚いて思わず拍手するような、そして、もう沖縄に全部移住しましょうと。こういうことはしかけとして難しくない、できるんですよ。

例えば、税制問題が一番のポイントですね。沖縄のＦＴＺ、金融特区、税金を法人の半分の二〇％にしたから、企業が来る、ということで当時のヤマト政治家とわれわれは大喧嘩したんです、絶対来ませんよ、と。結局、来ないでしょう、二〇％では。香港、シンガポール、五％か〇％でしょう。そこ行きますよ。ＩＲ、名護の金融特区、ダブリンの真似した。あれ、税金五か一〇かな。マンダリンだったら税金ゼロですから。そういう状況の中で、税制の基本的、徹底的に沖縄特区としてやっていく。相続税もゼロにしてもらう。シンガポール相続税ゼロです。世界の金持ちがみんな集まっている。企業投資しても法人税が出ないから、そうしたら来る。そこで働く人の雇用効果、所得税、市町村民税、これは大きな波及効果で入ってくるんですよ。そういう発想の切り替えを、沖縄の行政の方たち、なかなかわかってくれない。中央政治家も含めて。沖縄県民が真剣にそれを議論して、行動する。そうしなければ沖縄はもう、おいてけぼりにされる。そういう心配をしながら、いろんなところに提言をしては行動して頑張っております。どうぞまた、いろいろご指導ください。

吉元　四〇年前に生まれた沖縄の若者、男女一人ずつ、今説得している。なかなか同じテーブルに座らんですね。もちろん思想的な背景、支持政党、立場は別々です。一人は自民党、もう一人は社民党です。なぜそういう無茶なことを、と言われるかもしれないけれど、復帰段階で生まれた沖縄の若者は、今、県会議員、地方議員たくさんおりますよね、地域社会の中では中心部分でしょ。もちろん、エイサーの担い手にもなっていますけれど、地域の祭りごとでもそうでしょ。その若い年代の人に私みたいな、この一九六〇年からずっと運動ばかりしているような人が何をバトンタッチしていけるか、ということですよね。ここは非常に自分の反省を含めて、やって来た、やって来なかったことを含めて今なんとか、その年代のやつを集めて話し合いをやっているんですが、これなかなか難しいです。ある意味では、私たちの復帰運動は、自由民主党さん以外は政党全部入っていました。沖縄でのある種、統一戦線的な認識があったんですよね。ちょっときつい言葉を使いましたけれど、今、そういう場がつくられていないでしょう。私は、だから、最近、もう一回復帰協をつくりたいな、ということを言っているんですね。名前はふさわしくないけれど、そこのところが、中心になるんだね。七〇過ぎの私が今さら出て行くわけにはいかんでしょう。きちっとバトンタッチする若さというのは、復帰前後に生まれた方でなくてはいかん。で、三回飲み会に誘って失敗しましたが、まだあきらめていません。彼らが、アッ吉元の言っていることはこういうことだな、という理解をしてもらえればいいと思うんです。われわれは自主的にやればいいんですね。そういうふうな意味で言えば、運動をさぼってきた今までのツケが、今全部出ていますね。でも、これ、やらざるを得ないです。やってもらいます。これが一つです。

それから、先ほど沖縄県議会議員経験者が全部集まって、組織を作って、去年の四月一日からやっていることについては、沖縄の特例型の自治州です。沖縄州制、まさに自治州、これをきちっとやっていくと、沖縄が自立する、独立とまでは言わんですよ、自立する。そういうことの意思決定ができるようなしくみをとれる。それをやろうじゃないか、と言ったんです。そのときに、もちろん沖縄だけ特別な仕組みをつくるの、といわれると、特別法がどうしても必要かもしれない。県民投票が必要かもしれない。そこに行く過程ですね、かつて復帰後四〇年の中で県会議員をやった方々が、いろんな政党、右寄りの方もいますが、いま一致して進めています。今日お集まりの皆さんもぜひ、この方々を中心にしながら地域で運動を進めていただきたいと思います。呼びかけです。

司会　六名のパネリストの方々、長時間にわたりまして、いろいろ貴重なお話をいただきまして、有難うございました。まとめるという意味じゃないですけれど、少し感想も含めて振り返ってみますと、最初、このシンポジウムをコーディネートしたときに、ちょっとみなさん年齢がいきすぎじゃないか、もっと若いのをなんで呼ばないのか、と怒られました。ただし、私はそうではなくて、ちょうど戦後沖縄を含めて、復帰前後から国政、あるいはさまざまな運動、あるいはそれぞれの政党、労働運動とか、そういうことをちゃんとやってきた方々の中では、まあこういう言い方をしたら失礼かもしれませんが、相当のトップレベルですよ、と。こういう人たちはなかなか集められませんよ、ということで説得してやったわけです。中には、なんでおれを出さないんだという人がいる……。これには実はいろいろ考えまして、政党のバランス、それから現職でない人で構成されています。ほぼ思ったとおりの内容展開になり、たいへん感謝しています し、各先生方にはお礼を申し上げたいと思います。

本日はいろいろな話が出てきました。政治・行政・労働運動・沖縄の歴史・文化・県民性等々。多くの豊かな体験に裏打ちされた貴重なお話を聞くことができました。それぞれの話はつまるところ、「沖縄は

今後どう歩むべきか」という大きな課題へ結びつくものであったともいえます。パネラーの方も触れていましたが、共同戦線という労働運動的な言葉ではなくて、ウチナーンチュがどういう形で共同関係性を構築し合えるかということ、それは、ぜひ政治の場でも模索し、構築していただきたいと思います。

特に基地に関しては、「辺野古はだめだ」というのは、旧来の賛成の方々も言い始めている。名前を出してもいい、一部の人からは「安保マフィア」と揶揄された岡本行夫なんかももう言い始めているんですね。変わり身が早いと言えば早いんですけど。しかし、そう（辺野古はダメ）であった方が沖縄にはいいわけですから。玄葉外務大臣が、あるいは野田総理が「沖縄に誠心誠意話せば」と言っていますが、仲井真さんは「誠心誠意話してもだめだ」と言っていますね。今、非常に政治的には面白い状況で、中央は民主党が取っていて、自民党は野に下っていて、もう一度単独で取れるかというと微妙な情勢にある。ところが沖縄県はいわゆる旧自民系の仲井真さんが取っておられる。県議会では一つだけ野党の方が多い。今度の県議選でどう変わるかわかりませんが、与党が勝ったら、知事はふらふらしているので危ないのではないかという声もある。まあそれぞれの立場があるので、お互いに贔屓目に見たり、批判をしたりするのは自由ですが、私は、仲井真さんは少しふらふらするけど、「アヌチュオ（あの方は）、芝居シー（役者）だからうまく使ったらいいよ」というふうにある人たちには言っているんです。まあスキャンダルもみんな佐野眞一にあばかれて、これ以上出て来るかどうかわかりませんが、そういうところ（辺野古ダメ）は、ぜひ保守・革新問わずオール沖縄で行ってほしい。保守・革新、与党・野党、具体的にはこれは選挙ですから、知事は一議席でも多く取りたいと思うのは当然ですけれど、仮にどういう結果になったとしても、先ほど、上原先生もおっしゃっていましたけど、今後は「この一点に限り共闘できる」というところがいくつか出てくると思いますので、その際は、ぜひ、今日お話をなさった先生方も後輩のみなさんに、これだけは守ってくれよ、と。いらないぎくしゃくはしないでくれよ、というところも含めてご助言いただければと思います。

つたない司会、コーディネーターでしたが、最後までお付き合いくださいまして有難うございました。本日はお忙しい中、最後まで熱心にシンポジウムに参加していただきましたことを感謝申し上げます。

■パネリストのプロフィール

上原　康助（うえはら・こうすけ）　一九三二年・本部町生まれ。米軍基地に就職（一九五一年）。弾圧下で全軍労結成、初代委員長（六〇～七〇年）。訪米し米政府要人に基地労働者の待遇改善を直訴（六八年）。嘉手納町教育委員（公選六七年）。戦後初の沖縄国政選挙で衆議院当選（七〇年）、新人で社会党の代表質問に立ち「沖縄の心」を訴える。細川内閣で国務（沖縄・北海道開発庁・国土庁長官）大臣（九三年）、社会党副委員長（九四年）、衆議院予算委員長（九五年）、社会民主党副党首（九六年）、衆議院永年在職表彰（九五年）、一〇期目当選（九六年）。社民党離党・民主党入り（九八年）、政界引退（二〇〇〇年）。勲一等旭日大綬章受章（〇二年）。著書『基地沖縄の苦闘（全軍労闘争）』『激動の戦後史と共に』その他。

古堅　実吉（ふるげん・さねよし）　一九二九年・国頭村生まれ。沖縄戦で沖縄師範学校の鉄血勤皇隊に動員され、南部海岸で捕まり、生き残る。琉球政府下にて中央巡回裁判所書記官・上訴裁判所調査官（一九五六～五八年）、裁判所職員労働組合結成準備会の責任者となり、結成とともに初代委員長に選出される（五七～五八年）。弁護士（六〇～二〇〇五年）。立法院議員（六〇年～四期）、県議会議員（七二年～四期）、衆議院議員（九〇年～三期）、第四二回衆院選不出馬・政界引退（二〇〇〇年）。沖縄人民党書記長（六一～七三年）、日本共産党沖縄県委員会副委員長（七三～八七年）、日本共産党中央幹部会委員（七三～二〇〇〇年）。著書『命（ヌチ）かじり―回想録―』。

白保　台一（しらほ・たいいち）　一九四二年・竹富町生まれ。公明党衆議院事務局に配属され国会議員秘書（一九六九年から十四年間）、秘書会事務局長（七一〜八三年）、公明党沖縄県本部書記長（八四年）、同本部長（八九年）、県議会議員（八四年〜三期）、衆議院選落選（公明党九三年）、衆議院議員（新進党九六年→新党平和→公明党〜三期）、衆議院本会議場にて駐留軍用地特別措置法に反対し起立せず（九七年）、沖縄開発庁総括政務次官（二〇〇〇年）、「沖縄でのJリーグチームの立ち上げ」「沖縄への国連アジア本部誘致」等を提唱。衆議院選落選（〇五年）、二〇〇七年四月沖縄選挙区参議院補欠選挙で名前挙がるも辞退、政界引退表明。沖縄県立博物館・美術館長（二〇一一年四月〜二〇一三年二月・没）。著書『琉球のロマンを今に』。

仲本　安一（なかもと・あいち）　一九三五年・糸満市生まれ。東京沖縄県学生会長（一九五六年）、全国私学学生自治会連盟事務局長（五七年）、沖縄県青年団協議会副会長（六〇年）、沖縄県祖国復帰協議会結成に参画し執行委員（六〇年）、那覇市役所就職（六一年）、那覇市職員労組委員長・自治労沖縄県本部委員長（六三年）、主席指名阻止闘争で検挙され被告団長（六四年）。沖縄社会大衆党入党（五九年）、立法院議員選出馬・落選（六〇年）、那覇市議会議員（六五年〜三期）、県議会議員（七六年）、社大党書記長（七六年）、同委員長（八四年）、参議院選出馬・落選（八二年・八六年）、衆議院選出馬・落選（九六年）、政界引退表明。旭日双光章受章（二〇〇八年）。（株）沖縄製糖顧問。著書『人物列伝―戦後沖縄の政治家たち―』『激動期を走る』その他。

西田健次郎（にしだ・けんじろう）　一九四三年・国頭村生まれ。自由主義学生同盟会長（一九六五年）。沖縄市議当選（七〇年〜三期）、沖縄県議会議員（八〇年〜五期）。沖教祖・自治労と熾烈な論争を展開。県議会では西田発言で十数回議会空転さす、二〇分で一〇〇回の質問（自治省で問題化）、役席（職）獲得よりも質問力のある議員を志向したために正・副議長には就任せず。しかし、自民党沖縄県連では政調会長（四期）、幹事長（二期）、会長（九六年～二期）を歴任。参議院選出馬落選（八八年）、衆議院選・無所属で出馬落選（二〇〇〇年）。現在、県相撲連盟顧問、OKINAWA政治大学校名誉教授、自主憲法制定県民会議議長、（財）沖縄エンターテイメントリゾート理事長等。

吉元　政矩（よしもと・まさのり）　一九三六年・与那国町生まれ。石垣島測候所就職、賃金未払いを契機に労働組合結成。祖国復帰協事務局長（一九六三年）、官公労書記長（六九年）、県職員労委員長（七二年）。琉球政府・基地専門官。（西銘県政時）国際交流拠点形成構想・県立芸大設立等に参画。県庁退職（八三年）。県労働組合協議会事務局長（八三年）、嘉手納基地包囲行動を企画・完遂、連合沖縄発足に参画（八九年）。（大田知事時）政策調整官（九〇年）、副知事（九三年）、「沖縄二一世紀グランドデザイン」「国際都市形成構想」「基地返還アクション・プログラム」等を策定し、政府に「沖縄米軍基地問題協議会」「沖縄政策協議会」を設置さす（閣議決定）。沖縄県地方自治研究センター理事長（九八～二〇〇〇年）。

金城　一雄（きんじょう・かずお）　一九四八年・大宜味村生まれ。沖縄大学人文学部教授・同大学院現代沖縄研究科兼担教授。専門は家族・地域・福祉社会学。教務部長、改組転換対策室長、人文学部長、学内理事等歴任。沖縄大学教員労働組合・再建初代委員長、おきなわ女性白書編集委員会委員、那覇市社会福祉協議会評議員、那覇市ひとり親家庭実態調査検討委員会委員長、沖縄ライフプラン研究所長、大学基準協会・大学評価委員会委員、沖縄県大学野球連盟理事長、大宜見村郷友会「一心会」幹事長等歴任。OCN「徹底討論・復帰二〇年の功罪」（沖縄初の六時間生番組）の総合司会。共著『戦後沖縄の社会変動と家族問題』『現代社会の諸問題』『沖縄で学ぶ福祉老年学』その他。

■シンポジウム参加者の感想■

・学生の姿が見られないのは、規制があったからなのか？　これからの日本を背負う若者の質問を聞きたかった。今後の展開の可能性は沖縄の若者の対応及び意見の集約によってなされることであろうに、若者の考えが変容している気がする。是非、若者へのアンケートを実施し、若者の意見に対するパネラーの意見を聞きたい。西田健次郎先生の意見に賛成！　吉元政矩先生の発言は具体的であるが、外交は国の基本活動であることへの整合性をふまえない沖縄独自外交を指摘された点には驚いた。しかし、現在の日本の政治現状では正論である。（五十代男性）

・古堅さんが原稿を元にきちんとした話題を、要点を掲示されたことに敬意を覚えます。おっしゃったように貴重な時間になりましたよ。抽象的なお話はいいなぁという場所だと思います。吉元さんのお話し得難い事多かったです！　仲本さん、情熱は伝わりました！

元政治家でこうだと嬉しいですね。これだけの各氏各方を一同に発言させて下さって拍手です！　吉元さんのお話、古堅さんのお話もっと聞く機会が欲しいです。（六十代）

・貴重なお話ありがとうございました。個人的な見解が聞けてとても良かったです。個々の相互の尊重が人としての基本ですから。現状の世の中を見ると残念ですが、まあ議会制・内閣制が悪いとの意見もありますが、見方を変えると、変えるという面を見れば良い面もあります。今後の未来の沖縄を考えると今のように金は使えないので人を増やすしか方法がないですね。まだまだ前進は多難な様です。最後に六名が同じ選挙に出るなら誰に入れるか、自分は一票を六等分して六名に入れましょう（笑）。（四十代男性）

・私は東京出身で、復帰の時は「核抜き本土並み」という言葉を信じて見守っていましたが、それが裏切られたのを、とても残念に思っておりました。今、事情があって沖縄県民として生活させていただいていますが、「平和」をきちんと語り合う沖縄が好きです。ヤマトの人々は、戦争の恐ろしさを忘れてしまっています。沖縄は日本の中でもっと、リーダー的存在になっていくべきだと思います。このような会に若い人が少ないのは本当に残念です。（六十代女性）

・このような企画をされたことにお礼申し上げます。多分、復帰運動に関わったメンバーが勢ぞろいする機会は今後も少なくなることでしょう。同じタイトルで女性達の企画をして欲しいものです。（メンバーが全員男性ばかりで女性の視点が欲しかったので）本日のように、本音で語れる場（同じ壇上で）は、とても良いですね。楽しく参加できました。本当にトップレベルの皆さまの発言は素晴らしかった。今後どのようにするかにつながることを期待します。（七十代以上女性）

・最近は、情熱的な政治家が沖縄にはいないなと実感した。復帰を、やはり再考し立ち止まって考える事が、今必要だと思った。パネリストの先生方も、復帰の成果と失敗を自覚していると思った。道州制の話は、その後進展がないので、沖縄がその路線で歩むことができれば自主自立出来る気がする。しかし、その際にも課題を一つ一つ議論していかねばならないと再確認した。次回から、会の最初にケータイはマナーにさせて下さい。（三十代女性）

・復帰前、復帰闘争に積極的に参加した青春時代、その後四〇年を経て、改めて振り返る機会をつくって下さりありがとうございました。復帰時に考え、期待していた事項等はどうなっているのか、自分を見つめると同時に、沖縄を見、日本を見ることは、これからをどう生きるかにつながることと思う。今日の先生方の意見を結集。推進協議会をつくり、右・左協力し合い沖縄の将来に向けて共に前進していきたい。（六十代男性）

・各氏とも本音で話していらっしゃると思った。一つには、現役を離れたからこそ言えるという部分もあるだろう。しかし、各氏とも今も尚、情熱的に沖縄を思い、日本との関係を憂い、未来に期待する心が伝わってきた。大変面白いシンポジウムで参加して良かった

です。参加者にもっともっと若者を呼び込むことをやってほしい。（六十代女性）

・今回の講座の最初に…上原康助氏の発言の中に軍基地で働いていた頃の米軍が沖縄人に対する差別という言葉に大きく考えさせられました。戦争前、小学生だった私達はその差別体験をしている。沖縄県は歴史的に「差別」ということで、物質的にも、精神的にも大きく他府県人よりも苦労してきたように思う。今回の講座はとても勉強になりました。政治については勉強しておりませんが、今後の沖縄の問題、基地問題も含めて良い方向に持っていけたらと願っております。（七十代以上女性）

・素晴らしい企画です。トップキャリアの沖縄の代表的復帰の顔の方々の熱い想いが本音で語られていた。もっともっと若者（沖大生、琉大、沖国、沖女短）そして観光科の学生、芸大の文化芸術との代表者を参加させることが必要だったと思う。今後の沖縄を、党派を超えて取り組むことが一致団結できとてもよかった。（五十代女性）

・六名のパネリストによる討論で混乱を懸念したが、発言の制限で進行をうまくコントロールしてよかった。出来たら、パンフレットにして市販してほしい。午後五時終わりの時間励行すべき、次の予定があり困った。終了時間をオーバーするなら、午後二時からではなく午前十時から開催すべきではなかったか。（七十代以上男性）

・素晴らしい企画だと思います。六人のパネリストの皆さんの人選も良かったと思います。復帰問題に対する裏の話まで紹介があり、この点もよかった。しかし、それぞれの立場で復帰四〇周年を具体的に総括してほしかった。立場上難しいと思いますが。土曜講座関係者の皆さま、御苦労さまでした。今後も期待しています。本日は大変勉強になりました。ありがとうございました。（六十代女性）

・今日の講師は、そうそうたるメンバーで青春時代を思い出しました。４・28運動は、学生時に洋上大会への参加もでき、当時「なぜ、同じ言葉を使う、同じ民族が引き離されるのか」と疑問に思っていた。今日の全員とはいかなくてもかまいませんが、次世代を担う若い人々（学生）に聞かせて欲しいと思います。要望ですが、質問する方は「氏名」「所属」を述べてから受けていただきたいと思います。（六十代女性）

・復帰当時二十代で活躍なさった諸氏の生の声を聞けたことで、当時の自分を思いなおすことができました。「ナマカラ（今から）、ウチナーはマーカイイチュン（どこに向かうのか）」我々がどういう未来に向かって進んで行きたいということがますます大切になっていく。温故知新。若い人に何を伝え引き継いでいけるか、ここ沖大で今日的にこのような時がもたれている事の大切さを感じます。（六十代）

・さすが政界で長年辛苦をなめてきた方々の話は、予想通りおもしろく拝聴させていただきました。沖縄をどうするか、沖縄はどうなるのか、まともな県民ならば、みな考えていると思います。今日の話を聞いて、自分達の想いを若者達に伝えていくことの大切さを実感しました。政党であらそっている場合ではない。同感です。今日の討論のコーディネート、人材選び素晴らしかった。復帰四〇周年企画、お疲れ様でした。ありがとうございました。（六十代女性）

・本日出席されているパネリストは長きに渡り政治に関係して来られた。過去の現役を振り返りいろいろ反省しておられましたが、それらが今の沖縄県の政治にいかされているのでしょうか？　私は、本土から来て数年、日々沖縄のことを知りたくて、政界の上で本土との沖縄の政治家のやりとりを伺っていて、沖縄の政治家に政治力の貧困さを感じる。（六十代男性）

・今日は、テレビ画面でしか見たことがない方々のお話を聞く事ができとても感動しました。六名の方々の各々の立場からの意見を聞き、「そうだったのか」と言う事がたくさんあり、今日の講座に参加して良かったです。勉強になりました。今後の沖縄についてこれからも党派を超えて「沖縄のこれからについて」の論議がいろいろされていくのもいいですね。今日はありがとうございました。（五十代女性）

・今回のような土曜教養講座を数多く実施し、若い方への沖縄問題の理解を深めるきっかけにして欲しい。パネラーを入れ替えて実施することも一考して欲しい。復帰して、良かったのか否かの議論も欲しい。経済基盤の確立として何が必要か、観光経済の発展か、その他、議論の要あり。（六十代男性）

・県外出身で沖縄の復帰について考える機会を持ちたいと思い参加しました。復帰までの経緯・問題点などより深く考えることができました。今、沖縄に住み子どもを育てる立場として今後の沖縄のために何ができるか課題として持ち帰りたいと思います。（三十代女性）

・四〇年前は大学を卒業したばかりで、復帰の年を東京で迎えました。いろんな意味で復帰の事を考える時やはり、本土に復帰して良かったと思います。基地問題は未だ、未解決の部分が多いと思いますが…。普天間基地の返還は早期に解決し、市民生活の安全を確保してもらいたいです。（六十代女性）

・和気あいあいの中に良いシンポであった。沖縄の大衆運動をリードしたパネリストにエールを送る。祖国復帰に関する問題は数多くある。今回のシンポは、テーマがしぼれていない。欲ばらず、厳選してテーマを絞って議論した方が良かったのでは…。（六十代男性）

・戦後の沖縄の政治・行政等面で活躍経験された六名のパネラーの理路整然あるいは熱意あるお話しは大変有意義でした。若い人の参加者が少なかったのが残念です。主催側はもっと若い人（学生も含めて）の参加者を増やす工夫も必要だと思う。（六十代男性）

・沖縄県が日本復帰して四〇年が経ちますが、未だ基地問題は変わってないのが現状である。よって早急な基地変容に努力してもらいたい。政治がもっと強くならないといけないと思う。沖縄県での政治家・行政マンの強い指導力が必要。（六十代男性）

・今日の内容はパネラーの方々の発言が素晴らしく、すごく聞きごたえがありました。何より、行動していたからこその説得力。感動しました。司会の金城さん

の進行も素晴らしかったです。今日は参加出来てよかったです。ぜひ、第二回も？！　ありがとうございました。（三十代女性）

・復帰の時は高1でした。復帰四〇年が経ち、基地はまだあるのが現実です。あの時の新鮮な気持ちはどこに行ったのかもう一度考えさせる時間ができました。ありがとうございます。（五十代女性）

・今回のシンポジウムで、よく知らなかった事実をたくさん知りました。今後の沖縄はどうあるべきかを考えるチャンスになりました。残念なのは、もっと若い人達が参加して欲しかったです。孫や子ども達に話して聞かせます。金城先生ありがとうございました。（七十代以上女性）

・三部構成の第三部、今後の沖縄への提言の部分を更に深める機会が何らかの形で実現出来れば良いなと思っています。（六十代男性）

・政界の重鎮たる面々による貴重な意見、主張を拝聴出来大変貴重な機会となりました。ありがとうございます。ぜひまたこのような機会を設けていただきたい。二十～三十代の受講者が少ない事が残念に思います。（四十代男性）

・やはり、生の声は良い。西田さん誤解していました。仲本さん、原沖縄人を感じる。（六十代男性）

・素晴らしい企画をしていただき嬉しく思います。（六十代女性）

・大先輩達のこれまでの頑張りに感動しました。（六十代男性）

・生の声が聞けて大変良かった。（六十代男性）

シンポジウムを振り返って

金城　一雄

二〇一二年五月十五日は、沖縄の日本復帰四〇周年目の日である。沖縄大学の地域研究所でも特別の取り組みをすることになった。土曜教養講座の五〇〇回記念特別企画の一環として、〈復帰四〇年〉シリーズで関連テーマを設定し、シンポジウム等を開催することとなった。

私も運営委員会の一員であったので、企画案を提出した。「日本復帰四〇年を問う～沖縄の過去・現在・未来～」と題して、①政治・行政、②産業・経済・労働、③生活・福祉、④教育・文化、⑤基地問題、⑥総括（沖縄の方向性）、をテーマに五月十二、十三、十四日の三日連続でシンポジウムを開催する、というものであった。それぞれのテーマに六人のパネリストと一名のコメンテーター、総計三十五人の人名も列記したものであった。

私は沖縄の祖国復帰運動、日本復帰前後、復帰後の沖縄の歩み等、これを多面的に総括し、今後の方向性を展望することは「地域に根ざす」大学にこそ相応しく、時宜に適ったことであると考えていた。個人的にも一九七〇年前後の熱き時代に青春の日々を過ごし、その後の沖縄を常に凝視し続けてきた者として、（また、定年退職を二年後に控え「この機会を逃すと学内での同様の企画に関われることは二度とない」との思いも強く）、先述の連続シンポジウムの開催を強く訴えたが、それは実らず、私の担当は①のみの開催となった。

タイトルは「日本復帰四〇年を問う～沖縄の政治・行政の変容と今後の展開可能性～」。パネリストは上原康助、古堅実吉、白保台一、仲本安一、西田健次郎、吉元政矩の六氏。コーディネーターは私（金城一雄）。開催日時は五月十二日（土）、午後二〜五時（三時間）。

開催主旨は「復帰後四〇年、沖縄の諸相は大きく変貌した。政治・行政にしても然りである。戦後二〇年余は米軍事支配下で琉球政府として行政を行い、立法院で政党政治の展開と立法が行われた。いずれも日本政府・本土の政党政治との結びつきは弱く、琉球・沖縄の独自的展開が強かった。しかし、一九七〇年から国政選挙が始まり、政党政治は本土系列化が深化し、復帰後は行政も日本政府と不可分のものとなった。沖縄の政治・行政はどのように変容してきたのか、今後どのように展開されていくのか。キーパーソンを交えて多面的に論議・考察する」ことであった。

パネリストをお願いするにあたっては、①党派の偏りをなくす、②現職でない、③相応の活動歴がありプレゼンテーションにたけている、等を考慮しながら進めた。パネリストの活動・略歴等については、前記載の一覧のとおりである。バランスがとれ、重厚な人選になったのではないか、と考える。交渉に当たっては多くの友人・知人のお世話になった。感謝申し上げたい。

「お話をいただく内容」については、各人の活動歴に沿って、箇条書きふうに若干の注文をつけさせていただいた。内容・進行方法・時間等については研究所職員と文書や電話でのやり取りを何度か行わせていただいた。当初の予定時間を短縮したので、準備されていた論述の内容が減り、ご迷惑をおかけしたのではないか、とも思う。

当日二〇分程の打ち合わせの後、早速本番に入った。当該テーマを大枠、過去・現在・未来と区切り、三部構成で進めたが、さすがに連戦錬磨・超ベテランの方々だけあって、各人ともそれぞれ時間通りにボリュウム豊かな内容を語っていただいた。

（各パネリストの発言内容や質疑応答等の詳細については、前掲の通りであるので割愛する。）

一般のシンポジウにおいては、パネリストの発言の後に、コメンテーターが若干の総括や問題提起を行いつつ進行するのを常とするが、今回はそれを行わなかった。中途半端なコメントをはさむより、経験豊かな今回のパネリストの〈生の声〉を届けてもらった方が、参加者にとっても有意義ではないかと思量し、司会は進行に徹することとした。

以下に、当日の補足も含めて、各パネリストの発言を概略・整理し、若干の感想を述べておきたい。

上原氏は、厳しい米軍政下での全軍労の立ち上げとその後の闘い、七〇年国政参加初当選以来の国会での沖縄問題に関する活動状況、尖閣問題の平和的解決、今後の沖縄のあり方等について語られた。県民や党派には揚げ足取りではなくて、団結するときには団結すべきだとの強い要望もだされた。終始一貫、豊かな活動歴に裏打ちされた情熱的な語りであった。

古堅氏は、パネリストのなかでは唯一立法院議員の経験者であり、日本復帰決議、憲法記念日の制定、高等弁務官メッセージの拒否、等についてエピソードを交えながら話された。また、米軍の沖縄占領の不当性、辺野基地建設反対、日本国憲法の遵守と安保条約の廃棄、等についても言及された。いずれも原稿に基づきながら淡々とした語りであったが、随所に史料的・法的な裏付けや解釈があり、同氏の司法人としての歩みと冷静・強靭な党活動に裏打ちされた「穏やかなる」誇りと人柄がうかがえる内容であった。

白保氏は、復帰前に代議士秘書として沖縄基地の総点検調査を行い、人権問題と土地所有権の問題の重要性を認識し、その後の自らの政治活動の主要課題となった経緯について語られた。また、マニフェストの不履行や普天間問題にみられる政治家のリーダーシップの不在、経済特区を活用した沖縄の発展、米軍の航空管制による主権侵害と発展阻害についても言及された。さらに、二十一世紀の国造りは文化・芸術を基調とすべきとし、沖縄での伝統文化による島興しを強調された。なお、同氏は現在、沖縄県立博物館・美術館長の職に在る。

仲本氏は、学生時代からの復帰運動との関わり、社大党入党、「主席指名」阻止闘争時の立法院突入による逮捕と被告団長としての苦悩、その後の政治人生、政党政治のあり方等について触れながら、今後の沖縄の自主・自立的な歩みの必要性を強調された。同氏のウチナーグチを交えた語りは、ウィット（機知）・シニカル（皮肉）・ユーモア（品のいいシャレ）に満ちあふれ、会場の爆笑を誘い、往年の「仲本節」炸裂との感を抱かせた。併せて「この人が国政で当選していたら、社大党の衰退は防げたかも……」との念も抱かせた。

西田氏は、前半では復帰前の琉大での学生共済会の立ち上げ、4・28復帰闘争への参加と離脱、自由主義学生同盟結成、等の経緯と時代状況について話され、また復帰による沖縄の司法・立法・行政の三権の喪失は大失態であったと断じた。中盤以降では薩摩の琉球侵攻以降・今日までの植民地的・差別状況に言及し、米軍基地の全国平等負担ないしは迷惑税の導入を訴えた。さらに最近の沖縄の若者の活躍に賛辞を表し、併せてカジノ導入等を含む観光経済の振興を提言した。同氏の過去の右翼的言動への誤解は解け、快活なる未来展望者との印象を与えたともいえよう。

吉元氏は、前半では一九六〇年代からの官公労・復帰協の書記長としての活動、復帰時の身分移行の問題、嘉手納包囲闘争等について、具体的な体験を踏まえて話された。中盤ではいわゆる「天皇メッセージ」を契機とする沖縄の永続的分断支配、復帰時の日米秘密協定等に言及。後半では尖閣問題、特例型沖縄自治州等について東南・東アジアとの共同関係性を絡めて論議・構想することを強調し、若年層の育成と統一戦線的運動の再構築の必要性を訴えた。同氏の発言内容は活動家・行政マン・副知事経験等に基づく具体的構想をも伴うものであった。

今回のシンポジウムでは、政治、行政、労働運動、沖縄の歴史・文化、県民性等々、多岐にわたる話が飛び交った。各パネリストの発言や話題には提起方法やニュアンスの違いはあったが、散漫になることなく、当該問題の過去・現在・未来について、一本筋の通った展開になったと思われる。結論は、沖縄の歴史性と今日の時代状況を反映しつつ、〈主体的・自立的な沖縄をどのように構築するか〉ということにつきるだろう。

多くの県民の皆様にもご参加いただいた。時間の制約等もあり十分な質疑応答の時間が取れなかったことは残念であるが、多くの熱い感想もいただいた（前掲「感想」）。感謝申し上げたい。なお、会場でも、感想文でも指摘されたが、若年層の参加者が極端に少なかったことは「今後の沖縄をどうするか」という視点からも看過できないことであり、今後の課題としたい。

シンポジウム終了後の懇親会で、上原康助氏は私に「金城さん、今日の僕はあんまり元気なかったんじゃない？」と問いかけてきた。「いえ、いえ、そんなことありません。みんなワクワクしていましたよ。どうしてですか？」答えると、「じつは、復帰式典での僕の原稿にイチャモンがついて、変更できないか、と言ってきている。出るか出ないか、迷っているんだよ」と話された。私は同氏の迷いをあまり深刻には受け止めていなかった。「何かあるな」とは思ったが、同氏の迷いが「歴史的発言」として二日後に発露されるとは考えていなかった。

五月十五日の午後、私は「沖縄復帰四〇周年式典」会場の隣のホテルにいた。鳩山由紀夫前総理を囲む少人数の会合に参席していた。鳩山氏は官僚にペテンにかけられた経緯を縷々《るる》述べ、「県民の皆様には、ほんとに申し訳ない」と平謝りであった。参加者からは「民主党にはがっかりした。自民党以下だとの声もある。県民の大多数はもう民主党を支持しないだろう」との叱責もとんだ。私は一国の総理がみっともない、なさけないとも思ったが、「あなたの『東アジアの海を争いの海から友愛の海へ』『沖縄の基地を国外へ、少なくとも県外へ』との発言は間違っていない。歴代の総理のなかで『少なくとも県外へ』と明言したのはあなたひとりだ。むしろ今後ともそれを追求していくべきだ」とやや強い調子で述べた。鳩山氏は少し口元をゆるめ、やや安堵した様子でもあった。

自宅に戻り、テレビで記念式典の様子を観ていた。上原康助氏（元沖縄開発庁長官）が登場した。同氏は「厳粛な式典にはふさわしくないかもしれないが、ご容赦願いたい」と前置きした上で、「復帰は県民の思いと大きくかけ離れたものでしかなかった。戦前・戦中・戦後の苦難の歴史を決して忘れてはならない」（中略、日米合意のもとに、沖縄県民の意思を無視した日米両政府が進める辺野古移設等に言及し）「民主主義社会は世論を尊重するのが基本。なぜ両政府とも沖縄県民の切実な声をもっと尊重しないのですか」と緊張の中にも力強い調子で訴えた。

このことだったのだ。シンポジウム終了後の懇親会での上原氏の「迷い」は——。上原氏の発言は各方面に波紋を投げかけた。政府筋は「いろいろな意見もある」と冷静さを装ったが、多くの県民は「シタイヒャ（そのとおりだ）。よく言ってくれた」共鳴した。

右に紹介した挿入的文章は、今回のシンポジウムとは直接的には関係ないと思われるかもしれないが、必ずしもそうではない。その内容は、当日の各パネラーの熱のこもった発言と多くの参加者の思いに通底する事証として理解しうるからである。

沖縄はいま、民主主義の原点を志向しつつある。それは、にわかづくりの大衆迎合（ポピュリズム）の民主主義ではない。階級的イデオロギーに基づく「党派としての民主主義」でもない。長い歴史の中で醸成されてきた「構造的差別」からの解放を志向する民主主義である。今や沖縄県民は、長い歴史の中で展開されてきた〈アメとムチ〉〈分断と統合〉の〈「仕掛け」と「仕組み」〉のメカニズムに組み込まれない〈知恵と魂〉を獲得しつつある。その行く先は、〈公正・公平〉で〈拓かれた〉民主的な社会でなければならないだろう。今回のシンポジウムがその一端を照射する契機となれば幸いである。

（今回のシンポジウムにパネリストとして御協力をいただいた白保台一先生が二〇一三年二月十八日にご逝去された。静かながらも筋論をしっかりと述べられた白保先生の顔が昨日のように想い出される。文末になりましたが、ご冥福をお祈り致します。）

子どもの居場所から問い直す

―〈復帰四〇年〉の地域社会―

第四九九回沖縄大学土曜教養講座（二〇一二年十月十三日）

【パネリスト】石川　元平（元沖縄県教職員組合委員長）
谷口るり子（沖縄市児童発達支援事業所つくし園　臨床心理士）
知花　聡（沖縄県学童保育連絡協議会会長）
山内　優子（元沖縄県中央児童相談所所長）
桑江　彩子（ゆいまーる寺子屋主宰／
聴こえない子どもを中心とした塾と居場所）
【コーディネーター】加藤　彰彦（沖縄大学学長）
【総合司会】谷口　正厚（沖縄大学福祉文化学科教授）

谷口正厚　第四九九回沖縄大学土曜教養講座を開催します。今日のテーマは「子どもの居場所から問い直す〈復帰四〇年〉の地域社会」です。私は総合司会をさせて頂く、沖縄大学福祉文化学科の谷口と申します。よろしくお願いします。

沖縄大学の土曜教養講座は、次回で五〇〇回目を迎えます。その五〇〇回記念事業と、復帰四〇年の年にあたってそれぞれの分野で復帰以後の沖縄を問い直すという二つのテーマをかかげて、四月から連続講座を開催してきました。今日で六回目になります。今回は、いろんな方面から子どもの問題を取りあげていきます。

子どもは、家庭、地域、山と川、公園などさまざまな分野で生活をして育ちます。そのいろんな場所を総合的に、復帰四〇周年という視点もあわせながら、日本語と方言の問題も考えながら、みんなで話していきたいと思います。私は、打ち合わせのときに、今日のテーマはとても幅広く、多様だなということを痛感しました。今日ここで、いろんな分野のいろんな話を聞けたらいいなと思います。

早速ですが、講師の紹介をします。まず、最初に、みなさんの方から左側のお二人目が石川元平さんです。敬称は全部「さん」付けにしますのでよろしくお願いします。元沖縄県教職員組合委員長です。今日のお話で自己紹介もされると思いますので、肩書きだけご紹介させて頂きます。二人目が谷口るり子さん。沖縄市児童発達支援事業所つくし園の臨床心理士です。三番目が知花聡さん。沖縄県学童保育連絡協議会会長を務めておられます。四人目の山内優子さん。沖縄県中央児童相談所長を務められた方で

谷口正厚

す。最後に一番若い桑江彩子さん。ゆいまーる寺子屋主宰、聞こえない子どもを中心とした塾と居場所づくりなどの活動をしておられます。最後になりますが、一番左側の加藤彰彦さん。本学の学長でございます。

シンポジウムと討論の進め方を簡単に説明します。前半の第一部では、各シンポジストにそれぞれ二〇分ずつお話しして頂きます。その後休憩をとります。後半の第二部は、パネリスト、コーディネーターとの意見交換をして、会場のみなさんとの質疑応答を行います。長い時間ですが、よろしくお願いします。

加藤彰彦　それではどうぞよろしくお願いいたします。

今日のシンポジウムは、聴覚の障がい者の方もいらっしゃいますので、スクリーンによるパソコンテイク通訳と手話通訳をお願いしています。

沖縄大学の土曜講座は一九七八年にスタートし、今年は三十四年目になります。大体月に二回、土曜日に市民の方たちに公開して、教員と地域の方が学びあう。あるいは知の拠点としての大学を開放していこう、ということで続けてきました。

今回復帰四〇年と子どもの問題を検討することになったのですが、復帰以前以後で、沖縄はどのように変わったのか、それをどう評価して、これからどのような取り組みが必要とされているのか。今日の大きなテーマになります。その時の一つの視点として、子どもはやはり地域社会の中で育つのではないか、と私たちは考え、「〈復帰四〇年〉の地域社会」と講座のタイトルに付けました。さらに子どもという存在を考え、子どもがいる場所に焦点に絞ることになりました。

私たちの考える子どもの居場所を整理すると、まずは家庭があり、それから保育園、幼稚園や学校がどのように変質してきたのかがポイントになります。さらに、学童保育など子どもの地域の居場所の視点、それから、児童相談所や様々な施設等の社会的養護における子どもの居場所も考えます。さらに、障がい児の居場所の問題もあるのではないか、と考えています。

また、沖縄の大きな課題として基地の問題があるのではないかと考えます。こういった問題意識で議論を進めていきます。

最初は石川元平さんです。よろしくお願いいたします。

【報告】
一条の光、教育と子どもたちに沖縄の未来を託した屋良朝苗

石川元平

石川元平　皆さん、こんにちは。石川でございます。沖大キャンパスでお話をする機会をありがとうございます。復帰前に沖縄大学の存続闘争に、私も関わってまいりました。潰されようとした大学を守ってきたという自負もあります。そもそも、特定のある政治集団の乗っ取りという危機にも瀕したんですね、沖大は。そういう危機を乗り越えて発展をした大学の姿を見て、感慨無量なるものがあります。

さて、私は「一条の光、教育と子どもたちに沖縄の未来を託した屋良朝苗」ということで、お話をさせていただきます。

一条の光、この闇夜に、たとえば車を走らせます。闇夜にヘッドライトをつけるイメージを思い起こしてください。屋良朝苗教職員会長は、沖縄の教育と沖縄の子どもたち、いや沖縄そのものを、米軍支配の曖昧模糊とした時代の中で、ヘッドライトを付けて、照らし導こうとされたわけです。行政主席選挙になり、知事にもなられた政治家でもありますが、本人は晩年まで、「自分は教育者であの世にも行きたい」

ということが本人の口癖でありました。

一、屋良に代表される沖縄はなぜ『復帰』を目ざしたか

私は戦前の国民学校の一年生。戦後も一年生、歩きなおしました。本当に無一物からの出発。那覇市ですと九〇％焼かれたんですね。沖縄全体も鉄の暴風が荒れ狂い、本当に無一物になった。

当時、米軍占領支配のことを、異民族支配という言葉をよく使いましたね。そこから脱却をして、人権が保障される、平和憲法・教育基本法体制への復帰。これが復帰に対する当時の沖縄教職員会、のちに復帰協に結集する、皆さま方の最大公約数的な思いでありました。

石川元平

私も一九六〇年、復帰協が結成された当初から関わってきました。何故復帰を目ざしたのか。立場の違う方もおられましたけれども、圧倒的県民多数は復帰に向けて踏み出したわけです。屋良先生は物理の先生であり、この復帰に向けての大衆運動の運動力学の実践をしてこられました。「鈍角的体制」でなければ、沖縄の運動は発展しない、乗り越えられない、と言いました。鋭角の反対です。鈍角の三角形をイメージしてください。指導層と県民大衆、勤労大衆が接近をしていなければならない。これが「鈍角的体制」です。それともう一つは布石論です。目標を達成するために、どういう布石をして目標達成に導いていくのか、ということです。

二、組織化と運動の拠点づくり

戦後、米軍は日本本土との接触を極端に嫌い、本土からの教科書を自由に取り入れることができませんでした。教科書も当時は外国扱いのため輸入ですが、教科書を取り扱う商売人はいません。そこで、教師、教職員会と共済会が大株主になって教科書会社を作りました。

当時、大校長といわれた当銘由金先生を社長にして、中堅教師たちも何名か現場から引き抜いて、琉球文教図書株式会社を設立、一九五〇年のことです。五一年に、「子どもたちの教育を担う教職員の生活の安定なくして、本当の意味での教育はできない」ということで共済会を作りました。本土の公立共済とは法制度上も関係のないユニークな組織でした。

五二年、沖縄教職員会を設立し、沖縄群島政府の文教長をしておられた屋良朝苗先生が専任の会長になり、戦後のいわゆる教育運動の本格的スタートになりました。その翌年に屋良朝苗先生を会長に「沖縄子どもを守る会」を結成しました。当時教職員会と子どもを守る会は、現在の久茂地の教育会館の二階にありました。

五三年に「沖縄諸島祖国復帰期成会」を結成し、屋良会長が運動をリードしたわけですが、これも想像できないほどの占領軍の弾圧にあって、期成会は潰され教職員会長も辞めざるを得ない状況までいったんです。しかし、再び教職員会の選挙によって会長に返り咲き十六ヵ年、六八年まで教職員会長として、実績を残していかれました。

六四年に、「義務教育費獲得期成会」を結成します。灰燼に帰した校舎や、義務教育関係の取り組みです。日本の憲法では義務教育は無償とする、とあるのですが、アメリカが施政権を握る沖縄には一円の施しもありませんでした。ですから「義務教育費獲得期成会」をつくり、運動によって獲得したんです。これは、六六年に実を結ぶことになります。

組織化と運動の拠点づくりの一つに教育会館の建設もありました。しかし、建設のため琉球銀行に融資申請をしたところ、琉球銀行は五一％アメリカ側が株を握っているために、いわゆる反米的な、復帰を言う屋良朝苗会長の率いる教職員会には建築資金は融資できない、となってしまいました。

そこで現在の海邦銀行、昔の沖縄相互銀行の具志頭得助という頭取の協力で教育会館を建設することができたのです。

三、具体的運動とその成果

まず、「日の丸」についてです。近年の教職員組合は「日の丸」と言ったら「反対」ですよ。ところが、当時は「日の丸」を一括購入して掲揚運動したのです。六〇年の復帰協も「日の丸」を掲げて運動をしました。ちょっと今では、想像できないですね。

当時の沖縄の子どもたちは目前にフェンスがあって、基地の中には星条旗が翩翻と翻っている。今の県庁の敷地にも翩翻と翻っていました。当時は、一、二階が琉球政府、三、四階が米国民政府です。一階には「この建物を琉球住民に献呈する」という銅板を張りながら、頭の上の三、四階は米国民政府、そして屋上には星条旗。

沖縄の子どもたちにも日本人教育をやっていた六〇年代半ば頃の記憶です。教育研究集会の分科会で国民教育分科会というテーマがあり、子どもたちの意識調査したことがあります。「あなたの国籍は？」と問うたら、一一％が米国と答えました。こういう時代だったんですね。だから、六〇年代に入っても、抵抗運動として「日の丸」掲揚があったということで、揚げる、掲げないは自由じゃないのか、というのが、いわゆる「日の丸」に対する基本的な姿勢でありました。

五三年、北海道から鹿児島まで六ヶ月に及ぶ全国行脚をして、戦災校舎復興運動を行います。施政権を握っている米国は校舎を建てることも、教育の場を整備することも全くしない。潜在主権のある日本政府はアメリカに気兼ねして全く手出ししない、という状況の中です。一民間団体である教職員会が中心になって、校舎を建てる運動を行い、当時七〇〇〇万円近くの募金が全国から寄せられました。

具体的な運動の中で一番大事だと思うのは一九五八年の教育基本法です。五八年一月十日に、「日本国民」を教育するという四文字を入れ、以後の条文は日本本土の教育基本法と全く同じものです。教育基本法、学校基本法、社会教育法、教育委員会法、この四法を当時の中央教育委員会、そして立法院全会一致で立法しようとしました。

ところがアメリカ側は日本国の教育をして欲しくないということで、二度に渡り拒否権を発動し四法は廃案になりましたが、三度目にやっと通りました。公布されたのが五八年一月十日です。当時の沖縄の島ぐるみ土地闘争との関係で、これ以上押さえつけたら、アメリカの施政、基地維持に悪影響を及ぼしかねないと懸案を抱いたのであろう、というのが私どもの後々の判断であります。

教育基本法を制定したことが後に大きな成果をあげることになります。六五年に佐藤総理が、戦後初めて来沖をします。前年の六四年から義務教育費獲得期成会が運動を大々的にやっておりました。当然日本政府に大きく働きかけていました。佐藤総理が来たときには、各界、各層の陳情合戦です。屋良朝苗教職員会長、教育費獲得期成会会長に対しては、義務教育費つまり一番大事な子どもたちの教科書の無償配布、教員の給料の半額負担、校舎建築費に対する補助、等々に対して「わかった」と。総理からオッケーがあったんですね。屋良会長だけにそういう返事がなされて、各界の代表からも羨ましがられました。これは、布石論の一番理解しやすい成果です。他にもいくつもの布石があって、七二年復帰につながっていくわけです。

そして、六七年に「教公二法」闘争があります。約一〇〇〇名の警官が立法院を守って、教職員の政治活動を禁止をするという法律を通そうとしました。当時、本島周辺を含めて九〇〇〇名程しかいない教職員でしたが、労働者、県民大衆が馳せ参じ、二万五〇〇〇人が立法院を包囲したのです。そこで、警官隊一〇〇〇人をごぼう抜きにして、教公二法案を廃案にしたんです。

この闘いの勝利がなければ、翌年の主席公選を導き出せなかった。私が編集委員長を務めた『教公二法闘争誌』という本の中で私は「教公二法の阻止なかりせば、七二年復帰はなかった」と結論づけました。これは私の個人的な思いではなく、長い闘いの結論として、そういう記述をしたわけです。ですから教公二法阻止闘争、そして主席公選で屋良朝苗教職員会長が公選主席になる。沖縄の「即時無条件全面返還」、「基地も核もない沖縄を」、という声が日米政府を動かし、六九年十一月の日米首脳会議につながっていきます。実は県民騙しの「核密約・基地自由使用」という、欺瞞的な返還合意であったわけですが。こういうこととして「七二年復帰」はご理解をいただきたいと思います。

四、「復帰四十年」で沖縄（教育）が失ったもの

異民族支配ではありましたが、当時の教育界は非常に自由な雰囲気に満ちあふれていました。「教公二法」も廃案にして、職場は本当にいきいきとして、子どもたちとの対話もなされていました。米軍施政下での自由な雰囲気を我々は自らの力で作ったのです。

沖縄の学校現場は教職員会という組織の中で、校長から学校全体のすべての人を結集し、幼稚園から小中高、大学、沖縄大学も琉球大学も、一部行政機関も含めて、組織化しました。中央教育委員は各市町村

の教育委員による間接公選制でありました。ですから自分の子どもたちに、どういう教育をさせるかという思いは、今のお父さん、お母さん、ＰＴＡの方々よりももっと強い意識を持っていたのではないか、と思ってております。

ところが「教公二法」は潰されたのですが、復帰によって本土の法制度が有無をいわさず適用されました。日の丸は強制です。大変な成果を生み出していた教育研究集会に対して、これは組合の事業だということで、介入をしてきました。校長、教頭は管理職試験です。主任制という学校で職制を強いてきました。こういう息苦しい状況を、今なお作っている。そして、人事異動の広域化です。復帰前は、部落に必ず相当数の地域出身の教員がいました。広域で通勤するだけでもかなりのエネルギーを費やすという状況が、おそらく今日も続いていると思います。

また、勤務時間の割り振りといい、労働基準法を守るといって、実際は普通の職場と同じように休憩時間を取れないのですが、勤務時間の割り振りを組合が反対する中で強行してきました。その結果、今どうなっているでしょうか。沖縄の教育現場は断トツで病気休職、中でも心を患っている比率が高いのです。こういう状況に私も教職員組合の責任者として、大変心を痛めたのが、今も続いているように思います。

沖縄には官民一体の教育の土壌があったんです。「八友会」という親睦組織もありました。例えば、本土から教育研究集会の特別講師にノーベル賞の湯川博士や東大の茅学長などをお招きして講演会を開く。歓迎会は「八友会」で官民一緒にやりました。こういう土壌が沖縄にはあったのですが、現在は見る影もないという状況にあります。

最後に学力テストです。別の方の提起もあると思いますが、アメリカ施政下の二七年のブランクがあった。あるいは、ただ二七年というだけじゃなくそれ以上の格差があった。ところが同じスタートラインで競う、というのが現在の学力テストですね。私はこれは非常に罪なことだと思います。「しまくとぅば」については、あとでまた触れたいと思います。大変失礼しました。

¶　¶　¶

加藤　ありがとうございました。石川さんでないと分からないことがたくさんあり、特に若い人には、じっくり聞いていただきたいですね。

復帰前に先生方が自由で、お母さんお父さんたちも一生懸命になって、どんなに子どもたちのことに取り組んでいたか。学校の先生方は地域に暮らしていたのですね。これが広域人事によって変わった、というのも復帰によって日本化されたひとつの側面ですね。こういうことを非常に明確に、話して下さいました。

これから先の、どうやったら居場所を獲得できるのか、については後ほど続きを話して頂きます。続いて「障がい乳幼児分野から」ということで、沖縄市のつくし園にいらっしゃいます谷口るり子さんの方からお話をいただきます。石川さんのお話にあったように復帰によって沖縄に非常に厳しい面がありましたが、逆の面もあるということについて、メッセージをいただきたいと思います。それではよろしくお願いいたします。

【報告】沖縄市の障がい乳幼児の取り組み―本土との連携を生かして

谷口るり子

谷口るり子　谷口です。二〇分でお話をまとめる自信がないので、原稿を書いてきました。それをメインでやらせていただきます。

一、沖縄市障がい乳幼児対策の特徴

私が勤めている沖縄市の障がい乳幼児対策の特徴について少し触れさせていただきます。レジメにも書きましたが、沖縄市は今から三七年前に沖縄県で最も早く障がい児保育に取り組みました。

現在では、障がい児保育の他に乳幼児健診から見つかった、何らかの支援が必要な子どもにはニーズに応じて、月一回の親子教室と週一回の療育支援事業「きらきら」があります。健診から公立の療育の場である「つくし園」につなぐまでに、二段階の保育の場があるのは沖縄市だけです。

幸いなことに私は大阪から引っ越して、この障がい児保育の開始前から現在に至るまで、ずっと沖縄市に関わっています。いわば沖縄の障がい児発達支援の歴史を、その黎明期から目撃することができ、とても光栄に思っています。

私は大学の教育学部で特殊教育を専攻していました。授業の中で障がい福祉分野で今なお語り継がれている、糸賀一雄先生のことを習いました。糸賀一雄先生は戦後間もなく、滋賀県に近江学園を開設して、激務のために五十四歳で亡くなった方ですが、一九六五年に『この子らを世の光に』という著書で発達保障論を提唱されました。障がいを持った哀れな子に社会の恩恵を与えるのではなくて、逆に障がい児を世の光にして、社会を変えていこう、という発想にとても驚いたことを覚えていま

谷口るり子

す。

大学院で児童心理を学びながら、学外では糸賀先生の流れを汲む発達保障研究会や全国障害者問題研究会（以下、全障研）に参加して、子どもの発達や発達保障運動等を勉強してきました。沖縄の復帰の年、私は大学院の学生でしたが、全障研の機関誌の「みんなのねがい」に衝撃的な記事を見つけました。古い、これです「みんなのねがい」。ちょっとぼろぼろになってきているんですが、沖縄からの報告「八年間一室に閉じ込められていたK子ちゃん」というタイトルで、視覚障がいの未就学児を発見して、盲学校の教師達が、教育を保障してきた実践記録です。その時はまだ漠然と沖縄の大変さと教職員のがんばりに感心していただけですが、三年後に自分が夫の就職とともに沖縄に引っ越すことになるとは夢にも思っていませんでした。

二、沖縄の障がい児発達支援の歴史〜本土との関連で〜

①全国障害者問題研究会などの『不就学をなくす運動』から学ぶ

一九七〇年代前半は本土でも不就学をなくす運動が広がりを見せていました。本来すべての国民は教育を受ける権利を憲法と教育基本法によって保障されています。ところが当時は学校教育法第二三条によって、障がい等を理由に市町村の教育委員会が保護者に対して、教育を受けさせる義務を猶予・免除できる、という制度がありました。学校に行けない子どもたちは、教育的刺激が乏しくて、発達が退行したり、寿命さえ短くなる、という調査結果が全国各地で報告されていました。

全障研を中心に「生きることは発達することである。発達することは権利である」というスローガンを掲げて、「不就学をなくす会」が全国各地で作られていきました。そしてせめて日曜日だけでもみんなで集まろうという「日曜学校」運動へと発展しました。

復帰の翌年あたりから全障研沖縄支部が那覇市を中心に不就学児の実態調査に取り組んでいました。養護学校教員や福祉関係等のメンバーが休日にボランティアで不就学児の家を訪問して、子どもの実態や保護者の希望等を聞き取っていきました。当時、沖縄には少なくとも四九五人の未就学児がいたと言われています。そして実態調査を基に『学校いちゅん、勉強すん（学校行きたい、勉強したい）』という冊子を作りました。これです。とっても小さくて薄いものなんですが、ここに調査員として回った養護学校の先生たちが文章を載せています。その中から一例紹介します。

「二十六歳になった今でも、お母さんに買ってもらった手提げかばんにお兄さんの使い古しのノートとちびた鉛筆を入れて、『これ持って学校行く』と家に来る人ごとに言うのです。『それでは自分で行ってごらん』とお母さんが言うと、外に出ていくものの、今まで一人で外へ出たことがないので、どこへ行けばよいのか分からずに、途中で諦めて帰ってきてしまうのです」

実態調査の中で、「学校なんてこの子には無理だ」「どうせこの子には何もできないだろうから」という親の諦めの言葉がよく出てきます。本土の進んだ運動を知る機会が乏しい上に、障がい児を抱えて孤立していた当時の保護者の状況がよく分かります。

一九七五年、十一月に開催した全障研沖縄支部主催の「不就学をなくす映画と講演の集い」では、近江学園の療育記録映画「夜明け前の子どもたち」を上映しました。どんなに障がいが重くても、療育によって子どもたちは発達するという事実は観客に大きな反響を巻き起こしました。しかし、不就学をなくしたい、という親や関係者の願いはすぐに実現することはありませんでした。「就学猶予、免除」または不就学と関係の深い養護学校の義務制について、国は学校教育法附則の第九三条で、「これらの学校（養護学校）の設置義務に関する部分の施行期日は政令でこれを定める」としていました。

全国的な不就学をなくす運動の高まりとともに、国もようやく義務制実施を一九七三年度としましたが、それを一九七四年度に引き伸ばし、さらに一九七三年十一月にようやく出した政令で、一九七九年度実施を決定しました。

沖縄は本土にならって、一九五八年に「教育基本法」、「学校教育法」、「教育委員会法」、「社会教育法」の教育四法が施行されました。しかしどういうわけか、学校教育法第九三条に対応する、「施行期日は政令でこれを定める」という附則が抜けていました。沖縄は法的には一九五八年から養護学校が義務制になっていたわけです。残念ながら当時の沖縄では、この附則がないことを根拠に、教育権保障運動が展開されることはありませんでした。（谷口正厚「沖縄の障害者行政―沖縄戦から復帰まで―」『沖大経済論叢』一九八〇年三月、参照）

②障がい児保育運動～地域に根ざした運動へ～

滋賀県大津市では一九七三年四月に障がいを持つ六十六人の希望者全員が保育所、幼稚園に入園したという、「保育元年」を実現しました。

翌年の一九七四年には、「障がい乳幼児対策一九七四大津方式」が策定されて、障がいの早期発見、早期療育のモデルが示されました。同じ年の十二月に「障害児保育事業実施要綱」が厚生省から出されて、いよいよ障がい児保育が制度化されていきます。

しかし当時、全国で十八か所しか保育所を指定しなかったり、対象児をおおむね四歳以上に限定したり、加配保育士一人に障がい児四人を割り当てていました。今から考えると驚くほど劣悪な状況です。

一方、発達保障研究会の先輩である両角さんが、一九七三年に沖縄に移住し、一九七四年から沖縄市で発達相談を始めていました。そして孤立していた親たちをつないで、一九七四年十月に、沖縄市障がい児父母の会「だるま会」を結成しました。しかし、当時の父母は「うちの子はおしゃべりできないから、保育所は無理さあ」と保育所に入る要求さえ持つことができない状態でした。

大津市との関係も深かった両角さんは、『保育元年』という記録映画を借りて、全県で十七回も上映して廻りました。あるお母さんは、わが子と同じダウン症の子どもが出てくるので、二回も映画を見に行ったそうです。集団保育の中で、子どもたちが発達していく様子を映画で見た親たちは、保育所入所の希望を持ち始めました。両角さんは保健師や保育士、学生たちを巻き込んで、日曜保育を始めます。ボランティアの協力を得て、たった月二回の保育でしたが、子どもたちは確かに変わっていきました。

発達の事実に確信を持った父母は、日曜保育を月四回に増やしつつ、沖縄市への働きかけを続けました。そしてついに一九七五年十一月に沖縄県で初めての障がい児保育が越来保育所で開始されました。私が沖縄に引っ越して八か月後のことです。

ところが保育所に入れたのはたったの八人でした。当然「だるま会」の中で、入所できた人とできなかった人がいました。感情的な対立が生まれかけたときに、両角さんも加わって、「だるま会」は話し合いを重ねていきました。そして「希望者全員が入所できるまで」という目標を掲げて、「だるま会」が週二回の平日保育を始めました。会員が保育士を雇ったり、親自身が保育に入ったり、ボランティアの募集をしたり、本当に大変だったと思います。

沖縄市も父母の会のがんばりに応えて、一九七八年十一月に「平日保育」を「沖縄市立心身障害児母子通園事業つくし園」に移行しました。

三、国の制度に翻弄されたつくし園

つくし園は古い木造の建物や社会福祉センターなどに間借りしながら、市直営として、障がいの早期発見から早期療育に重要な役割を果たしてきました。そして一九八九年四月に現在のかりゆし交流センターつくし園として新築されました。温水プールがあって、年中親子で泳げます。ホールも広々として、小規模な運動会も開けます。すぐ近くには公園がいくつかあって、外遊びや散歩コースには事欠きません。

沖縄市在住で、療育が必要な就学前の子どもなら誰でも無料で利用できました。一方、国は一九九八年八月に従来の心身障害児通園事業を「障害児通園（デイサービス）事業」に名称変更して、午後から学齢児の利用も可能にしました。「つくし園」の職員は保育士なので、不慣れな学齢児の療育にも取り組みました。

ところが二〇〇三年に「障がい児通園（デイサービス）事業所」が、「児童デイサービス」になって全国的に支援費制度が導入されました。沖縄市は乳幼児期の療育が有料になるのは合理的ではないとして、支援費制度を延期しました。しかし翌年度の二〇〇四年度からはやむなく支援費制度に移行して、父母負担が生じることになりました。

さらに二〇〇五年十月に、「障害者自立支援法」が成立して、翌年から児童デイサービスも否応なくその中に組み込まれました。障がいが固定化する前の乳幼児期は、子どもの発達保障とともに親子関係の確立、わが子の障がい受容、子どもの特性を知った上で、接し方を工夫するなどの親支援も必要です。乳幼児期独自の課題があるにも関わらず大人と同じ、応益負担、利用契約制度、施設への報酬が定額月額制から日払い制へ、という原則が適応されました。

この動向に呼応して、「障がい乳幼児の療育に応益負担を持ち込ませない会」が、全国各地で作られて、大きな運動のうねりが起こりました。そして国も二〇〇八年七月に、「障害児支援の見直しに関する検討会」報告書を出すことになりました。さらに二〇一一年度に児童福祉法の一部改正などによって、「障がい児支援の強化」が打ち出されています。今年の四月からは乳幼児療育の根拠法が「児童福祉法」になって、つくし園も「沖縄市児童発達支援事業所つくし園」に変わりました。なんと四回目の名称変更ですが、基本的な運営方法は変わっていません。そのためにスタッフは本来の療育以外にも日々の事務処理に追われています。

四、「障がい児発達支援」と「復帰四〇年」を考える

ここで障がい児発達支援の分野から復帰四十年の意味を考えます。もっとも私は大阪から転入してきた人間なので、的外れなところもあるかも知れませんが、どうぞご容赦ください。

復帰闘争によって一九六九年から沖縄と日教組障害児学校部との交流が始まりました。そして復帰を境に「不就学をなくす会」や「日曜学校」など、本土の先進的な教育権保障運動や発達研究、教育実践などが沖縄に入ってきました。当時の沖縄は障がいに対する偏見が強くて、障がい児の親は孤立していました。「わが子だけが障がいを持っている」、「みんなに迷惑がかかるから外には出せない」と思い込んでいた親を変えたのは、同じ障がい児を抱えた親たちでした。本土から引っ越してきた発達の専門家が保健師とともに相談に来た親たちを繋げて「障がい児父母の会」を作りました。

父母の会に集まった親たちは、「障がい児はわが子だけではなかった」という安ど感と、感情を共にできる仲間を得ました。親たちが「居場所」を見つけたといえます。「障がい乳幼児対策一九七四大津方式」、「保育元年」、「日曜学校」など、本土の最先端の研究や運動が沖縄市に、いわば直輸入された、とい

えます。日曜学校の保育版、「日曜保育」で子どもたちが確実に発達していきました。

子どもたちの発達の事実に感動した親たちは、本土から入ってきた障がい児保育運動の正しさを確信しました。そして先進地域の要請文を参考にして、沖縄市に自分たちの願いを何度も何度も訴えました。「だるま会」が結成されてから一年後に障がい児保育が実現したのですが、たくさんの希望者から八人を選ぶのに、やむを得ず、年齢の高い子、歩ける子、という条件を付けました。

一緒に活動してきたのに、「だるま会」の中で入所できた人と、できなかった人が出てきたのです。感情的な対立が生まれてもおかしくない状況でしたが、発達相談員を交えて話し合いを重ねた結果、「希望者全員が入所できるまで」、という目標を掲げて、「平日保育」を続けました。障がい児保育運動の分岐点ともいえる大切な局面で、「自分だけよければそれでよい」のではなくて、「みんな一緒に幸せになろう」という沖縄らしい、「人の絆」が、そこには生きていました。

「だるま会」は結成一周年記念に、「でぃ　くりからん　ちばらな（さあこれからも頑張りましょう）」という、冊子をまとめて、全障研の全国大会などでたくさん販売しました。沖縄の障がい乳幼児が抱えている問題は全国に共通です。沖縄の運動の原則が逆に全国の親や関係者を力づけたと評価されています。

障がいの種類によって必要な支援や課題が異なるため、地域別の父母の会の継続が難しいと言われています。ところが沖縄市の「だるま会」はなんとか現在まで続いてきました。その要因として父母の会結成当初から発達相談員が会の顧問として関わってきたことが挙げられるでしょう。運動の見通しを持った専門職の支援が地域を活性化します。復帰から四十年経った現在、国の方針が否応なく沖縄に適用されます。しかし全国的に進んだ地域は児童発達支援事業所を無料化しています。今また先進地域の運動に学んで、沖縄独自のシステムを作り上げていくべきでしょう。

五、今後の課題

①地域格差をなくそう

障がい乳幼児対策では、沖縄県内にも大きな地域格差が見られます。乳幼児健診の精度が格段に上がって、支援の必要なたくさんの親子が見つかっても、受け皿さえない地域もあります。県内のどこに生まれても、平等に質の高い保育、療育を受けるべきです。今日紹介させていただいた、沖縄市の実践が少しでも参考になれば幸いです。

②人材育成

全障研の元ろう学校教員は「子どもの育ちは大人の育ちに応じてしか見えてこない」と言っています。職種を超えて「子どもから学ぶ」、「子どもの内面に寄り添って共感的に理解する」、「大人も子ども理解の感受性を高める努力を惜しまない」、「子どもに関わることを集団的に検討する〝同僚性〟を鍛える」、「研修会や学習会を持って、子ども理解の基礎になる理論学習を継続する」ことを大切にしてください。

③みんなで目指そう、ゆったり子育て

このタイトルは私が沖縄市でずっとやってきているNP（Nobody's Perfect）プログラムのタイトルとして使ってきたものですが、「Nobody's Perfect（完璧な親なんていない）」、これはカナダ生まれの親支援プログラムで、二〇〇二年に日本に紹介され、全国に広がっています。

育児不安の軽減、自己評価の向上、抑うつ感の減少などの効果が実証されています。虐待の予防や少子化対策にも役立つと言われています。沖縄でも「NPを沖縄で広げる会」が作られ、親同志を繋ぎながら、一人で抱え込まない子育てを目指して活動しています。今後更にNPを広げて、育てにくい子や障がいを持った子も、みんなでおおらかにゆったり育てていく風土を作っていきましょう。以上です。ご清聴ありがとうございました。

¶　¶　¶

加藤　ありがとうございます。本土で行われていた障がい児と親への取り組みが、沖縄市に導入され、子どもの人権と親の居場所作りがなされてきたということですね。そして、今も沖縄市は精力的に取り組まれているということも分かりました。

石川さんのお話では日本の制度が入ることによって、沖縄の良さが壊されたことが紹介されました。しかし、逆に沖縄でカバーできなかった障がいの問題を全障研の運動など、様々な民間団体により、取り組まれてきたことをお話しいただいたと思います。

それでは、放課後の子どもたちの生活の問題について、学童保育を中心に活動していらっしゃる知花さんからよろしくお願いいたします。

【報告】学童保育から見る復帰四〇年の子どもと地域

知花　聡

知花　聡　こんにちは、知花と申します。よろしくお願いします。私は本土復帰の年に高校一年生でした。石垣島に住んでおり、当時やっと我が家に電気が通りました。

一、調査報告

学童保育と学校で今の小学生と小学生の保護者、お父さん、お母さんたちが小学校時代の放課後、どのように過ごしていたのか、アンケートを採ったものがあります。結果を報告をして、今の子どもたちの放課後がどうなっているのか、以前はどうだったのか、について考えたいと思います。

二〇〇九年七月の調査です。浦添市、西原町、南風原町の小学生の保護者、学校の先生、校長先生にお願いしてアンケートを実施しました。約二五〇〇部配布をして、一〇〇三名の保護者から回答を得ています。対象は学童に通っている子だけではありません。

最初の質問は、「放課後、主にどこで過ごしていますか?」と複数回答可で尋ねました。

保護者の小学校時代「自宅」というのは七二%でした。回答いただいた保護者の八割方がお母さんです。お父さんの回答が入るとちょっと違ったデータになったかな、と思いますけれども、七二%が「自宅」、五一%が「友達の家」、二九%が「公園」二七%が「空き地・山・川・海など」ということでした。「塾や習い事」が一七%、「子ども会・公民館」が一〇%となっています。

一方、今の子どもたちがどうなっているかですが、「自宅」が六二%。「自宅」がトップですけれども、「友達の家」が激減し二一%。公園で遊んでいる小学生は少なくなっていますが、「公園」は九%でした。放課後というと、空き地や近くの山とか川とかで遊ぶことがありましたが、実に一%。一方「塾や習い事」が三三%、地域の中核となる「子ども会・公民館」が三%というような結果でした。

次に「放課後、主に何をしていますか」という質問です。

保護者の小学校時代、三十代から四十代のお母さん方が中心ですので、復帰前後に生まれた、あるいは小学生だったと思います。回

知花　聡

答は、「友達と遊ぶ」八七％。「宿題」三八％。「家族の手伝い」二九％、「学習や習い事」二三％でした。

一方、今の子どもたちは、「友達と遊ぶ」六一％。「宿題」五九％。「家族の手伝い」は激減して七％。「学習や習い事」が四五％という結果でした。

次に、「お子さんに利用させたくてもさせられない施設は？　あるいはその理由は？」という質問です。「習い事」四三％。「塾」三〇％。「児童館」二五％。「部活動」一四％。「学童クラブ」一三％。その理由はというと「料金が高いから」五一％。「校区にないから」二一％です。

次に、「あなた（保護者）の子どもの頃に比べ、放課後充たされているものは？　不足しているものは？」という質問です。

「充たされているもの」として、「塾や習い事」三三％。「部活動」二八％。「親子で過ごす時間」が二七％です。昔、子どもたちは家事などいろんな仕事をしていましたね。ですから親と過ごす時間がなかった、と書いてあるような中身でした。あと「友達と過ごす時間」二〇％。そして「ゲーム・パソコン」一九％、が挙げられました。

「不足しているもの」として「友達と過ごす時間」四六％。「家の手伝い」三三％。「地域との関わり」三〇％。「遊ぶ時間」二七％が挙げられました。

この結果から何が見えてくるのか、三人の指導員の皆さんがまとめたものを解釈しました。

二、調査結果から見えてくるもの

①「外から内」へ、そして「地域の絆」の崩壊へ

「公園」は二九％から九％。公園は、小学生が遊ぶ場所になっていない現実があります。「空き地や山、

川」は二七％から一％へ。放課後に学校が終わって、道草をすることは無くなっているのですね。

また、地域の子どもの集まる場所である「子ども会や公民館」が一〇％から三％になっています。自治会活動についていうと、沖縄の自治会加入率は二〇％台です。二〇％台というのは、たぶん全国でも沖縄だけではないかと思います。大都市でも五〇％以上あるのが一般的です。これでは地域の絆もなくなり、子どもが地域の中で見守られて育つ環境そのものが、理由は分かりませんが無くなってきているのではないかと思います。

②「遊びと家事」の放課後から「学力」向上の放課後へ

子どもたちの放課後に不足していることは、報告書から考えると「友達と過ごす時間」、「地域との関わり」です。放課後は、子どもが解放され、心身ともに学校とは違うかたちで成長する絶好の機会だと私たちは考えています。しかし、もうアップアップの学力、あるいは親が期待するレールを必死になって走る子どもの姿が見えるのではないかと思います。

「友達と遊ぶ」は八七％から六一％に減る一方で、「宿題」が三八から五九％になり、「学習や習い事」が二三％から四五％になる。豊かになったと言われながらも、本当に子ども自身が自主的にあるいは地域の兄さん、姉さん、あるいは下の子と一緒になっていろんな体験をし、育つ、というのがもうほとんどなくなったというのが、見てとれるのではないかと思います。

③小学生からの「格差社会」へ

学童保育、保護者、あるいは学童で働く指導員の立場等々、それぞれに課題があるのですが、「沖縄の子ども」と学童保育という視点で考えるとき、最大の問題は貧困です。

沖縄では学童保育に通っている子どもは、小学校一年から三年までの児童の約一七％です。学童保育を必要としている子どもはおそらく五〇％を超えるだろうと言われています。でも、お金がないから入れません。

友だちは学童か習い事か塾に行っているが貧困、経済的に厳しい子どもたちだけ行けない状況があります。しかし、地域の中で、山に行くわけでもない。海があるわけでもない。空き地があるわけでもない。子ども会や公民館に集まることもできず、そのまま放置されているような状況ではないかと思います。この貧困の問題がおそらくこのアンケート結果からも大きく感じ取れるのではないかと思っています。

三、取り組んでいること、目指すこと

そういった中で私ども学童保育が、取り組んでいることが「沖縄の子どもの貧困の世代間連鎖をどう断ち切るか」、ということです。今県から委託を受けて、公的施設を活用して学童が公的施設を使えるようにしようとしています。

県は第四次振興計画の中で、百か所の公的施設、学童保育を作ろう、という取組みを進め、そのためのサポートを私どもに委託しています。施設を作ることとともに行政にお願いしたいことは、保育料の減額、免除、という制度の充実です。これができれば本当に多くの子どもが救えると思っています。この子どもたちがきちんとした保育を受ければ、貧困の世代間連鎖を断ち切ることができるのではないかと思います。

併せて必要なことは「地域の再生」です。

どうしたら地域を再生できるのか、ということで、子どもを通して地域を再生することはできないかと考えています。

「しまくとぅば」をテーマとして、学童の子どもと保護者と学童の指導員に、二〇一二年九月に調査を

しました。結果は、先ほどの放課後の変化についての調査と似ていましたが、保護者も指導員もほぼ一〇〇%、子どもたちに「しまくとぅば」で、沖縄の遊びや文化を教えたい、ということでした。ところが学童の子どもたちに、「学童で島くとぅばを使いたいですか」、という質問に二三%が「使いたい」、二二%が「少しだったらいい」、ということで「そんなのしたくない」、という回答が五三%もありました。

もう学校でもアップアップな状況で、学童に行ってまで、「方言の語学指導させられるの？」「勉強させられるの？」という不安感が如実に出ています。私どもは勉強として考えているのではなく、生活の中、あるいは遊びを通して保育の一環として実現できたらなあ、と思っています。けれども、それぐらい、新たに何かをやることに不安を感じているなあ、と分かります。

沖縄が失いつつあるものを残しながら、子どもを通して地域のネットワークを作ることができないかなと思っております。以上、私からの報告を終わります。

¶　¶　¶

加藤　どうもありがとうございました。今の子どもたちと親世代へのアンケートですから、復帰前後の子どもたちの生活が分かります。今の子どもたちに何が欠けているかも具体的ですね。地域に出て遊んでいた子どもたちが、次第に勉強などで内に閉じ込められていく状況と、子どもたちの背景には貧困の問題があるのではないか、という指摘は非常に重要です。後に皆さんからも意見をいただきながら、議論したいです。

また、言葉の問題は先ほど発表では触れませんでしたが、石川さんも強く仰っていることです。言葉、遊び、文化で、子どもたちが豊かになってもらいたい、という親は一〇〇%に近いのですが、島の言葉を使いたいという子どもは五三％。この現実は大きな課題でもあります。重要なご指摘をありがとうございました。

それでは、次は山内優子さんです。山内さんは児童相談所の所長を務められ、沖縄県内の子どもの状況や変化について詳しく、沖縄大学で児童福祉論も担当されています。よろしくお願いいたします。

【報告】沖縄の子どもと貧困―児童相談所からの視点

山内優子

山内優子　皆さんこんにちは。始めたいと思います。

まず児童福祉法の第一条で、「すべて国民は児童が心身ともに健やかに生まれ、かつ育成されるよう努めなければならない。そしてすべての児童は等しくその生活を保障され、愛護されなければならない」と謳われています。

実は残念ながら、本土で作られたこの児童福祉法が沖縄には二十七年間、復帰前には適応されませんでした。

第二条で、「国及び地方公共団体は児童の保護者とともに、等しくその生活を保障され、愛護されなければならない」と謳われ、保護者だけが子どもを育てるのではなく、育てきれない保護者がいたときは、国、行政が一緒になって育てるとなっています。これが児童育成の責任であり、「社会的な養護」という考えが出てきております。

私は長年児童相談所にいましたので、児童相談所の立場から見てきた事例を基に復帰四〇年を問い直していきたいと思います。

一、日本・沖縄の子どもの貧困

二〇〇〇年にOECDが日本の貧困率は一四％という数字を出しております。中でも、母子世帯の子どもの貧困率が非常に突出して高く、特に働いている母子世帯の貧困率が高い、という結果を出しております。同じ子どもの貧困でも、世帯別に分けてみると、貧困率が非常に違ってきます。

両親と子どもがいる世帯は一一％です。しかし、母子世帯はなんと六六％なのです。沖縄はご存じのように離婚率が全国一位です。ということは日本一、貧困の中にある子どもがいるということが、分かるのではないかと思います。沖縄県の離婚率は昭和六十年以降、全国一位です。平成二十二年の沖縄県の離婚率は二・五八、これ全国一位です。そして、全国平均は一・九九なので、全国に比べて非常に高い状況です。大体どれくらいいるかというと、平成二十年の調査で推定値ですが、沖縄県内に母子世帯が二万六八四六世帯いるという数字が出ております

平成十八年度、私はコザ児童相談所にいたのですが、新聞にこういう記事が紹介されていました。

「本島中部の小学校で、ある男子児童生徒は給食の時間だけ教室に現れる。食べ終わるとまたいなくなる。毎日同じ服で草履ばき、鉛筆やノートなどの学用品は一切持っていない。給食だけが唯一まともな食事だ。母親はアルコール依存症でネグレクトの状態、離婚のため父親はおらず収入はほとんどない。自宅アパートは水道・ガス・電気とも止められている」

私はこれを見たとき、これは特別なケースではないと思いました。同様のケースを児童相談所でたくさん見てきたわけです。

二、日本・沖縄の母子生活支援施設

母子世帯の家庭への社会的養護として母子寮、母子生活支援施設があります。母子寮には保育士がおり、学習室や学童クラブが併設されていることもあり、ショートステイやトワイライトステイなどを行うことが出来ます。

ところが沖縄県の母子生活支援施設は、昭和六〇年以来、離婚率が一位で二万あまりの母子世帯がいるにも関わらず、昭和四九年に初めて沖縄市「いずみ寮」ができ、同じ年に浦添市「浦和寮」ができ、県都那覇市には、平成になって、十五年にやっと作られたのです。つまり現在、母子寮は県内に三か所しかありません。鳥取県と比較してみると、鳥取県の母子世帯は七三〇〇世帯、しかし母子寮は五か所あります。母子寮は本土では大正の頃からありました。昭和七年に法律的に位置づけられ、昭和十三年に厚生省が設置されると同時に母子保護法が作られ、それ以後母子寮が増加したという経過があるわけです。

山内優子

三、空白の二十七年間

何故このような格差があるか、について考えたいです。これは復帰後からではなく、終戦直後からの沖縄と子どもたちの状況を考えていかないと、問題が分からないのではないか、と思います。

沖縄は戦争によって、先ほど石川先生が言ったように全て焼き払われました。その中に米軍政府ができ、米軍政府は仮収容所を十一か所作り、そのうちの十か所に孤児院を作りました。戦災孤児は約一〇〇〇名いました。

昭和二十一年に沖縄民政府ができ、二十四年に首里の石嶺に「沖縄厚生園」という老人と子どもを一緒に収容する施設が作られます。そして昭和二十八年には民間の養護施設「愛隣園」が作られます。復帰前は二か所しか養護施設がなかったのです。

先ほど校舎復興の話があったのですが戦後数年は、校舎をつくる計画さえありませんでした。ところが生き残った先生たちは、まずは子どもたちの教育から始めないといけない、ということで、青空教室から始めました。馬小屋にも劣るといわれ、露天や茅葺きなど、非常にみすぼらしい状態でした。当時の糸満市の高嶺小学校は、みすぼらしい仮小屋の中に、机も椅子もないため、石を置いて座り、ボール箱が机だったという、記録が残っております。

こういう状況を見るに見かねて、昭和二十七年に教職員会が発足し、この状況を本土政府と全国民に「沖縄の子どもたちに校舎を作ってください」と訴えるため、北海道から鹿児島まで行脚したわけです。

四、戦後日本本土の児童福祉

一方、本土においては、戦後二年目の昭和二十二年に、児童福祉法が制定されます。戦後の混乱のなか、巷には着の身着のままの母子や浮浪児が溢れていました。厳しい状況の子どもたちを救うため、昭和二十四年の国会で、母子寮や保育所を増設する決議をしました。昭和二十二年当時は、すでに母子寮が全国に二一二か所ありました。しかし二十四年の決議を受け、昭和三十年代頃には、全国に六五〇か所の母子寮が作られていきました。

しかし、同じように戦争を体験し、戦後の混乱があったにも関わらず沖縄には母子寮は作られませんでした。

保育所は本土では昭和三十八年ころには、公立が五千か所、民間立が五千か所、計一万か所が設置されました。こうして市街地にはほぼ作られたので、次は山間僻地に作ろうとなったのですが、その山間僻地には沖縄は入っていないわけです。

昭和三十八年ころ、沖縄は公立の保育所はゼロでした。まったくなかったのです。琉球政府はとても作れなかったので、女性たちが本土に訴えて作り始めたという記録があります。

昭和二十四年、すでに大阪には児童館が作られていました。温かい鍋を囲んだり、クリスマス会で楽しむ風景があります。

五、戦後沖縄の児童福祉

沖縄では、昭和二十八年にやっと琉球政府が作られ、琉球政府の児童福祉法が、本土に六年遅れて制定されています。翌年に児童相談所が設備され、児童福祉司が三名配置されます。ところが、設立当初から非行の子どもたちが多く、窃盗、強盗、スリ、基地内に忍び込んで、軍の物資を調達する、などの非行が六七%。捨て子、家出児童等の浮浪児が一五・三%でした。

昭和三十年には、戦後十年経っているのですが、十二名の児童が人身売買で計上されている記録もあります。

同じころ、本土では昭和二十六年五月五日に児童憲章が制定されます。「児童は人として尊ばれる」「児童は社会の一員として重んぜられる」「児童はよい環境の中で育てられる」と謳われています。三年後の五月五日に、大阪では憲章を記念して、子どもたちがかわいいデモ行進やっています。みんなこざっぱりとした服装で、ちゃんと靴も履いて、行進しています。

昭和三十年代には六〇〇か所あった母子寮の中で、すでに学童保育が実施されていました。児童憲章で謳われたように、本当によい環境の中で母子が、親子が、安心して安全な場所できちんと勉強をしている風景が見られたわけです。

同じころの沖縄は、朝鮮戦争が勃発したためスクラップが高く売れました。那覇の三重城付近では、まだたくさんの戦闘機や戦車の残骸が残っていましたので拾う人もたくさんいました。保育所はないため、リヤカーに小さな子どもを乗せ、子どもも連れ、「陸の潮干狩り」といわれた、スクラップを拾う風景がありました。

同じ頃、青少年の非行が四八六五件で戦後最高、過去最高だという記録があります。しかも中身が、強盗、強姦、殺人、放火という凶悪犯が四三%を占めています。

長欠児も多くいましたが、不登校児ではなく、学校に行かせられないのです。たとえばＰＴＡ会費が工面できないとか、弟や妹たちの見守りをさせられるなどで一〇〇〇名近くの子どもたちが親はいるけれど、学校に行けないという状況でした。ちょうどそのころ屋良先生たち教職員会が少年会館を作りました。沖縄の子どもたちに夢を持たせたいということで、カンパを募って作られました。そういう背景で少年会館は作られたのです。

昭和三十八年、本土では児童館の国庫補助制度が創設されます。終戦直後から児童館はありましたが、国がきちんと補助をするようになります。児童館は一番の子どもたちの居場所ですね。無料ですべての子どもが安心して遊べる。健全に育つ場所として児童館があるわけなのです。

沖縄では、昭和三十年以前から米軍がらみの事件事故が起きて、子どもたちも巻き込まれる事態になります。石川市で六歳の少女が米軍兵士に暴行され捨てられる、という深刻な事件も起きます。大人たちは基地は要らない、本土並みの生活がしたい、と復帰運動を一生懸命行います。

一方でベトナム戦争が起きたため、沖縄からどんどん米兵が駆り出されていきます。住民と米軍のいざこざもあり、昭和四十五年に米軍車両焼き討ち騒動（コザ騒動）が起こります。このような社会情勢が徐々に子どもに影響し、昭和四十四年からシンナー遊びが出てきて、五〇三件計上されます。そして、やっと復帰をしました。

六、復帰後の沖縄　貧困は解消されず

沖縄県民は復帰をして本土並みの生活ができると思い、非常に大きな期待をしたわけです。ところが沖縄県に基地はそのまま残ったわけです。

そして沖縄国際海洋博覧会という、大きなイベントが行われたのですが、それが不況をもたらします。倒産や夜逃げなどの家庭がたくさんでてきて、しわ寄せが全部子どもたちにいきました。

昭和五十二年、親はいるが子どもを育てられない養護相談は復帰時の二倍に増加し、以後五年間、年間四〇〇件超えました。非行の相談は、昭和五十七年から年間一〇〇〇件を超え、六十三年には一三七五件になりました。貧困社会というのは、最終的に何に影響を及ぼすかというと、子どもの居場所として最も大切である家庭に影響を及ぼすわけです。

昭和六十年以降、沖縄県は離婚率が全国一位ですが、離婚の原因を調べると、「生活力がない」が一位

で、「借金」が二位、という結果があり、経済的な問題で、沖縄の人たちは離婚せざるを得ないという結果が出ています。その結果母子家庭は全国の二倍、ところが離婚しても、昼間に働く場所がない。結局夜働くしかないお母さんたちがでてくるわけです。しかし、そこで夜働いたとしても、子どもたちを預かる夜間保育所があれば、子どもたちは問題なかったわけです。

私は昭和六十一年の三月に、初めて県内で児童虐待の調査を行いました。やっと厚生労働省が虐待の定義を四つ出した頃のことですが、調査の結果、沖縄ではネグレクトが五五%と一番多かったです。性的虐待も非常に高い数字でした。家族構成を見ると、両親家出やひとり親家庭が八三%。ネグレクトの家庭の九五%がひとり親家庭でした。

どんな中身かというと、母親が夜に仕事に出かけ、帰りが遅い。そのために朝起きられない。朝食の準備もできない。子どもたちも起こせない。部屋の中はゴミが散乱し、洗濯物がタライの中に、洗濯機じゃないですよ、タライの中に積まれている。これは当時、私が家庭訪問して、実際に見たネグレクトの家庭の状況です。ネグレクトの家庭をそのまま放置をするとどうなるか。子どものほとんどは思春期になると非行になっていきます。

二〇〇九年度、非常に深刻な少年非行が沖縄では起きていまして、深夜徘徊は全国一位で二・五倍。飲酒も全国一位で五・二倍。以前は九倍でした。最近また七倍になっています。それから怠学は全国一位。これは五・六倍。そして窃盗犯や粗暴犯、集団暴行の事件が一五件起きています。集団暴行事件では一九九二年から子どもたちが次々と亡くなっていますね。十件、十人くらいの子どもです。

しかし、きちんとした対策がなされていない、という実態があります。最近、沖縄はニートも全国で一位、と聞いて大変ショックを受けました。沖縄ではニートの若者たちは約二万五〇〇〇人いると言われています。ニート・ひきこもりの背景を考えると、子どもの貧困問題や、不登校の子ども、非行の子ども、虐待された子どもなど、きちんと手立てをして支援をしていけばニートにはならないわけです。ところが沖縄は、そういう子どもたちを支援する力がないために、その大半がニートになっていっているのではないのか、と思っています。

七、沖縄の児童福祉行政は復帰後本格的にスタート

沖縄の児童福祉行政は復帰後にやっと本格的に動き始めたのです。復帰後の児童福祉行政が真っ先にしなければならなかったことは、認可外の保育所を解消することです。公立がゼロだったのが、復帰までにやっと四十か所できました。その後認可保育所を一生懸命つくるのですが、圧倒的に認可外が多く、復帰四十年経った今でも公立・認可園よりも認可外施設が多い、という実態があります。

それから先ほど話した学童保育の問題です。利用料が全国一高いです。一万円以上が九五%、全国が五千円未満が四二%です。だから、貧困家庭は利用できないのです。

そして、夜間保育所の問題です。沖縄一県で、九州全体と同じくらいの飲み屋があり、そこで働く女性たちがいるにも関わらず、夜働く女性の子どもたちを預かる、認可された夜間保育所は三か所しかありません。平成八年まで沖縄にはありませんでした。認可保育所を作ることに一生懸命で、夜間保育所まで手がまわらず、やっと平成八年、九年に、夜間保育所を三か所作ったのです。しかし、現在までその数は変わりません。先ほど話したことですが、母子寮も三か所しかなく虐待の子どもも非常に多いのですが子どもたちを治療する施設もありません。

復帰後沖縄にもやっと児童館が作られ始めました。本来なら各小学校区に一か所、合計二七七か所が望

ましいといわれていますが、六七か所しかありません。復帰後作り始めたことも理由です。

今言ったものは全部市町村が作らなければなりません。児童福祉行政の実施主体は市町村です。そのため復帰後、市町村に一気に様々な日本の制度が入り込み、足りないものを作らないといけないというかたちになりました。

児童福祉のためのさまざまな国の制度が用意されています。しかし、実施主体である市町村は、アップアップ、財政基盤が弱く、これ以上できませんでした。だから母子生活支援施設も三か所、これ以上進まない。夜間保育所も三か所、これも進まないです。

そして夜間学童です。昼間親が働いている子どもたちのために学童保育所があるのですが、夜働く親の子どもたちのための学童保育所はないわけです。本来ならさまざまなソフト事業がありますが、それもなされていません。

八、復帰四〇年の沖縄社会と提言

復帰後四〇年の沖縄社会を考えると、まず残念ながら基地がそのまま残りました。産業は観光産業に重点を置き、第三次産業従事者は七六・三%。失業率は全国の二倍。県民所得最下位、全国平均の七〇%。離婚率は長年一位です。

ところが出生率は三十四年間全国一位です。そこにいろんな子どもの問題が増えていますが、残念ながら復帰四〇年が経っても沖縄の児童福祉行政は未だ出発点に立てていません。二十七年間の空白が取り戻せないでいるのではないか、と私は思います。

そういう意味では、沖縄の子どもの貧困問題は構造的に作られた問題であって、唯一の地上戦を経験し、二十七年間アメリカに統治され、広大な米軍基地のため産業が発展しない。それで失業率の高さと低所得があり、最終的には子どもの貧困に行き着いているのではないのかと思っています。

復帰後、二十七年間の格差を是正するために、沖縄振興特別措置法という法律が作られています。経済振興計画で、毎年高率補助で資金を投入してきました。八兆円から一〇兆円近くです。しかしその資金は道路やダムなど、箱物の建設費用に使われ、しかも資金の大半は本土の大手建設会社にバックしていき、地元には還元されませんでした。格差も広がっていったのではないのかなと思っています。

そして、特別措置法の中に子育て支援のための条文は一条しか入っていないのです。それが保育所です。保育所は認可外保育所を認可に持っていく、という一条が入っています。それに基づき復帰後、沖縄は毎年二十か所ずつ保育所を認可に持っていき、十年間で二〇〇か所作りました。ところが二〇〇か所の後は増えていきませんでした。何故なら、保育所を作れば作るほど県や市町村の負担、特に市町村の負担が多くなるからです。そして現在、認可外保育所が多いという実態があります。

私たちはそういうことに気づき、子どもたちの居場所を確保するために保育所だけでなく、まず児童館を作ろう、母子寮も作ろう、と考えました。母子寮は児童福祉施設で子どものための施設なのです。学童保育も作ろうということで国へ要請に行きました。ところが肝心な沖縄振興特別措置法の中に条文が一つしかないのですから、今年から今後十年間の措置法の中に、新たに一つ条文を追加してもらったわけです。

これが第八四条の三で、子育ての支援に「等」を付けて、第二項に「国及び地方公共団体は、沖縄において、青少年であって障害を有するものその他社会生活を円滑に営む上での困難を有するものの修学又は就業を支援するため、これらの者に対する助言、指導その他の援助の実施に努めるものとする」という、子ども・若者のための条文を振興特別措置法の中に新たに追加してもらったわけです。

その結果、今後十年間に、これまで支援が行き届かなかった、まずは母子家庭への取り組みです。母子家庭の子どもたちの居場所として母子生活支援施設があるので、きちんと設置してほしい。そして、安い家賃で公営住宅に優先的に確実に入れてほしいです。それから二十四時間夜間保育所・学童を設置してほしい、ということを国にも県にも訴えています。さらに、貧困家庭の子どもへの支援ということで、学習支援や中学や高校中退の子どもたちの支援など、やるべきことがたくさんあります。

たくさんの課題を、私たちは今抱えているのではないのかなと思っています。ぜひみんなの力で一つでもいいから前進していければと思います。ありがとうございました。

¶　¶　¶

加藤　山内さん、どうもありがとうございました。沖縄の子どもの置かれている状況、全国との比較もしていただき、非常に明確になってきたと思います。

それでは最後の報告になります。支援をする方たちの報告を中心にやってきましたが、ある意味で私たち自身も当事者のところがあるのですけれども、当事者としての考え、体験をぜひ聞きたいということで、今日は桑江さんにお話をいただきます。桑江さんは耳がご不自由でございますから、ノートテイクの通訳が入ります。では桑江さん、よろしくお願いいたします。

【報告】「当事者がつくる」居場所の提言

桑江彩子

桑江彩子　こんにちは。私は寺子屋の桑江彩子と申します。私の話は、これまでの先生方とは違った話になると思います。私自身の体験と私が取り組んでいる寺子屋のこと、そこから考える子どもの居場所について話したいと思います。よろしくお願いいします。

一、自身の体験と聴こえないということ

私は生まれつき耳が聞こえません。原因は分からないです。家族は五名いて、私だけが聴こえないまま生まれました。沖縄ろう学校で言葉の訓練を受けたあとは、地域の幼稚園、小学校、中学校、高校、大学へと進学しました。

学校生活はどうだったかというと、先生の話していることは、全く分からない状態でした。友だちはいたんですけれども、一対一の簡単な会話が限界で、二人三人での会話になると全くついていけませんでした。だから私の学校生活は人間関係がうまくいかなくて、もやもやしている状態でした。ろう学校時代の友達とは時々会っていました。

桑江彩子

聴こえない者同士なので、安心できるし、話す内容も分かるので楽しかったです。でもたまにしか会えないので、そこが私の居場所というわけではありませんでした。だから私の生活の中で居場所はなかったということです。

ここで「聴こえない」ということはどういうことか説明します。皆さんは「耳が聴こえない」ということで、「音がない」ということが問題だと思うかも知れません。でも本当の問題は「コミュニケーションから取り残される」ということです。

私自身もそうだったのですが、先生の話が分からない。友だちとの会話に付いていけない。だから私のように聴こえない子は学校や地域に居場所がないんですね。最悪の場合、家庭にも居場所がないこともあります。

二、寺子屋で実践していること、大事にしていること

こうして私も大人になり、それまでは私一人がこうだと思っていたのですけれども、私の周りの聴こえない大人たちも、私と同じような体験をしていることが分かってきました。つまり、個人的な問題ではなく、社会的な問題であるということですね。

これは大変だと思いまして、寺子屋で聴こえない子どもたちが普段から安心して勉強でき、おしゃべりできるような居場所を作ることが大切だと思いました。それで二〇〇五年に私の家を開放しまして、「ゆいまーる寺子屋」を開きました。

一週間に三日、国語、数学、英語を教えています。生徒さんは、中学生、高校生合わせて六名います。ここでは、いろいろなコミュニケーション方法があります。声に出して話したり、手話を使ったり、筆談をしたりして、なるべくみんなでお互いの情報を共有できるようにしています。

ここで寺子屋の生徒さんの文章があるので、紹介します。加藤先生お願いします。

加藤　寺子屋生Aさんの文章。

「音楽の時に、Gくんという人が、何か他の人と、自分のことをブツブツ話していました。自分が座っていた席は、前から三番目なので、相手が、何を言っているのか聞こえなかったです。自分にGくんが質問してきました。

『おい〜〜だけど〜〜？』（『〜』は聞こえなかったので分かりません）
僕は『何て言ったの』と聞いたのですが…
Gくんは、『はい、始まったー、聞こえないふりしているー。』って、言っていました。
正直、何て言ったかを教えて欲しいけどネ。」

桑江　ありがとうございます。この文章を読み、私が通っていた十五年前と学校は変わっていないんだなあと思いました。友だちに自分のことを分かってもらえないんですね。学校に居場所をつくりにくいと思います。これを読んで自分は悲しいですね。悲しい状況です。

続いてBさんの文章を谷口先生にお願いししていいですか。

谷口　寺子屋生Bさんの文章。

「ゆいまーる寺子屋は、すっごく楽しくて心地よいです。学校では不安や心配なことがあったりする。塾があると、早く行きたくてこうふんします（笑）。いつまで続くか分かりません。続けたらいいなと思います。」

桑江　ありがとうございます。このBさんも学校では不安を感じているようですけれど、寺子屋では安心できているみたいです。誰かに指図されて行くのではなく、自分が行きたいから行っているということです。Bさんにとって寺子屋は大切なところになっているのかなあと読んでいて、自分も嬉しいですね。二人ともがんばっています。

三、居場所とは何か

寺子屋活動から考える子どもの居場所について話したいと思います。

まず一つ目は「安心して居られる」ということです。これが基本ですね。自分は認められている。これでいいんだなって、自己肯定できるということは大事ですね。

二つ目は「ニーズが満たされる」ということです。例えば寺子屋の生徒たちは耳が聴こえないので、一番のニーズはコミュニケーションです。ですから分かるように筆談をしたり、手話を使ったり、そういうふうにやっています。

三つ目は、「自分たちで何かをやってみよう」と思えることです。この居場所に居て安心できると段々自分のエネルギーが溜まってくる。そうなったらこの居場所を出て行って、自分で何かをやってみようと思える。簡単に言えば、「卒業する」「巣立つ」ということです。

だから子どもの居場所というのは、ずっとここに子どもがいるのがいいというわけではなくて、子どもがいなくなっていくのがいい居場所です。子どもたちが育っていく。自分でやっていけるように育っていく。大事だと思います。

四、子どもの居場所と地域社会の提言

これまでの話を踏まえて、子どもの居場所と地域社会についての提言を二つ話します。

一つ目に大事なことは「当事者が行う」ということです。当事者がその場所を作る。例えば聴こえない私が聴こえない子どものために寺子屋をやっているようにですね。でも私は当事者を障がい者に限って言っているのではありません。

いろいろな当事者がいますよね。誤解を恐れずに言うと母子家庭、父子家庭で育った大人とか、アメラジアンの大人とか、さまざまな当事者が子どもの居場所を作っていくことが求められます。

なぜかというと、そういう大人は似たような状況で育つ子どものニーズが経験的に分かるからです。一方、子どもの方はそういう大人を見て、「ああ自分もこんな大人になれるんだな」と肯定できる。だから当事者が居場所を作るというのはとても意義があることです。

二つ目は、その居場所が「開かれている」ということです。地域の大人が来たり、大学生が遊びに来たり、いろいろな人が出入りする。子どもたちは、いろいろな大人と出会うことによって、自分がこれから出ていく地域社会をイメージできます。

子どもたちもいつかは羽ばたいていくので「地域社会ってこうなんだよ」と地域社会に肯定感を持てることは大事です。もし、居場所が閉ざされてしまうと、私が行っていた学校のように、凝り固まった居場所になってしまいます。

最後に、おかげ様で私がやっている寺子屋はそろそろ二年半になります。無我夢中でやってきたので、まだまだのような、早いような気がします。

私の夢であり希望は、いつか寺子屋の生徒たちが巣立ち、新しい居場所を自分たちで作ることです。寺子屋の生徒が大人になり新しいところで寺子屋の精神を受け継いでくれれば、もう私はやってて良かったと思えると思います。そうなったらとても嬉しいですね。

この辺で終わりたいと思います。ありがとうございました。

¶　¶　¶

加藤　内容がずっしりこもったお話だと思います。五人の方々がそれぞれ自分の体験の中で感じたことや思ったことを、実に率直に話していただきました。

休憩後の後半はフロアの皆さんも含めてディスカッションをしたいと思います。配布した質問用紙にご質問をお書きください。

〈休憩〉

加藤　いただいたご質問の要点だけいくつか言います。一つは、学校の行事など、大変忙しくなっており、余裕がなくなってきているということですね。これはいったい何故だろうか、あるいはどうしたら解消できるのか、というご質問です。

山内さんに多い質問ですが、母子家庭や貧困の問題とその原因についての質問です。母子家庭と子育ての問題は谷口さんや知花さんからもご意見を伺えればと思います。

それから、日本化を進めてきたことと現在の沖縄の状況についての質問もあります。構造的格差、国策的貧困とのお話がありましたが、わざわざ貧困が作られているのか、自立できないような構造があるのではないか、このことに対してどうしたらいいか、これも重要なテーマです。

それから学力の問題についてもありました。これはご質問していただいた方にしゃべっていただいた方がいいかなと思います。学力が低いということが、テスト結果で出ているのですが、「このままでいいのだろうか？何か手立てはないのだろうか？」ということです。

それから、教育現場の方に今日の感想をお聞きしたい、という

加藤彰彦

ご意見もございますので、個別にいただけそうでしたら、伺いたいと思います。
それでは先ほど石川さん、言葉の問題といくつかの質問についてお話をお願いします。

石川　質問も来ております。「しまくとぅば」あるいはまた「方言」「うちなーぐち」についてですね。私は戦前の国民学校に入る前までは、うちなーぐちしか話せませんでした。学校に入って、日本語を習った記憶があります。幼少の頃の、おばあおじいたちのうちなーぐちの記憶、これを近年、ウチナーンチュとして大事にしていかなくちゃならない、という考えに耽っているところです。

言葉は最大の文化だと思いますし、精神の中核だと思っています。今日のテーマとの関係でいうと、「しまくとぅば」を聞くこと、話すことができない子どもたちは、実態としては五〇%を超えているわけです。しかし再生、復権は可能だと思います。結論的なことを申し上げると二〇〇六年に、県議会で「しまくとぅば」を条例化しました。県の行政に対して一定の施策義務を与えられているにも関わらず、目に見える形で、どう再生復権していくか具体的になされていません。

今、開会中の県議会で知人の議員に、そのことで、代表質問をしてもらう手筈になっていましたが、オスプレイの強行飛来で、県知事も日程がかなり狂ってしまいましたので今日まで返事をもらっていません。「しまくとぅば」について地域で一生懸命やっておられる方がいるんです。学校の総合学習の時間等を利用して、頑張っておられる方々もいます。「しまくとぅば」の大会は那覇を中心にしたものや各島々の代表によるものもあります。

ところが、「しまくとぅば」の再生復権のためには、学校教育の中に位置づけなければならない。琉歌などを紹介する高いレベルの教材はありますが、初級のやさしい副読本的なものがありませんので、行政の中で副読本を作成し、カリキュラムの中に位置付けることです。地域には方言で話もでき、演説もできる、「しまくとぅば」の上手なおじいおばあがたくさんいるんです。学校でやっておられるけれども、これでは一地域の点にしか過ぎません。一斉にやる必要がある。しかも沖縄でいうと、国頭、首里、那覇、そして宮古、八重山、与那国、別々の琉球諸語がある。これは国連で認知されているんですね。そのことを含めて「しまくとぅば」の再発見、自覚、そして一斉に学校でやる必要がある。

沖縄戦を体験した我々までの世代が沖縄県民全体の三割切っています。これはちょうど「しまくとぅば」をちゃんと話せて教えられる世代と重なる、と私はみています。あと五年、十年経ったら、ますます困難になると思っています。「しまくとぅば」については、学校でいうと一番リキヤー、オール五の子どもより、ある意味で問題視されている子どもの方が話せるという実態があるかも知れないです。

ハワイの例をご存知の方もおられると思います。私はハワイに何度も行きましたが、ハワイでは、ルーツの言葉、アイデンティティを取り戻すために、必死になっているそうです。小学校から大学院まで、ハワイの言葉を使う学校で学んだ子どもたちは、全米の平均よりも学力的なものでも上を行っているというのです。何故か、アイデンティティを取り戻し、やる気を取り戻し、学びの喜びを取り戻して、波及効果が出ているんですね。

学力問題については、確かに低いよりは高い方がいいと思っていますが、アイデンティティを取り戻すことによって、本当の学力がついてくると思います。単純に学力における本土との差を教員のせいにしたり、子どもたちや地域、家庭などのせいにするのは、私は罪なことだと思っています。二十七年間の差だけでも、一〇〇m競走の同じスタートラインに立てるわけではない、というのが、長年沖縄の教育に関わってきた私の本音です。

そういうことで、ウチナーンチュのアイデンティティを取り戻すことが、本当の意味での生きる力、学力の向上にもつながっていく、と考えています。

長くなりましたが、もう一つ具体的な例があります。私の子どもたちが小学生の頃、学んでいるものや、学芸会、運動会の演目は西洋とヤマトのそれなんです。ウチナーのものが一つも出てこない。エイサーなんてまったくない。復帰の何年か前から、教職員組合で論議しました。「ウチナーの文化はこのままでは消えてしまうのではないか」と。最初は運動を方針化しました。文字だけではいけない。実際やってみよう。国頭にはクンジャンサバクイがありますよ。そして沖縄には組踊りの執心鐘入もありますよ。宮古にはクイチャーがありますね。八重山にはマミドゥーマがありますね、と郷土の文化に限って、文化祭やろうじゃないか、ということで実現したのが七四年、復帰二年後です。那覇市民会館大ホールで開催し、大成功でした。それがその後エイサーを始め郷土芸能の各地域や教育の場での実践、発展につながったという経験があります。

これは戦前使われた方言札で本物です。五～六センチと一二～一三センチ。これらの問題は、教育行政と学校の現場教師も責任があると思っているんです。そんな思いで二〇〇六年に「沖縄をどう教えるか」、という教師のための副読本を作りました。この本の中でも戦争責任、方言撲滅、方言札、における教師と教育の責任を糺す、という意味も込めて、かなりページを割いて取り上げました。

加藤　続けて知花さん、お願いします。

知花　一九六〇年代の後半、私は石垣の小学生でしたが、方言札をやっていました。方言を使うと下げられるんですね。友達が方言を使うと友達の首に下げられるから、早く友達に方言を使わせたいんです。一番悲しいのは、お家まで持って帰り、また翌朝下げてくる、ということでした。私の使った方言札は木ではなく厚紙でした。

簡単に三つほど話します。

一つは母子家庭の貧困の状況です。学童では、今年私に二件の相談がありました。一つは、一年生に上がる子の保育料は払えるが三年生のお兄ちゃんも学童が必要なんだけれど、二人分は払えない。辞めないでいい方法ありませんか、という相談でした。

もう一つは県外の方で、沖縄の方と結婚し、離婚して、子ども二人が学童に入っている。でも、もう沖縄では子育てできないので帰ろうかと思うが、どうにかできないですか、という相談でした。

地域では、子育て支援要保護児童対策委員会のようなものを自治会がやっています。地域の子育てで悩んでいる方々の相談を民生委員や学校の先生方と一緒に受けています。正直なところ、色んな困難を抱えている、母子家庭のお母さんをどうにかしたい、というのは非常に困難です。荒れ放題の中で、子どもと親と引き離せばどうにかできるのではないか、というのが私の実感です。専門ではないので分かりませんけれども、この子に手を打てばどうにかできるのだけれどなあ、という状況が多分沖縄のあちこちにあるのではないだろうか、と思っています。

学力の問題では、厳しい状況の子どもの学力は、学力そのものを問題にできる状況にないと思うのです。全国一低い学力は、沖縄の子どもの貧困とイコールではないか、と思っています。いろんな手を打つことも大切かも知れませんけれども、自分を肯定してくれる温かい家庭がない子どもたちを救うことができれば、学力の問題はかなり解決できるのではないか、と思っています。

「しまくとぅば」について、何で学童で取り組むのか、ということですが、小学校一年から三年まで学校にいる時間は一一四〇時間と計算されているようです。一方、学童は放課後だけではなく、夏休みは朝から夕方までいるので学校より約五〇〇時間長く、一六〇〇時間ほど、子どもは生活しています。

言葉を習得するということは、生活の場があり、子ども同士会話ができるということです。「しまくとぅば」を子どもも話せない、お父さんお母さんも話せない、お家に帰っても話せない。そうしたらできるのは学童という生活の場しかない、というのが一つです。

もう一つは、六つの言葉の地域があることです。八重山でも、与那国は別ですけれども、竹富も集落ごとに言葉が違います。沖縄本島でも那覇と首里でも違います。みんな違うのですね。学童は、小学校区ごとにみんなあるのです。地域の言葉を話せる方々が、小学校や学童に来たら集落にあった本物の「しまくとぅば」が伝承できます。子どもを通して、地域の方々が全部つながる、ということができるのではないか、と想定しています。多くの方々と一緒になってできないかなと思っています。

学校の運動会が以前は夕方までというより、昼食を食べて、あと一～三種目が終わったら、もう終わりますよね。恐らく学校は、子どもの教育の役割と同時に、地域の宝だったと思っています。私たちが子どものころは、学校の位置づけは小さなものではなかったです。小規模学校の統廃合というのも選択の一つだとは思いますが、学校がなくなると地域がどうなるか、ということも考えるべきだと思います。学校の位置づけ、役割をもっとみんなで考えたらどうかと思っています。

加藤　ありがとうございました。それではちょっと質問のあった方のご意見を頂きましょう。沖縄国際大学の三村先生、お願いします。

三村　沖縄国際大学の三村といいます。さきほどお話にありました、母子家庭のことですが、山内先生に、沖縄の母子家庭が全国に比べて、どれだけ多いのか、お聞きしたいと思います。というのは、学力の基礎になっているものの一つに「早寝早起き、朝ご飯」があるのですが、今の感じでいくと、早寝早起き、朝ご飯を勧めても、絶対できない家庭が多いのではないか、ということです。県は多くの家庭は「早寝早

起き、朝ご飯」のできる状況にあるから、そういう条件にある家庭ががんばれれば、ある程度向上するのではないか、と言っているわけですね。

ある意味では、そうできない家庭はとりあえずおいておいて、と言っても、もちろん別の面でフォローしますけれども。そういう発想だと思いますが、これが有効かどうか。学力向上については、多方面でがんばらないといけないと思っています。それぞれの研究者が、自分が研究している対象だけをがんばればいいんだ、ということではないと思いますね。みんながグループ事業で取り組まないと学力は向上しないということですね。

加藤　ありがとうございます。では、もう一人お願いします。

質問者　皆さんこんにちは。今、石川先生のお話にもちょこっと出てきましたがオスプレイの問題についてです。沖縄の新聞記事のほとんどがオスプレイ関係、基地問題に占められています。なかなか子どもたちの問題、子どもたちをサポートをする行政の取り組みや問題が見えにくくなっていると思います。

地政学の話で沖縄の問題をひとくくりにされて見られがちなんですけれども、そうじゃないんだよ。私たちが生きるにあたって、たくさん問題抱えているんだよ、ということを訴え、アピールしていくには、今までと同じようなエイエイオー！だけでは、難しいのではないかなと思っています。

先生方から、こういうやり方があるのではないか、というアイデアがありましたら、ぜひ教えていただきたいと思います。私は母子世帯の子どもです。

加藤　ありがとうございました。では、山内さんに、先ほどの母子家庭の問題と貧困の問題について話していただきたいと思います。

山内　貧困率が高くなる母子家庭と学力問題と「早寝早起き、朝ご飯」についてです。

皆さん覚えていますか。東日本大震災のあとコマーシャルが全部止りました。「沖縄では子どもが一人で食事をする割合が、全国に比べて高い」というコマーシャルをずっと流していたんです。あれを見たときに非常に腹が立ちました。何で腹が立ったかというと、両親が揃っているのに沖縄の両親は、子どものために朝ご飯を作っておらず、一人で食べさせている、と取られるようなコマーシャルだったのです。

そうではなく、どんな親でも自分の子どものために、一緒に食事をしたいと思っているわけです。しかし、ダブルワークのため、できない親がいるのです。したくてもできない親がいるのに、それを親が怠けて食事を作っていないイメージを抱かせるようなコマーシャルを見たときに非常に腹が立ちました。

沖縄のお母さんたち、お父さんたちは、きちんと子どもと一緒に食事をしたいと思っているし、勉強もさせたいと思っていると思います。しかし、経済的な理由で、両方働かなくてはいけない状況で、子育てできない親がいるわけなのです。

学力の問題ですけれども、母子家庭の子どもたちが、すべて学力が低いわけでは絶対にないですので、誤解しないでほしいです。ただ私が紹介した記事の中で、スタートラインにも立てない家庭があることを知ってもらいたいです。本来なら社会的養護で救える手立てがあるのだけれどもなされてこなかった。だから私たちは今からでも遅くない、今度の振興計画の中にきちんと子どもを救う条文を入れて、やっていこうと考えています。決して諦めているわけではないです。

それから私、今日の桑江さんのさわやかな話を聞いてとても感動しました。当事者が声を出すということは、今日の結論ではなかったかと思っています。桑江さんはこうして当事者できちんと声を出してやっている。でも中には声を出せない人たちがいるわけです。たとえば非行の子どもたちだって、絶対声を出せないですよね。貧困状態にある母子家庭のお母さんたちも声を出せない。声を出せない人たちはたくさんいます。

そういうことで、声を出さないために結局は作られてこない施設もあるわけです。だから私たちは声を出せない子どもに代わって、大人の私たちが声を出していこう、これが私たちの大きな今後の役割ではないのかと思っています。そういう意味では、今日の桑江さんの話はとってもよかったと思っています。ありがとうございました。

それから「沖縄では児童虐待が増え、背景には低所得や、失業等による貧困が原因にあると聞いたことがあります。母子家庭のみならず未婚の母も多いと言われている沖縄で、実際はどうなのでしょうか」という質問も頂きました。

虐待は一つの家庭の中で、一つの要因で起こるわけではないです。一つの家庭の中にさまざまな負の要因があって、例えば経済的な問題、夫婦仲が悪いとか、親が身体的に虐待をされていたとか、それらの要因によります。しかし最も大きな要因は孤立です。地域から孤立をすることは大きな要因としてあります。

こういった一つひとつの要因を考えると、沖縄は残念ながらちょっと負の要因が高いわけです。そういう意味で虐待が発生する割合は高くなっているのです。児童相談所の毎年の統計では、すべての相談に占める虐待を含む養護相談は毎年、全国平均の二倍。非行相談は三倍に近いという実態があります。やはり沖縄のさまざまな要因がきっかけとなって起こっているのであり、決して母子家庭とか未婚の母とか、そういう家庭だけで起こっている問題ではない、ということをぜひ分かっていただけたらと思います。

加藤 ありがとうございました。谷口さんお願いします。

谷口 私は「Nobody's Perfect（以下、ＮＰ）」の紹介をしてから、今の問題と関連させていただこうと思います。ＮＰでは、先ほど紹介したように、お母さんたち同士が話し合いとか体験を共有して、自分の子育てをふり返る機会になります。たとえば困った問題があるとき、それは何故起こっているのか、自分と関連付けて（「体験学習サイクル」と言っているのですけれども）、物事を一人で堂々巡りに考えるのではなくて、六回から八回のセッションを通して、お母さんたち一回のセッションをみんなで考えるものです。講演とか、こうあるべきですよ、ということでは人間は変わらない。同じ親たちが体験を交流して、いろんな選択肢の中から、これだったらできそうだというものを自分の生活に取り入れていく。その中で虐待防止にもなる、ということです。

私も沖縄市でずっとやってきたのですが、ＮＰを受けたお母さんたちで、子どもが鬱陶しいと言っていた方も、その後同窓会のような集まりを開くと、二子め、三子めが生まれていたりします。統計的なデータはないのですが、全国的にＮＰを受けたお母さんたちは、妊娠する率が非常に高い。少子化対策にもなっています。

もう一つ、今気になるお母さんたちが地域にたくさんいるわけです。アウトリーチというのですが、例えば保健師さんや地域の民生委員さんが、気になるお母さんたちに対してＮＰを勧めて、いわゆる健康なお母さんたちをその数の二倍ぐらい、一対二の割合でグループを組むと、ものすごく効果があがります。

山内さんの報告にあったネグレクトや虐待、という最後の矢印の連鎖を断ち切るために（私は貧困をどうしたらいいのか、全然分からないのですが）、少なくとも子どもを守るために連鎖を断ち切る方法として、ＮＰが非常にいいのではないかと思います。

現在ファシリテーターという資格が必要ですが、私はファシリテーターを養成する認定トレーナーでもあるんです。もう一人那覇市に認定トレーナーがいて、トレーナーが二人いれば、ファシリテーターを養成できます。ついこの前、七月に沖縄でファシリテーター養成講座を開催し、十二人のファシリテーターが誕生しました。もう一人のトレーナーの方も既に講座を開催していますので、合わせて二十四人あまりのファシリテーターが誕生しています。ＮＰを各地で主催していけば、ものすごく親たちが変わると思うのです。そういう方法もあることを知っていただきたいと思います。

加藤　ありがとうございます。それでは桑江さん、聞いていて、感じたことがあったら、お願いします。

桑江　先輩方の話を伺い、圧倒されます。私もここでお話ができて光栄でした。言いたいことは全部言えたのでよかったです。ありがとうございました。

加藤　最後に一言ずつお話をいただいて、今日のまとめに入りたいと思います。では石川さんからどうぞ。

石川　教公二法についての質問が来ておりました。地方教育区公務員法と教育公務員特例法という、二つの法律の中に勤務評定の実施と争議行為を禁止する以外に、一番問題になったのが政治行為を禁止する、ということがありました。沖縄の復帰運動、平和運動、特に教職員会の関わる運動を止めようとしたんです。そのことで、戦後最大の教育闘争になり、これをつぶしたということです。

皆さんの話を聴いて、改めて今日の貧困問題を実感しました。私は戦前も米軍支配下の時代も今も「国策貧困」だと捉えています。

復帰後は、屋良琉球政府主席がこういう沖縄県にしてほしい、と「復帰措置に関する建議書」（以下、建議書）を作成しました。例えば、教育の項目では教公二法は即座に適応しないでほしい。教育委員公選制度は法律で守ってほしい、等が書かれておりました。ところが、県民の要求の詰まった「建議書」は国会で審議されることもなく、「沖縄返還協定」は国会で強行されました。復帰後、最初の十年間の振興開発計画の中に「自立的な発展」の記述があるんですが、やっていることは全く自立的発展を拒むものでした。基地に頼らざるを得ないような状況を、どんどん植え込んでいる。生かさず殺さず、今も基本的に変わっていないと思います。

最後に普天間爆音裁判とオスプレイのことについて話します。普天間にオスプレイがやってきて、低周波の影響が心配されています。低周波は耳には聴こえないけど、ものすごく心身に悪影響を及ぼします。特に妊婦や発達途中の子どもたちです。普天間の裁判の判決では、嘉手納や全国の基地の爆音裁判の補償額の倍額でした。国は上告しませんでしたから、高等裁判所で確定しました。

オスプレイ配備によって低周波を含めた爆音被害が酷くなることについて、注意を喚起してほしいと思います。

谷口　私は最後に保育所、特に乳幼児期の保育所は沖縄文化の宝庫であるということをお伝えしたいです。先程のお話にあったエイサー、琉舞も、年間を通して保育所でやっています。敬老会のあいさつも全部方言でやります。クワッチーサビタン、いただきます、とやっているし、普段使えなくても、コミュニケーションの手段として、「クワッチーって何?」とお家でおじいちゃんおばあちゃんに聞いて、コミュニケーションの手段にしています。だから、完璧に方言を話せなくても強制的にではなく、この程度の手段として楽しみながら続けていただけたらと思います。紙芝居も作ってください。私たちも保育士と一緒に紙芝居作りました。よろしくお願いします。

知花　いろいろな勉強をさせていただきました。ありがとうございました。年一回、学童保育の研究大会をやっております。学童保育について話し合いますけれども、分科会の一つで、「島くとぅばを学童に取り入れるために何が必要なのか」を企画しています。一部では、沖縄の豊かな「しまくとぅば」と文化と遊びを聴かせ、二部では、どういう手法で、どういう形で学童の中に取り入れるか、と二部構成でやる予定です。ぜひお越しいただければと思います。ありがとうございました。

山内　子どもは選挙権がありません。票の対象にはならないわけですね。ところが今年県議選がありました。ほとんどの議員が、「子育て支援」を掲げました。ところが選挙を終わって当選したら、また全部オスプレイ、もう今オスプレイが問題ですよね。本当に基地問題でずっと四十年間、県議の先生たちは振り回されて、県民も振り回されてきたと思います。そういった中で、ぜひ声を出さない子どもたちのために、私たち大人がしっかり声を出してやっていくことが必要ではないかと思います。よろしくお願いいたします。

桑江　普段寺子屋を一人でやっているので、今日はいろいろな分野の方のお話を伺えて、すごく勉強になりました。ありがとうございました。

加藤　どうもありがとうございました。今日話していただいた内容は、非常に重い、大事な問題です。私たち一人ひとりがそれを背負いながら、これから直接関わっている現場の中で一つ一つ実現していけたらと思います。今日は本当にパネリストの皆さん、ありがとうございました。

谷口　最後に形式的なあいさつをします。

僕のもともとの専門は経済学でした。マルクス経済学の資本論の研究をしていて沖縄に来ました。沖縄で自分勝手に障がい者問題を勉強して、いつの間にか障がい者問題の専門家だと言わざるを得ない立場になりました。しかし、障がい分野の中でも大人の分野が中心で、子どもの問題といえばちょっと僕はもてあまします。ただ、いろいろ関わりは持ってきましたので少し感想を述べさせて頂きます。

この企画に関わることになったときに最初に感じたのは、子どもの問題はすごく多様で大変だということでした。おまけに復帰四〇年をカバーするのですからさらに大変です。今日のお話を聞かせて頂いて改めてそう思いました。復帰で失ったものもありますし、復帰にもかかわらず変わらなかったもの、進まなかったものもありました。また、復帰によって進んだものもありました。いろいろあって、だから一言でまとめられないと思いました。シンポジウムを聞いて、今後みんなで考えていくべきこととして、僕の印象に残ったことをいくつかあげさせて頂きます。

先ず第一に最も印象に残ったのは、桑江さんが「居場所」について言われたことです。それは、「安心できる場所」「自分が認められる場所」ということでした。そういう安心できる場所があって、その中から「自分がやってみよう、積極的に何かをしてみよう」と自然に力がわいてくる、そんな場所が必要で、桑江さんはそれを作ってきたし、これからみんなでつくっていってほしいと言われました。それは子どもでも大人でも同じだと思いました。

第二に、知花さん、山内さんから貧困の問題が提起されました。これはちょっと大きな問題です。経済学をあきらめた人間としては責任を感じますけれども、なかなか難しい問題で、後でちょっと触れさせて頂きます。

三つめは、石川さんが、復帰前の占領下の沖縄では教育の現場に民主主義と創造性があったのにそれが復帰後なくなった、それを取り戻さなければならないと言われたことについてです。私は、以前に『美尻《びじゅる》毛原《もうばる》の神々たち』という本を読んだことがあります。復帰前の盲学校の山城見信という先生の教育実践で、そこで紹介されていた障がいのある子どもたちが窯で焼いて創った人の顔や像が生き生きとしてすばらしいものでした。先生はその子たちの中に「神々」を発見して本の表題をつけられました。

復帰直後に私が沖縄に来た一九七五年に先生のお宅で頂いて読んで感動したのを今も覚えています。石川さんの話を聞いてそんな教育実践が復帰前の占領下の時代に、おそらくいくつもあったのだろうと想像しました。石川さんは教頭、校長、教員が一緒になって仕事をするそんな雰囲気が復帰前にはあったと言われました。そこで、僕は「なんで復帰前の沖縄にそんな雰囲気があって、なんで今なくなったのだろう」と思いました。

このことを考えるときに、マルクス資本論とヘーゲル哲学研究者であった僕の大学時代の恩師から学んだことを思い出しました。先生は、よく「自然科学の研究の源泉は自然に対する驚きで、社会科学の源泉は怒りだ」と言われました。社会の中に矛盾がある。人間はみな平等であり、同じ人権を持っているはずだのに現実はそうなっていない。それに怒りを感じるところから社会科学は出発するというのです。復帰前の米軍占領支配に対する怒りと、目標としての平和憲法と民主主義、それがみんなをまとめて共通の取り組みが学校でもあったのではないかと思ったのです。福祉や教育の制度や施設の絶対的貧困ともいうべき状態も怒りの源泉であったかもしれません。

復帰によって変わったところ、変わらなかったところがあることが今日の話で出されましたが、いずれにしても復帰四十年は大きな変化だったと思います。その変わった状況（あるいは変わらなかった状況）をふまえて、何が今の私たちのエネルギーになるのだろうかと考えながら今日の話を聞いていました。その時に、谷口さんの報告がヒントになると思いました。子どもですよね。目の前にいる子どもに向き合って、子どもの良さを発見し可能性を見いだすのは大人の義務です。その可能性の実現に向けてそれを妨げる原因に対して怒りを感じることが私たちのエネルギーになるのではないかと思います。谷口さんからは、子どもの人権と発達保障に向けて本土の進んだ理論と実践を学び広げることから出発して、沖縄市で新しい実践を作り上げていったことが報告されました。桑江さんの寺子屋での実践や沖縄大学で行ってきた聴覚障がい学生のためのノートテイクの実践もその一つです。先程の休みの時間に聞いたのですが、学童保育連絡協議会では明日発達の勉強会を行うそうです。

今日、ここでは出てこなかった、子どもをめぐるたくさんの実践が沖縄で行われていると思います。今日のシンポジウムが、大学の先生、現場の教員や保育士、親、障がい当事者、当事者としての子どもも含んだネットワークを作るきっかけになり、沖縄で進められている子どもに向き合ったさまざまな実践を積み上げ、みんなで共有していくための出発点になってほしいと思いました。

最後に、先程保留した、山内さん、知花さんが提起された貧困の問題です。石川さんが、復帰前の教公二法問題では沖縄の力で沖縄の教育制度を守ったが、復帰により制度が本土並になりだめになってしまったと言われました。復帰によって、日本の制度自体を変えていく、より大きな課題に直面したわけです。貧困の問題も、日本全体の深刻な問題になっています。福祉と教育や国民全てに働くことを保障するという、スウェーデンなどの北欧の国の例がありますが、今、日本の社会をどう作り直すかという大きな課題に直面しています。

先程、様々な人のネットワークと言いましたが、子どもというキーワードを核にして、福祉と教育をベースとして、経済学、財政学の専門家も入ったネットワークを作らなければいけないと思います。長くなり、また、今日のまとめにはならなかったかもしれませんが、これで終わりにして今日のシンポジウムを締めたいと思います。

加藤 どうも皆さん、長い時間ありがとうございました。これで四九九回のシンポジウムを終わります。手話通訳の方、ノートテイクの方、ありがとうございました。

沖縄の子ども支援実践の交流の輪をひろげよう

谷口　正厚

土曜教養講座第四九九回は子どもの問題を取りあげた。復帰四〇年が経過した沖縄の地域社会の変化のなかで子どもをとりまく現実がどう変わったか、そして子どもの居場所をどうつくるかをコーディネーターの加藤彰彦さん（本学学長）と五人のシンポジストとともに話し合った。

シンポジストは、元沖縄県教職員組合委員長の石川元平さん、沖縄市児童発達支援事業所つくし園臨床心理士の谷口るり子さん、沖縄県学童保育連絡協議会会長の知花聡さん、元沖縄県中央児童相談所所長の山内優子さん、聴覚障害の当事者として「ゆいまーる寺子屋」（聞こえない子どもを中心とした塾と居場所）を主宰している桑江彩子さんの五人であった。

以下に五人のシンポジストの発言を私が理解した限りで要約する。

石川さんは、まず、屋良朝苗を中心とする復帰運動について詳しく語られた。そして、米軍による異民族支配から、人権が保障される平和憲法と教育基本法のもとで日本国民として子どもを教育することが出来る沖縄をめざして、沖縄の教職員が住民とともに運動を進めていった歴史を具体的に話して頂いた。一九六七年に沖縄県民一丸となって教公二法を阻止した当時の教育現場では教員も校長も事務職員も一体となっていきいきと子どもたちに向き合っていた自由な雰囲気があったこと、学校外でも官民一体で教育活動に取り組む雰囲気があったことが語られた。

しかし、復帰への期待は裏切られ、基地のない沖縄は実現しなかったし、復帰により教育行政にも本土の制度が画一的に導入されて教公二法阻止の成果もつぶされ、校長・教頭等を通した管理強化により学校は息苦しい状況になってしまった。画一的な学力テストの実施で学校教育はゆがめられ、復帰 40 年で沖縄の教育が失ったものは大きいと石川さんは厳しく批判された。

最後に、しまくとぅばを学校のカリキュラムに位置づけて、沖縄のアイデンティティを取り戻す教育をめざすことの重要性を訴えられた。

谷口さんは、復帰直後から現在までおよそ四〇年間、沖縄市の障がい乳幼児対策に臨床心理士として関わってきた実践をふまえて、障がい乳幼児と親たちの現実と変化について会場で配布されたレジュメをもとに事例を紹介しつつ詳しく話された。

復帰によって障がい乳幼児に関わる専門職がたまたま沖縄に来ることになり、障害児の親たちに働きかけ、本土の進んだ実践を映画や講演を通して具体的に学び、それを通して親が変化し、沖縄市の行政を動かしてつくし園を中心にして沖縄市で新しい実践を積み上げてきた歴史が語られた。復帰により沖縄と本土との自由な交流が可能になり活発化したことがこれを促進した。

谷口さんは、このことをふまえて「子どもの育ちは大人の育ちに応じてしか見えない」という全障研の教員のことばをひいて、職種を超えて「子どもから学ぶ」「子どもの内面に寄り添って共感的に理解する」力を持った人材を育成することの重要性を強調された。

最後に、「みんなで目指そう、ゆったり子育て」をスローガンとするＮＰプログラムが今沖縄で広がりつつあり、親支援、子育て支援として重要な取り組みであることが紹介された。

知花さんは、沖縄県学童保育連絡協議会が二〇〇九年七月に行った「小学生の放課後の過ごし方についての保護者アンケート調査」をもとに、子どもの生活の場の変化について語られた。三〇～四〇歳代の保護者（主に母親）が子どもの頃には放課後に過ごす場として「友達の家」「公園」「空き地・山・川・海」が多かったのに対して、今の子どもたちの場合はこれらが激減し、塾や習い事が二倍になっており、子どもたちの活動の場が大きく変わっていることが明らかにされた。これを知花さんは、「外から内へ、そして地域の絆の崩壊へ」「遊びと家事の放課後から学力向上の放課後へ」と表現された。

また、「学童保育を必要としている子どもはおそらくは五〇％を超えるだろう」と言われているにもかかわらず、現在学童保育に通っているのは約一四％であった。その背景には、「料金が高いから利用できない」という答えに見られるように経済的な問題があることが指摘された。

知花さんは、学童保育連絡協議会が今進めている取り組みとして、県から委託を受けて学童保育を増やし沖縄の子どもの貧困の世代間連鎖を絶ちきる活動を行っていること、実践活動においては、子どもを通して地域を再生する取り組みを進めており、その一環としてしまくとぅばで沖縄の遊びと文化を教える活動をしていると報告された。

山内さんは長年児童相談所で働かれた立場から見てきた事例をもとに、母子世帯の問題を中心に復帰四〇年の子どもの貧困について語っていただいた。子どもの貧困率は一四％と言われているが、中でも母子世帯は六六％と高く、沖縄の離婚率は全国一なので母子世帯の貧困問題は沖縄において重要問題である。山内さんは、沖縄における児童福祉行政は復帰前も復帰後も極めて不十分であると指摘された。さらに、貧困問題を中心に沖縄の子どもたちの非行、食生活、虐待、ニートの問題について具体的に話された。

復帰後やっと沖縄の児童福祉行政は本格的にスタートしたと言われるが、実際には復帰特別措置の中で子育て支援のための条文は「保育所」についての一条しかなく、その保育所さえ復帰後一〇年間で二〇〇ヵ所作ったがその後増えておらず、未だに認可外保育所が多いという実態であると山内さんは話された。その結果、母子世帯の子どもたちが利用できる母子寮、児童館も学童保育所も極めて少ないと指摘された。最後に、二〇一二年から始まる新しい沖縄振興特別措置法に子育て支援に関する新たな条文が追加され、これまで支援が行き届かなかった母子家庭への支援の充実が期待されていると山内さんは訴えられた。

桑江さんは、聴こえない人にとって一番問題なのは「聞こえないこと」ではなく、「コミュニケーションから取り残されること」であり、その結果自分の居場所がなくなることであると、自分の体験をもとに話を始められた。その体験をもとに二〇一〇年に始めた「寺子屋」では、聴こえない子どもたちが安心して勉強できて、おしゃべりできるような居場所作りをしておられる。そこで書いた子どもたちの文章を通して、学校では未だに居場所がない子どもたちがいることが紹介された。

桑江さんは、子どもの居場所とは、一つは、自分は認められていると安心していられるところであり、二つ目は、ニーズが満たされているところであるといわれる（聞こえない子どもたちにとってはコミュニケーションのニーズが一番である）。三つ目として、桑江さんの寺子屋では、子どもたちに「卒業」してもらって、自分で居場所を作ってやっていけるように育って欲しいと考えている。そしてその居場所は「開かれているところ」であるべきで、「そこでいろいろな人と出会える場所であることが大事です」と桑江さんは締めくくられた。

一〇分の休憩の後の後半では、コーディネーターの加藤さんの司会により、会場からの質問を受けて、シンポジストからの回答と追加・補足の発表を交えて討論が行われた。詳細は記録を読んで頂きたい。

今回のシンポジウムでは、子どもの問題という大きなテーマでさまざまな分野、さまざまな視点から問題が提起された。それに対して、今後の方向についての答えは充分議論しきれなかったように思われる。会場から、「それぞれの研究者・実践者が、教育とか福祉とか自分が研究・実践している対象だけにとどまるのではなく、他の分野の人と共にグループ事業でやっていかないと進まない」という趣旨の発言があったが、本日のシンポジウムがそうした実践交流の出発点になることを期待したい。

〈復帰四〇年〉と沖縄大学

―地域に根ざす学びの場をめざして―

第五〇〇回沖縄大学土曜教養講座（二〇一二年十一月三日）

沖縄大学土曜教養講座五〇〇回記念特別企画〈復帰四〇年〉シリーズ

【講演】新崎　盛暉（沖縄大学名誉教授）

【パネリスト】相馬　直子（㈱タイムス住宅新聞社）

垣花　道朗（沖縄県学童保育連絡協議会）

金城　祐子（㈱グレイスラム代表取締役）

松永　勝利（琉球新報社会部）

山城　加寿（㈱沖縄物産企業連合代表取締役）

知念　栄子（看護大学教授・沖縄県助産師会副会長）

【司会】宮城　公子（沖縄大学人文学部教授）

宮城公子　沖縄大学土曜教養講座五〇〇回記念特別講座のテーマは「地域に根ざす学びの場をめざして」ということで進めていきたいと思います。五〇〇回記念ということで、もう五〇〇回で打ち止めになるというようなことを思っている方もいるかも知れませんが、そうではなくてチラシにもあるように、五〇一回めも予定されています。『「復帰」四十年・持続可能なシマ社会へ』というテーマで十二月の予定となっています。一〇〇〇回を目指して、がんばっていきたい、という気概で進めていきたいと思っております。

一九七六年から試行錯誤的に進めて、七八年からカウント第一回ということになって五〇〇回を迎えています。講座に関連した本の出版もさせていただいて来ました。地域の申し子として、地域により深く根づけるようになっていきたい、ということで、今回の土曜講座となりました。

第一部に入ります前に、加藤学長からご挨拶をお願いしたいと思います。よろしくお願いします。

宮城公子

加藤彰彦（沖縄大学学長）　みなさん、こんにちは。昨日が前夜祭でしたが、今日は第五十三回の沖縄大学の文化祭がスタートしております。

沖縄大学が短期大学として成立しましたのが、一九五八年ですので、今年は五十四年めということになると思います。沖縄では私立の大学がそれまでございませんでした。私立の大学としては最初の大学としてスタートしたわけです。皆さん、ご存じのように、沖縄自身が抱えている問題が多くて、そういう現実の問題を一つひとつ受け止めて、その問題を解決していくという、そういうやりとりが大学としてあったと思うのですが、今回、戦後からということではなくて、「復帰四十年」ということで、一九七二年のところに、ちょっとポイントを絞って沖縄大学のことを考えようということで、大学祭の中で、このシンポジウムを企画したわけです。

七二年という年は、戦争が終わりまして、ある程度落ち着いてきているところで、そしてこれからどういうふうに生きていくか、という状況だったわけですけれども、沖縄そのものが依然として、まあ基地がありますし、戦争の爪痕から自由にならないという長い歴史があったわけですね。そして日本からも切り離されてしまう。そしてアメリカの施政権下にある。こういう状況の中だったのですけれども、これからは日本に復帰するということで、多くの皆さん方が、日本の憲法ですね、これに復帰をしようと。新しい憲法の下で、沖縄も民主主義、あるいは人権を保障され、さらに平和な時代が来る。基地もなくなる。こういうことを期待して復帰をしたわけです。その時、復帰ということで日本の基準と合わせるということになりましたので、沖縄大学は日本の大学基準に達していないということになりまして、廃止ということに、あるいは他の大学と合併してやったらどうか、というふうなことになりました。その時に、沖縄大学の当時の先生方、職員の皆さん、学生諸君が必死になって、沖縄における大学とは何か、と考えていたわけです。実は今日、これから考えたいと思っておりますのも、その時に大学が目指した方向性、と言いますか、理念、あるいは思想というものを私たちは今大事にしなければいけないと思っております。

その時に作られました、沖縄大学の皆さん方はよくご存じですが、「地域に根ざし、地域に学び、地域と共に生きる開かれた大学」。まず一番基本に、地域に根ざす。地域に学んでいく。こういうことでございまして、これは当然のことですが、沖縄という地域社会に根をおろし、そこでの課題を受け止めて、学ぶ、あるいは問題を解決していく。こういうことだったと思います。

そして一九七八年、この理念が出来たと同時に、まあ試行は二年間あったわけですが、一九七八年に土曜教養講座というのを作ろう、ということになりました。その当時、山門先生とか、平良研一先生とか、田里修先生なんかも一緒にやっていたと思いますけれども、皆さん方が一生懸命作られた理念を、この土曜教養講座に何を込めたか。『地域共創・未来共創』という五〇〇回のまとめの本が出来ておりますが、その中にもあるかと思いますけれども、土曜講座は大きく三つの目的をもっております。

一つは学問の研究成果を学生だけではなく、地域社会の方たちとも共有をしていく。つまり大学からさまざまな学校の成果を地域の方に伝えていく、というのが一つ。

それから二つめは、逆に地域の皆さん方がいろんな活動をしている。実践をしている。そこの中身を一緒に大学が学びながら、そのことを拡大・浸透させていく。地域の中にもう一度返していく。こういうむしろ地域から、地域の実践を学んで、地域に返していく。この媒介をしようということです。

それから三つめが、なかなか沖縄ですと、著名な分野の専門家の方たちをお呼び出来ないのですが、その著名な分野の代表的な方たちが、沖縄に来た機会を掴んで、ぜひ沖大で話をしてほしい。学生、地域の方々がこの機会を得て、膝を交えて、いろんな話が出来る。こういうふうなことを計画されました。この先生方、地域の皆さん方、学生たちの思いは五〇〇回の記録を読んでいると、ひしひしと伝わってきましてね、当時、お見えになった方たちを見ますと、年配の方たちはよくご存じでしょうけれども、色川大吉さんですね、歴史学者です。それからもろさわようこさんですね。女性史の研究家。宮本憲一先生、公害とか憲法の問題。それから玉野井芳郎、のちに沖大にも来られましたけれども、永井憲一さんですね。それから日高六郎さん。林竹二さん、まあ教育学では大変なお力のある人。高橋晄正さん、薬学の問題はこの人。大田堯さん、日本教育学会の会長さん。青木やよひさん、ジャーナリスト。永井道雄さん、元文部大臣ですね。ここに来てお話しになった。それから免田栄さんですね。死刑囚から解放されて来られました。それからペシャワールの中村哲さん、この時には会場が入りきれなくて、二教室に広げてやったという記録もあります。伊東光晴さん、もうすごい方たちが沖縄大学に足を運んでくださった。あとで新崎先生もお話しになると思いますけれども、「沖縄大学だったらいいよ。もう講師料なんかいらんよ」と言って、飛び込んできてくださる先生方もいらっしゃった。ということで、当時の思いが非常に伝わってきます。なおかつ沖縄でいろんな活動をなさってきた、芸能、文学、さまざまでご活躍になった、北島角子さん、現在も一人芝居をがんばっていらっしゃいますけれども、お話しいただいたり、宜保榮治郎さん、それから大城立裕さんですね。もうさまざまな方たちが、ここに立って、お話をいただいた。

こういうことが続いてきて、この五〇〇回は、大学での知の共有、そして新しい方向への模索というかたちで、私たちも伝統を引き継ごうということで、改めてこの五〇〇回を迎えるにあたって、考えているのですが、二〇〇八年に、私たちの大学も五十周年を迎えました。あるいは一一年がちょうど四年制になってから五十周年になるのですけれども、この土曜講座を、土曜日だけにするというのは、もう越えなければならない。つまり日常性の中に土曜講座を取り込んでいく。つまり日常の生活そのものにこの土曜講座の考え方を、授業でもサークルでも、さまざまな日常生活の中に、土曜講座を日常化する。ということが、あるいは実践化する、と言いましょうか。そういうことが大事だろうということを、改めて私たちは感じています。そのため今年の四月から、例えば社会教養セミナーというのを始めまして、これは大学の先生方、お二人ずつですね、月に一度、どういう研究をし、どんなことを考えているのかとお話をいただくというのがスタートしました。まだまだ小さな動きですが、新たな大学からの、私たち自身からの発信を始めようと思っています。

それからいろんな活動を学生諸君が始めております。例えば沖縄大学の文学部サークルが生まれまして、雑誌の創刊号を出します。『沖大文学』。これは非常に嬉しいですね。こういう日常性が始まってきた。創刊宣言の中に、こういう文章があるんです。「沖縄に、沖縄はいつの間にか私たちに到来する。やってくる。それは二〇〇四年八月十三日の沖国大米軍ヘリ墜落事件よりも、突然攻撃的に襲ってくるかも知れないし、先ほど行われたオスプレイ配備に反対する県民集会の現場に見られたような静かな連帯の形で起こるかも知れない。沖縄とともに生きる私たちは、沖縄に絡め取られるということを積極的に仕掛けたいと思う。それは負担ではなく、むしろ沖縄の場の力を、生きる力に生かしていきたいんだと捉えるべきではないか」

これは沖縄という現実の中で、この現実がすごく厳しいということがあったときに、それから逃れるとか、阻止するということではなくて、むしろそれを受け止めることによって、そこから未来を作り出す力、あるいは生きる力が逆に生まれてくる、という、そういう若い学生諸君、あるいは教職員の皆さんたちがもっと、この雑誌にある意味で飛び込んできた、ということだと思います。それは今、さまざまな形で学生たちが、今日の大学祭もそうですけれど、さまざまなサークル活動とか、自分たちの自主的な活動を、動き始めている、ということの中に、それが見えている、という気がします。

今日お話をいただきます、諸先輩の皆さんたちですね。これは今回、ある意味ではテストケースにしたいなあと思っているのですけれども、私は、沖縄大学で沖縄大学論、というのをやっておりまして、先輩たちに来てもらって、学生諸君にお話をしてもらっているのですが、もう目の色が全然違うんです。四年生の学生たちが、一年の時に、これを聴いていたら、もっともっと沖縄のことも、沖縄大学のことも、それから先輩たちに、こんな人たちがいるんだということを、もっと知った。もうこれ必修にしてほしい、というぐらい言っていますね。つまり、先輩の皆さん方、あるいは各界で活躍なされている方が、大学に来て、あるいは大学からその方たちをお訪ねして、相互交流をする。先ほど日常化と言ったのですが、これは私たちとしては、この今日のシンポジウムを一つの出発にして、大学そのものを本当の意味で開かれた大学、地域に根ざす大学にしたい、というふうに思います。この機会を作っていただいた、ご準備いただいた地域研究所の皆さん、それから関係者の皆さん、本当にありがとうございました。大学としては、これから、ここから生まれてきた成果を大事に受け止めながら、次に向かって、歩きたいと思っています。今日は、いろんなお話が出てくると思いますけれども、私も一緒に勉強させていただこうと思っています。どうも今日はお出でいただきまして、ありがとうございます。

宮城　ありがとうございました。それでは引き続き新崎盛暉先生に講演をしていただきたいと思います。よろしくお願いいたします。

第一部　講演「**地域社会における大学の存在意義**」

新崎　盛暉

新崎盛暉　新崎です。基調講演を三十分でやりなさい、という難しい注文ですが、僕が話をしようと思った内容の一部は、すでに加藤学長の方から話もされていますので、私の方は少しエピソード的なことも交えながら、お話をしていきたいと思います。

実は先月（十月）の中旬、私は国際会議で上海に行って来たんです。そうしたら上海で出されている、ある雑誌からインタビューをしたい、という話がありました。その雑誌の編集者というのは、私の『沖縄現代史』の中国語訳を読んでいて、それで私にインタビューをしたい、ということになったという説明を受けました。通訳を挟んでのインタビューなんですけれども、まず最初に出てきた質問が何だったかというと、「潰れかけた大学を立て直す極意は何か」と、こういう質問が出ました。僕は驚いたんですけれども、「何故、そんな質問をするのか」というわけにもいかない。僕の本を読んでいても、僕の『沖縄現代史』の中に、沖縄大学の話というのはほとんど出ていないんですよね。いきなりの質問に、僕もちょっと慌てたのですけれども、ともかく僕は「沖縄社会に大学の存在意義を示すことだ」ということをとりあえず答えました。そして具体的な例として挙げたのが、土曜教養講座。そして土曜教養講座と結びついて展開した移動市民大学、これと単位互換制度を利用した大学間交流です。沖縄大学の学生を他の大学で一年間勉強させて単位を取らせるとか、よその大学からも学生を引き受けるとか、これは沖縄大学が全国で最初にやったんですね。文部省は当時四年制の大学で、卒業に必要な単位のうち三十二単位までは他の大学で取得していいと認めていました。ところがそれを一〇〇パーセント活用した大学は沖縄大学が最初です。例えば神学系の大学で、宗派の近いところで、相互交換した例はありましたが、一般の大学でやっているところはなかったですね。何故かと言えば、ある意味では大学の閉鎖性を意味していたと言っていいだろうと思います。学生が他の大学に行って授業を受けたら、自分の大学と当然比

新崎盛暉

較します。俺の大学よりも向こうの大学の方が授業が面白かったとか、そういう話になることもあるかもしれません。そうすると大学の評価が悪くなるかもしれない。そんなこともあって日本の大学というのは、極めて閉鎖的な性格を持っていた。他の大学の学生に授業を公開するということを、そもそもやらなかったんですね。たまたま特定の科目についてなんていうのはあったかもしれませんけれど。沖縄で単位互換をやるとすれば、どういうことを考えなければいけないか。僕たちが考えたのは、沖縄というのは日本の中で極めて独自性の強い地域である。単なる四十七都道府県の一つではない。しかし沖縄大学に学びに来る学生というのは、ほぼ沖縄出身であった。七〇年代から八〇年代の初めまではそうでした。留学生と言えば、台湾からの留学生でした。そうすると、沖縄は非常に独自性の強い地域、独自の歴史と文化を持っているのだけれども、その歴史や文化の独自性というものを相対化する、他と比べて、その独自性を本当に認識することが出来るだろうか。生れてから大学まで同じ地域で過ごして、大学を卒業しても同じ所で生活するというのは必ずしも望ましくない。大学ぐらいは文化の違うところ、例えばヤマトの大学に行ったほうがいいのかもしれない。しかし、当時我々がこの制度を始めた八〇年代の初めという段階では、学費に大きな差があったんですね。

　沖縄大学の学費は、学費の安いはずの国立大学よりなお安い、と宇井純さんが驚いていた、というぐらいの時代だったんですね。沖縄大学に授業料を払えば、沖縄大学の学生だったら、一年間は他の大学で学べる、ということにすると、少なくとも一年間、高い授業料を払わずに学べる。あまり短くはやりにくいんですね。向こうにとりあえず住み着くとしたら一年だろう。一年間向こうの大学で勉強して、そしているうちに生活を通して、沖縄社会と、例えば京都とか、東京とか、社会の違いとか、いろいろなものが見えて、沖縄の独自性が相対化されていくに違いありません。こういうことから、それが沖縄社会を具体的に認識し、沖縄の社会に役立つ人間を育てていく一つの方法ではある、と思って始めたんです。初めはこちらの学生をお願いして受け入れてもらうところから始めた。授業料の差額は、財政の厳しい中で沖大が負担した。

ところが沖縄大学は面白いことをやっているらしい。うちの学生を受け入れないか、という話が来たのが、津田塾大学でした。そこの国際関係学科。国際関係研究所の所長から、当時学長だった私のところに手紙が来た。喜んで出かけて行って、受け入れましょう、という話になって、何十年か経って、その時に受け入れた学生の二代目か三代目が、今は沖縄大学の教員になって舞い戻って来たりしている。津田塾大学の国際関係学科、国際関係研究所は、沖縄は日本の第三世界である、と認識していた。従って沖縄大学に行って、沖縄のことを学んでくれれば、自分たちの大学の取得単位に認定する。特に沖縄大学で開講している独自科目、例えば琉球方言とか、沖縄経済論とか、沖縄戦後史論とか、これは他の大学では、どこでもやっていなかった。沖縄の大学でもやっていなかった。そういう科目を教養課程の、当時は、今は少し違いますけれども、教養課程の選択科目として、かなり充実したものを持っていた。津田塾大学国際関係学科は、これらの科目群を地域研究の専門科目の単位として認めた。そうやって相互交流が始まりました。そしていくつもの大学との相互交流が拡大されてくる中で、いろんなかたちで、この制度を利用しようとする学生の創意工夫が発揮されてくるんですね。和光大学とも交流が始まって、しばらくして、和光大学から来た学生が、うちの大学に編入したいと言ってきた。交換で帰すはずの学生が編入したら困る、仁義に反するのではないか、ということもあったんですけれども、たまたま和光大学の当時学長をやっていた三橋修さんという人が僕の大学の同級生だった。まあ、それは学生の意思を尊重しようと、学長同士の口頭による紳士協定で、編入できることにしたんですね。結局、うちの学生になったその学生は、うちの学生であることの資格によって、韓国の聖公会大学へ交換留学したわけです。面白い利用の仕方をしています。そうかと思うと、茨城か栃木だったか、関東地方の北の方の高校を卒業した学生が沖縄大学に入って、札幌大学に交換留学している。彼は日本の真ん中の出身だけど、大学時代は沖縄と北海道で過ごした。こういうことをやり始めるんですね。

僕たちの初めの意図は沖縄出身の学生に、沖縄社会を相対化させる。こういう狙いでした。ところが制度を作ると、制度はこれを利用しようとする人たちによって活用されていくんですね。そのことが非常に大学の刺激になりました。違った体験を持っている人間が、あるいは違った文化を担っている人たちが来て、一緒に学ぶということは非常に刺激になる。こっちがそういう社会に飛び込むことも必要ですけれども、そこから飛び込んでくる連中も面白い。そして他の大学から来た連中というのは、ここにいる間に、三線を習って、僕が大阪に講演に行ったら、その後の交流会で、京都精華大学から沖縄大学に来ていた学生が三線の演奏をやっているんですね。その学生も変わった学生で、沖縄の一夏をクーラーなしで過ごしたらしいんです。自分のアパートのベランダは四十三度になっている。あせもだらけだった、と言うのですけれども、それでもクーラーなしで過ごして、三線を覚えて帰った。そういういろんな、多様な学生が生まれて、そして彼らは沖縄とのつながりをずっと維持している。基地問題にも関心がある。集会に三線を抱えてやって来る、というようなことが出来るようになっている。そういう学生を作るのも大学の一つの役割だろうと思います。

単位互換制度の方が先になってしまいましたけれども、僕がそこのインタビューで挙げたのは、一つは土曜教養講座、もう一つが単位互換制度でしたけれども、土曜教養講座と移動市民大学。土曜教養講座については、先ほど学長のあいさつの中でもかなり詳しく触れていただきました。あまり僕の方は触れなくてよくなったかもしれない。まあ地域社会に開かれる。それから長いことやっていると、地域からこういう企画をやってほしい、と持ち込みがあるんですね。この講師によって、こういうことを企画したい。土曜教養講座でやってくれませんか。こういう注文もつく。そうすると大学が企画したものを外に提示しているだけではなくなってくるんですね。そういうのにヒントを得て、じゃあ学生に任せてみよう、とそういう話になっていったり、それは後から卒業生たちの話の中で出てくると思います。そういうことをやっている中で、僕たちが土曜教養講座とセットで始めたのが移動市民大学で、そのキャッチフレーズは「大学のないところへ大学を」というものでした。沖縄に人が住んでいる島が四十ぐらいありますが、大学のある島は一つしかない。高校のある島は五つですかね。これを我々が始めたときには、伊良部島には高校がなかったので、四つでしたかね。僕なんかは個人的には「中学がある島には高校を」という、市民運動みたいなものを七〇年代から八〇年代にかけてやってみたのですが、これはあまり効果はありませんでした。というのは敗戦直後ぐらいの時には離島にも高校が出来たらしいんですね。例えば、伊是名とか伊平屋に高校があっても、そこよりも辺土名高校とか、そっちの方に生徒が行ってしまう、というようなこともあって、そういう両方の関係でなかなか離島に高校は出来ないということがあるようで、中学のあるところには高校を、というようにはなかなか簡単にはいかないなということを痛感させられました。

さて、移動市民大学ですが、当時は名護にも大学はありませんでしたから、名護市で一番最初に移動市民大学を始めました。そういうことで一週間くらい、大学を移動させようというのが移動市民大学です。段々とその存在意義が認められてくると、市の教育委員会からの協力も得られて、お金もかからない。当時の大学は貧乏ですから、お金もないのに、なんでそういう金のかかる余計なことをするか、というような話もあったのですけれども、ある意味移動市民大学というのは学生募集活動だ、というのが僕の対外的な位置づけでした。あるいは学内的な説明でもあったのですけれども。別に無駄なお金を使っているわけじゃない。さらに沖縄を超えよう、ということで、琉球弧縦断移動市民大学と称して、奄美の沖永良部か徳之島とか、与論とか、喜界島とか、奄美大島では、今は市町村合併とかでいろいろ名前変わっていますけれども、名瀬とか、笠利とか、いろいろなところで移動市民大学を始めるんです。そうすると地域のローカル紙が、講義の内容を全部紹介してくれる。それも大学の宣伝でもあり、移動市民大学をやっているところで、会場に来る人以外にも大学の活動が広がっていくんですね。

そういうかたちで私たちは、理念としては先ほど加藤学長が言われたように、「地域に根ざし、地域に学び、地域と共に生きる開かれた大学」というのをどのように具体化していくか、ということの中で、土曜教養講座を考え、そして移動市民大学を考え、単位互換制度を考える。しかし、これらは、ある意味ではどこの大学でもやるようになった。今では公開講座なんてものをやらない大学はない。それから単位互換制度も、どこでもやっている。最初に始めた沖大としては、また一味違う工夫が必要になってきているのかもしれません。しかし、少なくとも、七〇年代末から八〇年代前半の段階で、そういう試みをやったのは事実です。それから移動市民大学と土曜教養講座と結びつけるようなかたちでやった、特別な夏期セミナーがあります。高文研という、高等学校の主として教員を対象とした教育図書の会社があります。この会社の社長はもとは三省堂という大きな出版社で出している「学生通信」という広報紙の編集をやった人が独立をしたんですね。彼は沖縄のことにも関心があって、僕とはもう半世紀以上のつきあいです。僕は学生募集の広告を全国展開しよう、と、彼らの月刊誌に小さな広告を出そうとして、話を持ち込んだ。そこから話が始まって、広告だけじゃなくて、共同企画で何かをやろう、という話になって、ついに「沖縄戦と基地を学ぶ沖縄夏期セミナー」というのを、この出版社と沖縄大学と組んでやった。対象は、全国の、主として高文研の読者層である高校教師。やがて沖縄大学は沖縄の大学で初めて、東京や大阪や福岡やあちらこちらで、受験会場を設けて全国的な学生募集を始めますけれども、そういうものの背景には、そんな企画もあった、夏期セミナーの内容が、その出版社と提携した本になるんですね。そのことによって高校の先生、主として私立高校の先生たちに沖縄の話が広がる。そのことが修学旅行の増加につながった。沖縄の大学への応募者の増加にもつながるわけです。八〇年代の末ぐらいに、琉球新報の社説で、沖大の夏期セミナーなどもあって修学旅行がどんどん増えてきた、ということが書かれました。今は規模が違うかたちで修学旅行が増えてきていますが、修学旅行がうなぎのぼりに増えていった。夏期セミナーは修学旅行を連れてくる先生方の事前学習の場になった。

この出版社それ自体が、いつの間にか教育出版以外に、沖縄のものを多く出版する出版社に衣替えしてきたのですが、それで実は沖縄大学の五十周年記念誌『沖縄大学五十年の軌跡』は、これは一銭もお金をかけずに、沖縄大学五十年史編纂委員会が著作権を持つ市販の図書として出版しました。二五〇〇部のうち一〇〇〇部くらいは大学がそれぞれ配ったり、あるいは大学で売る本として買い上げました。それ以外は、北海道から与那国まで本屋に並んでいます。赤字は出さなかった。ほぼ完売状態で、後二、三〇〇部くらい残っているかなあと出版社は言っていました。だから半分は沖大が、半分は一般の本屋で一般の図書として売られている。

一番新しい高文研の沖縄関係の本を宣伝しておきましょう。『沖縄戦「集団自決」消せない傷痕』という写真集が、九月二十九日に発行されました。これは山城博昭君の写真集で、彼は沖縄大学を出て、琉球新報の記者になった。解説は慶良間の宮城晴美さんが書いています。やはり写真集の迫力というのはすごいものですね。高文研から沖縄関係の本が五十冊以上出ていると思いますけれど、これが一番新しい沖縄関係の本です。もう一人、卒業生を紹介して、次の卒業生たちの座談会につなげたいと思います。

以前、二〇一一年に、中国の広東省の広州市から僕に『南方都市報』という新聞が送られてきたんですね。送ってきたのは、中村正君。うちの卒業生です。彼の手紙によると、まず台湾の台北、それから北京、それから広州と、「僕はもう十数年間、中国語の世界で生活をしています」と書いてありました。何故彼が、送ってきたかというと、彼が読んでいた新聞の中に僕が登場したというのです。これは、僕の本を中国語訳した人が僕にインタビューしたのを記事にしている。上海の雑誌のインタビュアーは、この記事を読んで、さっきのような質問をしたらしいことに気づきました。この人はPDFで僕に送ってきたのですが、僕は中身を読めないでいた。これをたまたま現地で見たのが中村正君で、僕が中国語は読めないだろうということで、彼は解説を付けて、ここにはこういうことを書いてある。こっちにはこういうことが書かれていますと、解説付きで僕に送ってくれた。別段学生時代から中国語を学んでいたわけではありません。ひょうきんな面白い学生として記憶にあるだけなんですけれども、しばらく音沙汰がなかったなと思ったら、突如中国からこういうのが送られてきた。つまり世界中で活躍している学生がいますね。もっと付け加えると、彼の同期に和光からの交換留学生で、加藤史朗君がいます。彼は残念ながら二年ぐらい前に急な病気で亡くなっているのですが、彼が「泡盛通信」という個人新聞を出しているんですね。そこにいろんな学生に執筆させている。その執筆者にたまたま中村正という男もいたんですね。加藤学長は和光で教えた経験があるらしいのですが、この加藤君は、大学に戻ってから予備校でアルバイトしながら教員試験に受かって、小学校の教員をしていた。遺稿集を出すから、推薦文を書いてくれ、という手紙が来て、初めて知りました。そういう学生と中村君は同期だったのですが、その加藤君の小学校教員の同僚という女性が定年前に早期退職をして、沖縄大学にやってきたんですね。学生として。まあどこがどうなっているのか、いろいろ錯綜していますけれども、人間のつながりというのは、そうやってどんどんどんどん広がっていく。どんどんどん広げる拠点に、沖縄大学はなっている。そういう中国で活躍している者もいれば、定年間際に早期退職して沖縄大学に勉強しに来た者もいる。今東京で「オスプレイ反対」なんてことをやっている人もいます。ということをご紹介して、とりとめもないような話になりましたが、僕としてはちゃんとまとまった話をしたつもりです。与えられた時間が来ましたので、私の話は終わりにします。

宮城　新崎先生、ありがとうございました。十分間の休憩を取って、それから第二部を始めます。パネリストの方々に登壇してもらって進めていきたいと思います。それでは休憩に入らせていただきます。

第二部　自由な大学生活

宮城　それでは皆さま、第二部を始めたいと思います。パネリストの中の二人がパワーポイントをご利用になりますので、カーテンを閉めて調整をします。お二人の方から発表を先にやっていただいて、それから他の方たちにつないでいきたいと思います。よろしくお願いいたします。

それではまず株式会社グレイスラム取締役社長でいらっしゃいます金城祐子さんから、自己紹介とご発表をお願いいたします。

金城祐子　皆さま、こんにちは。私は、南大東島でサトウキビのお酒、ラム酒を造っております、株式会社グレイスラムの金城と申します。どうぞよろしくお願いします。パワーポイントを使って自己紹介をさせていただきたいと思います。

私は一九七二年、昭和四十七年の七月三十日に沖縄県那覇市で生まれました。いわゆる復帰っ子でございます。ちょうど私は復帰の年に生まれて、同級生からも県会議員も誕生したりと、三十代頃からいろいろ沖縄を意識するようになりました。七月三十日という日付けが、またナナ・サンマル、沖縄の交通規制が「人は右、車は左」へと変わったのが、私が六歳の時です。そういう歴史的背景がありますから、勝手ながら、沖縄のために私は生まれてきたのではないか、と思い込んでおります。沖縄大学を一九九三年に卒業しまして、三十四回生ということで、今回お声掛けいただいたのも、そのご縁があったのかなと、とても有難く思っております。私はそもそもお酒のことは飲むのが専門で、造ったこともなく、酒屋で生まれたわけでもなく、酒屋で仕事をしたこともなかったのですが、やはり沖縄のために何か出来ることがないか、と三十代頃から、いろいろ考えている中で、サトウキビからラム酒が出来るらしい、ということを知りました。当時、沖縄電力の関係会社に所属しておりまして、沖縄電力には社内ベンチャー制度がある、ということを知りまして、本当に酒飲み話が高じて、応募してしまった結果、審査を通りまして、会社設立という経緯になりました。今、グレイスラムは南大東島のラム酒を背負いながら、全国、全世界に向けて一生懸命セールスをしていると

金城祐子

ころです。まだまだ経営的には安定している状況ではないのですが、生んだ商品を一生懸命育てながら、将来は沖縄から、メイド・イン・ジャパンのラムとして世界中に羽ばたいていけることを、毎日毎日願いながら一生懸命頑張っているところです。以上、私の自己紹介とさせていただきます。ありがとうございます。

宮城　それでは二番目に株式会社沖縄物産企業連合代表取締役社長でいらっしゃいます山城加寿さんにお願いします。

山城加寿　こんにちは。私は一九八四年に沖縄大学を卒業しました。私が入ったころは、まだ安良城盛昭先生が学長で、その後、ワンクッションありましたかね、新崎盛暉学長になりました。学生時代は、学費値上げ反対とか、そういうこともやったりして、あまり大学側とはいい仲ではなかったのですけれども、三十年近く経って、呼ばれるようになって、不思議な感覚です。今日はありがとうございます。

私が勤めています物産企業連合という会社は、創業者の宮城弘岩さんが、沖縄大学の講師などもやられていましたが、この場を借りて会社の紹介をしたいと思います。折角ですので、資本金が三億です。会社の理念は、沖縄大学の理念に若干近いかなと思いますけれども、「沖縄の経済自立を目指していく」と。まあ基地経済であったりとか、そういうものに頼らないでしっかり自分たちの足で稼いでいこう、ということです。

今、営業所が東京、大阪、名古屋、福岡から台湾まで含めて五か所です。店舗が県内外で八店舗あり、年商約二十六億です。沖縄のメーカーさんの商品をただ売るだけじゃなくて、一緒に商品開発を

山城加寿

していこう、ということで、例えば、ソルトウォーターを今年七月に中国は上海に五〇〇〇ケース出荷していますけれども、これはバヤリースさんと共同開発しています。その他、石垣牛のカレーとか久米島鶏のカレーとかそういう商品開発をメーカーさんと一緒にやって、マーケットに合う商品を作っていくという仕事です。

（パワーポイントの）この辺からが新聞記事です。今言ったＰＢ商品、自社商品というのをどんどん作っています、という記事が日経新聞さんに紹介されたりしています。

あと、宣伝が多くなりますけれども、これは去年オープンしたお店で、埼玉県の新三郷の方に出している、「沖縄宝島」という商号で今店を展開しています。

これも去年の記事で、今日新報の松永さん来ていますけれども、新報さん、タイムスさんに積極的に取り上げていただいています。ちょっと変わったところで、非食品で雑貨になりますけれども、名護の根路銘国昭先生に協力いただいて、センダンでインフルエンザ予防ということで出しています。これは県内のスーパーでも、小さいタイプが売られていると思いますので、インフルエンザが気になる方、買っていただけたらと思います。よろしくお願いいたします。

これは今年、最近ですけれども、物産企業連合とオキコさんと吉本興業のコラボということで、十月十一日、沖縄ソバの日に合わせて、吉本興業さんのタレントで「スリムクラブ」と麺が細いということで、「スリム沖縄ソバ」と名付けています。

最後に、（パワーポイントの）下の方に今後は農産品にも力を入れる、ということで書いてあります。次に説明します。これは今日の琉球新報にちらっとありましたが、十二月に正式に発表予定ですが、大宜味村に一棟八〇〇坪の建物があってそれを借りて、大体六月から「豆苗」という野菜を作る予定です。右は海ですけれども、左の方に日量四〇〇〇トンの湧水があるということで、それを広島に本社のある村上農園と物産企業連合でタイアップして、野菜施設を作って出荷する。年商四千万の予定です。うまくいくと思っています。

次です。企業連合が目指すものは何か？　先ほど話しましたけれども、七二年の復帰以降、よく言われている３Ｋですね。基地・観光・公共工事、それから脱却していこうと。基地経済が占める割合は五パーセントと言われていますけれども、今もオスプレイ含めて、さまざまな問題がありますので、そういう問題を超えていくためには経済強化が必要だろうということで、意識してそういう活動もしています。久米島で生産者グループを作って、じゃがいもとかかぼちゃを五〇トン以上の出荷を行っています。関連会社では、ゆいワークスがあります。どちらかというとＩＴ系です。モバイルが強いんですけれども、「沖縄ちゅらサウンズ」ということで、沖縄の音楽を全国もしくは世界に発信しています。そこも私が経営を見ています。最後に下の方にありますけれども、沖縄の物産、それを縦軸に、音楽を中心としたソフトを横軸に売り込んで、全国、アジアに展開していきたい、ということを考えています。また、のちほど必要があれば補足説明をしたいと思います。よろしくお願いします。

宮城　ありがとうございました。それでは全員のパネリストの方々に登壇していただきたいと思います。お待ちいただいている間に、先ほどご指摘がありまして、司会の自己紹介がなかったということでしたので、自己紹介するほどのものではありませんが、沖縄大学の教員をしております。今日の司会を務めさせていただきます、宮城公子と申します。よろしくお願いいたします。それから私のことではなくて、やはり卒業生ですね。最近、とても嬉しいニュースが一つ入ってきたことを申し添えておきたいと思います。実は教員採用試験、各自治体あるわけですけれども、それに受からないと公立の学校で教えられないのですが、それは沖縄県を含め、かなりどの自治体でも狭き門なんですけれども、しばらく苦戦していた、沖大の卒業生、英語の教職で指導していた学生が東京都で教員採用試験に受かった、ということも聞いていて、先ほど新崎先生がいろいろと学生さんのお話をしていたときに、ふと思い出して、とても嬉しくなったことを付け加えておきたいと思います。

ではパネリストの方々、お願いします。パネリストの方は六名です。金城さんと山城さんの紹介は先に終わっております。それでは三番目に㈱タイムス住宅新聞社の相馬直子さん、よろしくお願いいたします。

相馬直子　こんにちは。相馬直子と申します。一九八三年に神奈川県で生まれました。沖縄大学には、実は先ほど新崎先生のお話にもありました和光大学からの交換単位制度を利用して、一年間という期限をつけて来たのですけれども、そのまま編入をしてしまったという、先ほどの事例にあった学生の一人です。二〇〇四年に交換単位制度を利用して沖縄大学に来まして、二〇〇五年に、沖縄大学の福祉文化学科に編入しました。二〇〇八年に卒業して、そのままふらふらしていたのですけれども、現在はタイムス住宅新聞という、毎週金曜日に沖縄タイムスの中に入っている住宅関係の副読紙があるのですけれども、そちらで記事を書かせていただいています。ここに至るまでに、本当にいろいろなことがあったんですけれども、一番が大学の時に、いろいろ地域と関わっていたりとか、また私自身が学内でいろいろ活動をする中で学んだことというのが今の仕事にもとても生きているというふうに感じています。今日は本当にとても素晴らしい先輩方の中でとても緊張しています。そして、こういった場所をご提供していただいて本当にあり

相馬直子

がたいなと思っています。今日はどうぞよろしくお願いします。

宮城　それでは沖縄県の学童保育連絡協議会統括コーディネーターをしていらっしゃる垣花さん、よろしくお願いします。

垣花道朗　みなさん、こんにちは。垣花道朗と申します。僕は一九七五年生まれで、今年で三十七歳になるんですが、僕は一度他の大学を卒業しています。その後、少しふらふらしている頃に縁があって、今ここで関わっている学童保育と出会うことが出来まして、そこで指導員をアルバイトでしていたのですが、その時に、学童保育がすごい面白い分野だと思いました。その時、何も資格等がなかったので、保育士か社会福祉のどちらかを学びたいというふうに考えていた時に、沖大に加藤先生という素晴らしい児童福祉の先生が今いるから、沖大に行ったらどうか、というふうに推薦がありまして、それで二〇〇四年ですかね、社会人編入で二部の福祉文化学科に入学をしまして、二年後、無事にソーシャルワーカーの資格も取れて、これも本当に沖大のお蔭なんですが、その後学童保育の指導員を浦添市でしておりました。その後、皆さんのお手元に、『沖縄県学童保育支援事業報告書』というのがあると思いますが、二〇一〇年の一月から今年の三月までの間、沖縄県から事業を受託しまして、沖縄県学童保育支援センターというものを開設して、全国でもすごく特徴のある沖縄県の学童保育の現状把握、そして沖縄県全域の学童保育支援を行う事業の中で統括として働かせていただきました。

実は沖縄県の学童保育と全国の学童保育を比較すると、いろいろな差があるのですが、その中の一つとして、全国では大体八〇

垣花道朗

パーセント以上の学童クラブさんが小学校の余裕教室ですとか、小学校の敷地内の専用室、または児童館、児童センターに併設したかたちで建設されているのですが、沖縄県の場合は公的施設を活用しているところは今のところ二二パーセントぐらいです。しかもそのほとんどは那覇市と浦添市にありまして、それ以外の市町村では特に認可外保育園さんとか、個人で学童保育を行っている現状が沖縄県の場合は特徴として挙げられると思います。そういったことがありまして、実は校区もいくつか跨いでいるために、学童の送迎車が子どもの小学校を回っている状況ですとか、あと家賃がかかっている状況とかというものも全国ではほとんど見られない環境が沖縄の学童保育では起こっている。そういうことを県の方もすごく危惧しておりまして、今年の五月から一括交付金も活用しまして、県が学童保育を公的施設に移行していきましょう、という事業を県の方から、また私ども沖縄県学童保育連絡協議会が受託をしまして、今いろいろな調査や、市町村に対しての暫定支援などを行っております。

そういった関係がありまして、今は本当に沖縄県の学童保育と、あとはそういった保育ですとか、子育て支援の関係の方々とつながりをもっているお仕事をさせていただいていますが、実はそういうことが出来たのも、沖縄大学に来て社会福祉を学んでいることと、あとは加藤先生と出会ったことで、その後も、沖縄子ども研究会というところにも関わらせていただいた結果、いろいろなネットワークが出来て、そして本当にこの二、三年で、これまで沖縄県内でがんばっていらっしゃった子育て支援関係の方々がつながり始めて、一つひとつの問題を全体の問題として捉えていきましょう、というようなことが徐々に徐々に県内で出来始めています。今後、学童保育の部分だけではなくて、そういった沖縄の子育て支援全体に対してもいろいろな支援が出来るようにがんばっていきたいと思います。今日はそのヒントになるようなことがたぶん偉大な先輩たちと、今日参加されたフロアの皆さんから、逆に僕の方がいろいろ学ばせていただいただくようなかたちで、すごくわくわくどきどきしていますので、本日はよろしくお願いいたします。

宮城　ありがとうございました。それでは次に琉球新報社社会部長で、論説委員でいらっしゃる松永勝利さん、よろしくお願いいたします。

松永勝利　こんにちは。松永と言います。出身は東京の築地で、一九八四年に沖縄大学に入学して、沖縄に暮らし始めまして、八八年までお世話になりました。卒業翌年の八九年に琉球新報に入りまして、二十三年間取材活動をしてきております。そのうちの十二年が社会部に籍を置きましたので、半分以上が社会部という、まあ本籍みたいなところで四月から部長をやらせていただいているんですけれども、ある意味では二〇人の記者と一緒に台風からオスプレイまで、最近も事件が相次いでおりまして、記者もへとへとになって取材をしております。私が琉球新報でやってきたのは、やはり沖縄大学で学んだこととつながる、と言いますか、沖縄の基地問題、環境汚染の問題とかで、ドイツにも行って、東ドイツでは旧ソ連軍の環境汚染の現場を訪ねたり、あと沖縄戦でいえば、朝鮮半島から来られた朝鮮人軍夫の皆さんを韓国に訪ね歩いて、取材をさせていただいたりとか、平和祈念資料館の時には、新しく開設する前に沖縄県の中で展示の内容が、監修委員会の与らないところで、日本軍の残虐性を薄めるかたちで展示変更が改ざんされていくというのがありましたけれども、その時も取材班として、キャンペーンをして、結果的には展示内容が全部元通りになって、今、新しい資料館として開設されています。

いろいろ新聞社に入る前にこの大学で学んだことが、やっぱり私の中に原点としてありまして、当時沖縄大学の学長は、今基調

松永勝利

講演をされた新崎盛暉さんで、卒業する時も新崎盛暉という証書をいただいて、卒業させていただきました。当時は非常に大学が家庭的な感じがありまして、沖縄に着いてすぐに今図書館の事務長ですかね、奥間さんという職員の方が一緒にオートバイでアパート探しに不動産まで同行していただいて、部屋を見つけていただいたり、ゼミ担当の先生である山門健一さんには正月になるといつも自宅に呼んでいただいて、正月料理と泡盛を飲ませていただいて、さらに宇井純教授、今日のチラシの写真で看板の左の背広を着た、おっかない先生だったのですが、この宇井純さんのところに夜遊びに行きまして、泡盛を酌み交わしながら、昔の水俣病の話とか、公害の問題とか、いろんなことを聞かせてもらいました。卒業後も、結婚した時には媒酌人を山門先生にやっていただきましたし、乾杯の音頭は宇井先生にやっていただきました。

ある意味では沖大まみれの生活だなあというような感じで、こうしてこの場に、この席に座っていると、非常に感慨深いと言いますか、この五〇〇回の土曜教養講座の一一三回目の時に、私は学生でしたが、司会させていただいて、学生主体の土曜教養講座というのを一回させていただいて、フィリピンのネグロス島の飢餓の問題をみんなで考えたということもございました。また今日もいろいろ議論をしていきたいと思います。よろしくお願いいたします。

宮城　ありがとうございました。それでは最後に看護大学の助産専攻の教授でいらっしゃいます。それから沖縄県の助産師会副会長でいらっしゃいます知念榮子さん、よろしくお願いいたします。

知念榮子　皆さん、こんにちは。知念と申します。私が一番卒業年代が古い様ですが、実は一九八五年の卒業になります。その頃二部がありましたので、仕事をしながら学ぶ、という勤労学生でした。当時は本当にこういう近代的な建物ではなくて、受験で来たときに、「えっ、これ大学なの」というぐらい古い建物で、椅子もすごいがたがたで、そこにじっと座っていると「これちょっときついなあ」と思いながら試験に臨んだ覚えがあります。でも入学してみると、すごく青春を満喫するというような状況で四年間を過ごした思い出があります。現在は県立看護大学で助産師の教育をしています。同時に学校教育で育てた若い助産師が地域の中でどのようにして自立していくのか、ということを課題にして組織活動も行っています。ご存知のように、今は社会情勢がかなり変わってきまして、子育てがこんなに難しいものなのかなあ、ということを感じる日々なんですね。地域を見ていましても、子どもが虐待にあったり、「何故泣くの?」ということで夜中お母さんから電話がかかってきたり、ということもあるぐらい、子育てに悩んでいる若いお母さんたちが多いなあ、というのを感じています。

　そういう現状がある、ということから、まあ学校教育はさておき、私の方は地域でそういうお母さんたちをサポート出来る体制が作れないか、ということを考えていまして、現在進行中ですが、沖縄市に、沖縄県母子未来センターというサポートセンターを作るということで今活動をしています。助産師会の会員は二〇〇名少々ですが、県の方から一億という財政支援を受けることができました。二月十一日に完成しまして、建国記念日なんですけれど、あと二月十四日、バレンタインデー、愛の日ですね。その日に事業開始ということになっていまして、主に地域での子育て支援をしていくというかたちで活動していこうかなと思っています。同時に診療所ということで、ベッド五床の助産院を同時に開設をすることになりまして、学校の助産師教育の中で少し抜け落ちている部分を組織としてカバーしていこうかなというような活動を現在しております。今日は先ほど打ち合わせをしている時に、年代別にパネ

知念榮子

リストを呼んでいます、ということがちらっと聞こえまして、たぶん一番古いということで声がかかったのかなと思っています。いろんな方たちの意見を聞きながら、さらに現在の私自身の仕事、あるいは社会活動に生かせていけるような意見を伺えるといいな、と思っています。どうぞよろしくお願いいたします。

宮城　ありがとうございました。自己紹介が一渡り終わったのですが、各自また沖縄大学という経験、体験、それから卒業後でもまた大学時でもよろしいんですけれども、地域のこととか、関わりとか、あるいはまたあんまりいいことだけでもなくて、こういうこともあればよかったとか、付け加えたいことなどありましたら、何かどうですか？　では山城さん、よろしくお願いします。

山城　せっかくですので、先ほどの話にもありました単位の交換で、派遣学生と呼んでいたのですが、私も八二年ですかね、法政大学に行かせてもらいました。沖大にいると、自治会活動も結構活発で誘われたりしました。法政大学に行ったらもっと激しくてバリケードとかやってて、学費値上げ反対で校舎に入れないとか、法政では弁論部に入っていたのですけれども、そこも自治会とは別に文化系サークル連盟というのがあって、非常に盛んで、まだ沖大の方が静かだったかなというのがありました。外の大学と単位の交換をするとか、外に出ていくという機会を作るのは、非常にいい制度だと思います。先ほど相馬さんのお話にありましたけれども、ゆいワークスという関連会社の方に一人、京都の精華大学から沖大に来て、縁があってうちの関連会社に来ているのですけれども、そういう人たちもいて、人の交流というか、それは文化交流のような部分もあったりして、先ほど話した、ちゅらサウンズで、沖縄音楽をずっと手掛けている職員がいます。だから大学内の制度とか、そういう企画をすることで外との交流を作っていくことで、また沖大自身も広がりとか強さが出るのかなあと思います。それを三十年ぐらい以前からやっていたということですので、改めていいことをやってきているなあという気がしました。

宮城　ありがとうございました。相馬さんも、そういう体験を経て、沖大と関わってきていますし、県外からということであれば松永さんもそうですね。単位互換制度や県外からの入学など、そういう体験を踏まえて、外から来た目で、沖大での体験を振り返って、自分史の中でもいいんですけれど、何か語っていただければと思うのですが。

相馬　私は、先ほどの自己紹介の中でも話させていただいたんですが、二〇〇四年に、和光大学から沖縄に来た時は、すごい小さな大学だな、と正直思ったんですね。かなり和光の方が敷地の広さはあったんですが、まあ沖大のこのコンパクトさが私はとても気に入りました。何よりも人と人との距離がとても近いというのが、とても魅力でした。一番は教員とか職員とか、あと卒業生とか、学内に関わる人たちはもちろんなんですが、あと地域の人との関わりもすごい近いなあというのを感じて、それで編入を決めたんですね。編入をしてから、私が学生時代に「沖大は私が変える」という企画を、二〇〇五年にやりました。最初は卒業生、地域の人、学生、教職員を含めて、みんなで沖大のことを語ろう、というのを、当時、学内からそういった声が、開学記念日の時に上がって、それで私が関わらせていただいたのは、そのパート二、パート三なんですけれども、そういった本当にみんなで大学のことを考える場が出来るのは、本当にすばらしいな、というふうに思って、この取り組み、ちょうどこの場所で、六年ぐらい前なんですけれども、させていただいたのが、本当に私の中で、自分自身が何かに関わるきっかけにもなったというふうに感じています。そういった取り組みがやはり出来た近さというのが、この沖大の魅力なんじゃないかなということを、県外から来て一番に感じたところでした。ちょうど六年前の学祭の時にも、こういった卒業生、学生、教職員で、それぞれの立場で、今、沖大を語る、というような取り組みを、シンポジウムを開催したんですね。こういった人と人が、この大学のことを一緒に語れる場って、たぶんそうそうないんじゃないかなと思っていて、先ほど松永さんがとってもアットホームな感じがした、というのを、私はすごいそれも感じていて、こういった仰々しい感じでイベントをしているんですけれども、でもすごいアットホームで、みんなで同じ方向を向いているからなのか分からないのですけれども、すごい楽しいな、ということを純粋に感じることが出来ました。そういった良さがもしかしたらあるんじゃないかなと思います。

宮城　ありがとうございます。のちほどまた会場の方からもいろいろコメントをいただきたいと思うのですけれども、松永さんには沖大まみれになったきっかけなり、まみれた後の、自分における意味とか、沖縄社会において松永さんのような存在がいる意味でもいいですし、よろしくお願いいたします。

松永　私は今四十七歳になるのですけれども、私の半生の中で、沖大の四年間は、その半生の中の一コマとしては片づけられません。沖縄大学と出会っていなかったら、私は全く違う人生を歩んでいただろうと、そういう意味では、私の進路を、将来を方向づける重大なポイントだったと思います。

実は私は高校三年まで、ほとんど学校で勉強なんかしなかったので、大学に進学する気はもう全くありませんでした。どういうことをしていたかというと、四〇〇ccのオートバイに乗って旅をする少年だったんですね。高校三年の夏も北海道と九州を除く山口県までの、本州と北海道の海岸線の国道をひたすら走り続けるという、本州～北海道縁取りの旅というのを友達とやったりして、旅をしてばかりいました。その時に感じたのは東京という土地が非常にくだらない土地だなと思って、もうこれは卒業したら、どこかに移り住んで地方で働きたいな、というふうに漠然と思って、東京脱出ばかりを考えていました。その時に、実は沖縄大学というのが、東京で試験を開催していたんですね。私にとっては渡りに船というか、ちょっと受けてみようということで、面接と小論文だけだったんですね。今のＡＯ入試みたいな感じで、運よく受かってしまいまして、うちの両親に説明がしやすいというか、「大学受かったよ、親父」と言ったら、「えーっ、お前が何で受かるのか」というような感じでしたが、それでとんとん拍子で沖縄大学に入りました。東京から鹿児島までオートバイに乗ってきて、フェリーで沖縄にたどり着いて、そのまま二十八年、こちらにお世話になっています。

大学で一番驚いたのは、講義はほとんど私の記憶にありません。大学で学んだことは、まさに教員たちの姿勢ですね。それは正に先ほども言ってましたけれども、新崎盛暉さんが学長である大学であったわけです。それがどういうことを示すかと言いますと、ほとんど講義よりも夕方のニュースで大学教員と出会うことが多い。大体一坪反戦地主の代表世話人として新崎盛暉さんは、当時二十年強制使用の県の裁決がありまして、反戦地主の怒号が飛んで、当時小堀啓介さんという弁護士の収用委員長と反戦地主がやりあっている一番先頭で新崎盛暉さんが、如何に不当なことをやっているのかということを息巻いている風景が夕方のニュースでありましたし、新石垣空港の問題では、当時白保の海を埋め立てるという計画の中で、自然保護の観点から宇井純先生が、県の土木建築部に乗り込んでいって、その新石垣空港の計画の不当性などをがんがん、こう怒鳴り散らしながら、やっている姿をニュースで見て、あっ、だから先生、今日休講だったんだな、と分かったりして、非常に闘う大学でした。

大学三年の時でしたかね、まさに今日やっている大学祭の実行委員会の一人として関わったのですが、その時に、一九八七年ですかね、ちょうど昭和天皇が大病を患いまして、いつ死んでもおかしくない、という時に、下血がありましたとか、そういう昭和天皇の病状が毎日新聞で報道されているような感じの中で、お祭りとかを開催するのはやめようという、自粛ムードというのが当時日本中にはびこっていまして、いろんな祭りが中止になりました。日本中の学園祭も、大学当局によって自粛で今年はやりません、とどんどん中止になった。その時に、うちの大学で実行委員会をやっていたら、ふっと実行委員会の部屋に入ってくる人がいて、それが新崎盛暉学長だったんです。学長が実行委員会に来るなんてことはあまりないので、自粛って言いに来たのかな、まさかそれはないだろう、と思っていたら、新崎盛暉さんが、「ちょっといいか、お前ら自粛なんて言ったらただじゃおかないぞ」と、自粛禁止令が出ました。さすが反権力学者だなあと私は思いました。たぶんうちだけじゃないですかね、大学祭で、大学当局の圧力によって、祭りを強要されたというか、非常におもしろい大学だなと思いました。

またさらに、宇井先生も、当時、四年に一度の沖縄県知事選が、私の在学中にありまして、保守王国の親分だった西銘順治現知事が圧倒的に勝利を収めている時に、革新統一候補が弁護士の金城睦さんを立てて、選挙戦があったんですけれども、その時に大学の教員が学生を集めて、沖縄大学世直し連合というのを作って、金城睦さんを応援するんだよと。お前ら参加するのかしないのか、ここで言ってくれと。それで、私は宇井先生がおっかなかったので、すぐ入ったのですが、その時に、ある学生が私は中立を保ちます、と言ったんですね。そうしたら宇井先生、すかさず、「おっ中立というのは、どういう意味か知っているか、どっちの応援もしねえ、ということじゃねえぞ、両方の事務所に毎日顔出して、そこで初めて中立と言えるんだぞ」と言ったら、その学生はすぐに、参加します、ということで、入りました。それで大学で金城睦さんを呼んで、総決起大会を開いたりとか、喜納昌吉さんが三線で唄ったりとかいうものが玄関で行われて、本当にこれが大学なのかなと思いましたけれども、そういう大学で起きていることを見て、私は自分が一体何をすべきか、というのを身をもって教員の皆さんに教えてもらったような気がします。すみません、長くなりました。

宮城 ありがとうございました。そうですね、例えば、沖縄大学が、それこそ土曜講座を含めて、沖縄の社会のいろんな激動の流れと向き合ってきたというのもあるとは思いますし、それぐらい大事なことだと思います。今日はまだ二回目の発言がない女性の金城さんに聞いてみたいのですが、別に大学で醸造学とか、蒸留とかやったわけでもなく、それで女性としてということも含めて、沖縄大学で何か自分がゲットしたものとか、あるいは今生きているものとか、お願いします。

金城　皆さんのお話を聞いていますと、非常に熱心に勉強をやっていた方たちなんじゃないかなと思います。私は実は短期大学部の方だったのですが、なんとかこの大学の時間を使って内地に行きたい。県外に行ってみたい、という思いがすごく強かったんです。それで入学してから一年半で、卒業単位を修得しまして、残りの二年目の後期は、丸々県外で遊びながら、アルバイトをして卒業式のために帰ってきた、そういうふうな時間の過ごし方をしました。どちらかというと当時は勉強が好きとは言えず、まあ勉強は適当にやっておけばいいんじゃない、ぐらいで、どちらかというとむしろ今の方がすごく勉強が大事で、今いっぱいいっぱい本を読んで、今一番勉強したい、と思っている、そういう人生になっております。

当時の沖縄大学は、私が入学する時もそうだったのですが、とても個性的で、個性を大事にする。独自性がある。そういうふうなキャッチフレーズが同級生の中にもすごくありました。面接なんかでもありきたりのことを言うよりも、自分をもっと出した方がいいよ、とか、そういうふうなイメージがありました。私もどちらかというと、友達同士の中では非常に個性的で、いつも何かわけの分からないことを考えながら生きているのですけれども、その大学の二年目の後期の時間を使って、山梨県の大きな旅館、ホテルに住み込みで働いたわけなんです。そこでまず、私は運転免許を取りたいという思いもあったので、免許の取得料として三〇万円、まず稼ごうと。約一か月半くらいで五〇万円稼ぎました。住み込みで朝晩、仲居の仕事でした。そんな経験をしながら、やはり本土で働く厳しさも知りつつ、やっぱり沖縄よりも東京や県外の、内地への憧れがすごく強かった。若い時に県外に出た方がいいだろう、という思いがすごい強かったので、卒業後はすぐ県外に就職に行きました。それで一年間仕事をしていく中で、沖縄の良さ、というのがどんどん見えてくるんですね。その中でもちろん家族の温かさとか、有難さ、そして母親がいつも心配しながら私に電話をかけてくる愛情とかですね。最初は放っておいてくれよ、という感じだったんですが、やはり一人暮らしをしていく中で、どんどん家族の有難さとか、沖縄の友達の温かさ、そういったものをすごく感じました。それから私が勤めていた会社が景気がすごく厳しくて八つの営業所を三つに絞り込んできたんですね。そんな中で、これだけ縮小傾向にある中で、沖縄支店だけはまだがんばれる、と。だったら私は沖縄に戻って、沖縄の会社で勤めようということで、転勤命令をお願いしまして、一年で東京から沖縄に戻って参りました。それで沖縄の会社に転勤して、働くんですけれども、なかなかこうやっぱり、その仕事自体があまり好きではなかった。情報処理の仕事をしていたのですが、どうなんだろうな、これって、ずっと入力業務だけで、なんか自分を出しているような気がしないんだよね、みたいな、そんな感じで転勤して一か月くらいでこの仕事を辞めました。

それから私のいろいろな人生経験、いろいろな仕事遍歴が始まるんですけれども、今やっているラム酒に結びつくまでは、そうですね八年ぐらい経ってからですね。結婚して、子どもも生まれて、やっぱり自分でも出来る仕事、そして手に職がないわけですし、自分ならこれが出来る、という仕事をなんとかやりたい。そして沖縄のためになる仕事がやりたい、とそういうふうに思いました。それでサトウキビからラム酒が出来るということを知ったときに、あっこれだったら沖縄の農家も喜ぶはずよ、今までサトウキビから砂糖だけだったんだけれども、もしラム酒が出来たら、ある意味、泡盛よりもこっちの方が、地酒っぽくないかな、と。本当にこれもバーでの酒飲み話でした。そんな酒飲み話に花が咲いて、じゃあまずやってみようよ、ということで、会社経営が始まったわけなんです。いろんな苦労もあって、まだまだ未熟ではあるんですが、ただやはり私が卒業して、大学時代に沖縄を飛び出して県外で半年間アルバイトをして、戻ってきて、県外で就職。いろんな意味で、あの時はまだ十八、十九、二十、そういった若い年に沖縄を出て県外を見た経験というのはすごくよかったなと思っておりますし、後はまた沖縄大学が個性や独自性を大事にする、そういった発想というのは常に私の中にもありましたので、沖縄大学で学んだことは私にはプラスになっているのではないかなと思っております。

宮城　ありがとうございました。先ほど知念さんの方から子育てのこととかに関して、いろいろと沖縄の厳しい現状がある、ということ。それからその子たちが育っていくと、学童の問題とか出てきますよね。他大学からまた沖大に編入した垣花さんが、学童に関連してコメントがありましたら、それ以外でもいいんですけれども。

垣花　やはり沖大の時は、社会人編入というのがあったんですけれども、こういうことを自分は学びたい、と。一度社会に出て、自分に足りないもの、そして今自分がやってみたいことは、こういうものだ、ということを、もう一度学びなおすという気持ちがありましたので、仕事をしながら二部ということで、加藤先生のゼミにも入らせていただいたんですが、夜の授業に間に合わないときも、もちろんありました。すごく大変だったという思いがあったんですけれども、それでも他大学にいたときよりも学ぶ楽しさというのが、自分自身の学ぶ意欲というのがすごく高かったのかなと思いました。結局、僕は浪人して他の大学に入ったんですけれども、そこでの四年間というのは、本当にただ単位を取って、卒業して、卒業すればなんとか就職が出来て、というイメージの中で、もったいない過ごし方をしていたな、と後から思ったんですが、当時はそういうことに気づかずにいました。

そして一度社会に出て、もう一度学びなおす、と考えた時に選択したのが、やはり沖縄大学で、そこで大変ではあったんですけれども、実は社会人編入ということで、私以外にもいろんな看護師さんですとか、専門学校の理事長さんとか、そういう個性的な社会人の方が多くて、すぐに意気投合して、いろんな方とお話をさせていただきながら、本当に切磋琢磨しながら、学びあえた。それまでは小学校も中学校も、高校も大学も、ほとんど同世代、同年代の人たちと学んでいたので、そうではない、本当に他業種の異年齢の、これはまさに学童保育のような沖縄大学の二部で学ばさせていただいたことは、特にこれまではどちらかというと学童とか、福祉の現場というのは、その現場から周りを見てしまうというか、中心にあるのがまず現場で、その現場の視点でしかいろんな物事を見れないなんていうことが僕自身にもあったんですけれども、沖大のこういった学びの場で、社会福祉を学ぶ中だからだとは思うのですが、今自分たちが逆に外からどう見られているのかとか、外から自分たちを客観出来るということの大切さということも、こういったいろいろな年齢層があった中、他業種の方々と話をして学びあう中で、培われたのではないかなというふうに思います。それがそのまま支援センターとして、今の事業の方にもつながっているのではないかなと思います。実は当時沖国か沖大のどちらの福祉文化に行くか迷っていたのですが、決めたのは加藤先生がいるという一押しがあったからです。

宮城　先ほど打ち合わせをしていた時に、知念さんが、看護師さんで当時沖大の夜間で学ばれていた人が結構いらしたということで、今何か出来たらな、と思うことがあるということでしたけれど、どうでしょうか。

知念　その頃は、看護師職のほとんどが養成所の卒業生でした。三年間で養成所を卒業し、保健師になるのなら、また一年間、助産師になるのなら、また一年間というかたちで、養成所の卒業生がほとんどだったのです。看護系の大学ができ始めてはいたんですが、一旦社会に出た人が共通一次を受けて、また大学に入って、というのは非常に無理があります。そこへ沖大の二部で勉強が出来る、そして学士が取れる、というような状況がありましたので、看護職の多くが勤務を調整しながら沖大で学ぶというのが、ある種ブームみたいな感じになっていました。もちろんきっかけづくりをしてくれた人がいたのですが、学ぶ楽しさというのが口伝えで伝わっていって、勤務調整すれば、自分は行けるんだ、ということで、大学にどんどん行く、ということが出てきました。私は同窓会の評議員をしていまして、資料づくりをしている中で名簿を数えてみたら七十名近くの看護職が沖大の卒業生ということが分かって、すごいびっくりしたのですが、今もたぶん続いているのではないかと思います。正確な数字は分からないのですが、そういう中で、沖大の存在というのは看護職にとって、すごく大きな存在だったかなということを実感しました。その中から学士の資格を得て、大学院に進むという人たちも結構出てきましたので、すごく有難かったなあという気持ちでいます。

宮城　ありがとうございました。ちょっと付け加えさせていただきますと、そういう方々との横のつながりがほしいとおっしゃっていましたよね。

知念　そうですね。そういった人たちとのつながりが出来れば、違ったかたちで、また沖大との関わりが作れるのかなというふうに思っているのですが、なかなか横の連携というのが掴めなくて、頭の中だけで思っているだけで実践は出来ていません。すみません。

宮城　いえいえ。皆さまの中で、お心当たりの方がいらっしゃれば、ぜひご協力をお願いします。

ここで五分ほど休憩を入れて、次は自由にパネリストの方の発言も歓迎ですし、ホールの皆さまのご意見やコメント、苦言・提言あるいはいろいろとご発言をいただきたいと思います。それでは五分ほど休憩させていただきたいと思います。

〈パネルディスカッション〉

宮城　長丁場でお疲れかも知れませんけれども、後半のパネルディスカッションに入っていきたいと思います。「地域に根ざす」ということを沖大が考えていくときに、やはり卒業生の存在というのは非常に大きいと思います。休憩中に知念さんと山城さんと私の三人で雑談している中で、地域に根ざして生きていく方々が、たぶんたくさんおられるけれども、その辺は大学とどう有機的につながれるのかなあ、という話が出ました。お二人から、何かアドバイスとかコメントがおありでしたら、お願いしてよろしいでしょうか。

知念　六年間同窓会の評議員をしていますが、本来の業務が忙しいということもあって、なかなかその評議員の会合にも出席できないことが多くて、肩身の狭い思いをしています。私は評議員をやらせていただいて、沖大の場合同窓生のつながりがすごく強いな、ということを感じています。同窓生がこんなに力を合わせて、在学生に対してサポートするということは、他の大学にもあるのかな？他の大学のことはよく知らないので、何とも言えないのですが、私は現在、県立看護大学にいますが、同窓生の力はそんなに強くない様に思います。私どもの大学では、それが課題なのかなあ。沖大の場合きっと愛校心、いかに学校に愛着をもってもらうかということが、普段の関わりの中で出来ているからかなと思ったりしています。ちょっとずれているかも知れませんが、言いたかったことは、私が沖大で一番学んで、ああこれは私自身の糧にしないといけないなと思ったのは、先生方の講義に対する姿勢、あるいは学生に対する姿勢だったんですね。というのは、上から目線ではないんです。常に一緒に学んでいこう、という姿勢がすごく見え

ていて、学生の意見とかもそのまま受けとってくださって、それに対して返してくださる。あまり構えることなく、先生方と意見を言い合えた環境が沖大にはあって、それが結局卒業生の愛校心につながっていって、いつもこう出入りが出来る大学ということになっていて、そのつながりが卒業生のあるいは同窓生のつながりというかたちになっているのかなと思っています。これは沖大の伝統として残してほしいということなんです。

社会の中で活動している、地域の中で活動している卒業生というのは、たぶんたくさんいらっしゃるのじゃないかなと思います。リーダー的な役割を担っている人たちが、今日ここにいらした方たちも、日ごろから新聞紙上で見ているんですね。例えば山城さんの記事も日常的に見ていたんです。ですけれど、まさか同窓生とは思わなかったし、金城さんの大東島の話も、こんなのがあるんだね、というのが分かっていても、卒業生だとは思わなかった、というのがあって、私たちが知らないところで、非常に社会を引っ張っていらっしゃる方たちが沖大の卒業生の中にたくさんいるんだなあ、ということを実感しているんですが、そこの部分で、同窓生が情報をしっかり大学側に提供するということも必要なのかな。卒業生が何をしているのかなんていうのは、大学側が把握するのは厳しいと思うのですね。そこは同窓生の横のつながりで把握をし、こういった方たちがいらっしゃるということの情報提供があるといいのかなと思います。そういうことが同窓会で出来るんですかね。

宮城　ありがとうございました。山城さん、同窓会に関して何かありましたら。

山城　五年とか十年に一回くらいですが、ビジネスというか、仕事がらみでたまに沖大に来ていたのですが、金城さんは卒業して初めて来た、という話を先ほど聞きました。金城さんは女性の起業家として活躍していますが、そういう方たちを呼んで在校生とかに話を聞かせるという機会は大学の方で持ってあげたら、在校生にも刺激になるのかなと思います。どうしてもビジネスをやっていると、ビジネスが優先になるから、優先順位でいうと、大学に来るというのは後ろの方になりますけれども、今回こういう機会がありましたので、これを機会につながりが出来れば、と思います。実際にビジネスの現場、もしくは経営者も含めて、相当人材を輩出していると思いますので、そういうネットワークが出来れば、と思います。我々事業をやっている側にもプラスになりますし、結果的には大学の方にもいろいろなかたちで返せることもあるのかなあという気がします。

宮城　ありがとうございます。私個人はことさらに女性、女流とはあまり言いたくないのですが、やはり視点としては、女性として企業人としてという、その中で、例えばネットワークの一環としての大学を捉えるということであれば、金城さん、何かコメントおありでしょうか？

金城　よく企業間で、例えば女性育成セミナーですとか、女性従業員の資質向上のためにとか、後は仕事へのやる気、スキルアップのためにとか、そういうふうな講習会のあるときには、よくお声かけしてもらうんですけれども、特に私はまだ成功しているわけでもなくて、経営に長けているわけでも何でもないものですから、あまり大それた話はできないのですが、ただ何故このビジネスをやろうと思ったかとか、どういうふうにやってきたのか、とか、そこをポイント的に話すようにしています。ですから在学生の皆さんに、仕事とは、とか、あとは沖縄のよさとか、起業するにあたってどのような試練が待っているのかとか、その辺の苦労話であれば、少しばかり出来るかと思っております。

宮城　ありがとうございます。私の授業に、お呼びする計画を立てたいと思います。同窓会の話が出ましたので、そろそろ会場の方に開いていきたいということもありまして、同窓会関係の方、どなたかお話を伺えたらと思うのですが。

島袋　こんにちは。同窓会長の島袋です。今日、パネリストの皆さんが同窓生だということで、非常に楽しみにしておりました。実は先ほど知念さんからちょっとお話がありましたけれども、去年は二、三回同窓会の集まりがありました。同窓生に声をかけてはいるんです。ただ残念ながら、名簿がきちんと出来ていません。これは個人情報の関連もあるので難しいんですけれど、今日お出でになった同窓生については、これから同窓会の催し物を、皆さんにはがきなり封書で連絡します。時間があきましたらご参加いただきたいと思います。

実は私が個人的に考えていたのは、加藤学長には前にお話ししたのですが、卒業生がいろんなところでがんばっておられるから、企業なり、公務員もひっくるめて、こういう方々をお呼びして、学生に話をいろいろしてもらいましょうよ、という話をつい最近したところです。今、進めていますから、ぜひ皆さん、ご協力いただきまして、卒業生が学生に語りかけていくというのは、たぶん皆さんの経験でも非常に大事なことだったと思いますけれども、ぜひいろいろな方々のお話を、出来たら講義がある時間帯に卒業生の先生方にお願いしてやっていただくともっといい訳ですよね。例えば全講義の一割を地域に開くとしたら、その半分は、卒業生のこういう話を年に二、三回入れて、その関連した講座でやっていただく。学生も単位がつくから助かるわけです。同窓生としては、いわゆる社会教養セミナーというのを提案して、大学の方が中心となって動いていますけれども、提案は同窓会と後援会なんですけれども、こういうかたちでやっています。ぜひ学生を元気づけていただきたいというのと、目標を持たす必要があるだろうという気がします。私は六十七歳で、現役を退いていますから、少し時間がありますから、皆さん方のこういう時に、サポートに回ったりすることが出来ると思いますので、ぜひ皆さま方にご協力いただきまして、学生諸君の仕事のために、少しでも力を貸していただければと思います。私本来は一九七〇年の卒業で、二年間勉強させていただきまして、今と随分差があるなあという感じなんですよね。ところが話を伺っていると非常に近いですね。こちらも若返ります。年を忘れて学生のころに戻った気がします。それこそ地域に根ざしていくという意味で、学生諸君のサポートをお願いしたいと思います。

それから山城さんにちょっと伺いたいのですが、実はたまたま私たちは卒業生の仲間で、七期ぐらいに渡った仲間十一名ぐらいで模合をしていて、毎年集まるのですが、沖縄には離島があります。沖縄の離島で元気な離島と元気でない離島がありますよね。特にショックを受けたのが昨年行った久米島なんですけれども、人口が確か最盛期が一万七〇〇〇人とかいたはずなんですよ。今は九〇〇〇名切っているということです。島おこしという意味で、何とか方法ないかなと思っています。あちらの村長さんも、副議長さんも沖大の卒業生なんですよ。沖大の有志のものが久米島に行くときに、一緒に考えてみましょうよ、ということでした。また、情報がありましたら、こういうことをするといいよ、というような話がありましたら、お教えいただきたいと思いますので、特に島おこしについて、特にものづくりの観点で、私も現役の時は、ものづくりばっかりなんですよ。ですからそういう意味で非常に興味がありまして、お酒が大好きですから、お酒にも興味がありますけれども、今からでもやってみたいぐらいですね（笑）。機会がありましたら、ご協力いただきたいと思います。よろしくお願いいたします。

宮城　ありがとうございました。そうですね。やはり同窓会の方で、同窓会の方からの情報を集めるということもあるでしょうし、それを補って、大学サイドもまた同窓会のインフォメーションというのは少し集めたり、発信したりする必要もあるかとは思います。それではフロアからの発言があるようですので、お願いします。

長浜　沖縄大学の理事長の長浜です。今日たくさんの方にお集まりいただきまして、大変ありがとうございました。また、今日は沖縄大学にこれだけ素晴らしい卒業生がおられるなあということで、本当に嬉しい気持ちでいっぱいでございます。いろいろな話を聞かせていただきまして、大変参考になりましたし、勇気も出て参りました。先ほど卒業生をいかに結びつけるかという話が出ておりましたが、実は来年の四月に、新しい部門を設置することを予定をしております。経営企画室というのを立ち上げる予定なんですが、その中に同窓生を担当する担当者を置いて、情報収集をしていって、つながりを付けていくと、こういうことをやろうとしておりますので、ぜひ皆さんのご協力を賜りたいと思います。

実はその第一弾が先ほど同窓会長からもありました、この沖縄大学の社会教養セミナーなんです。これは同窓会の皆さんそれから特に当時は同窓会の皆さんを中心に大学に足を運んでいただきたい、という大きな狙いがありまして、大学にレストランがあるわけでもありませんが、でも大学に立派な還元するものがあると、これがいわゆる知なんですね。大学の先生、研究者という知があります。それをまず同窓生の皆さんに還元をして、そして大学に応援をいただいて、立派な同窓会館も出来ておりますので、そこの活用もしながら、来ていただいて、そしてそのセミナーの終わったあとには、お互い同窓生が交流をしてもらうと。名刺交換もしていただいて、人脈も広げていただくと。こういう狙いでスタートしたのが、この沖縄大学の社会教養セミナーでございますので、ぜひ皆さんもお出でいただいて、卒業生の絆を深めていただけたらと思っておりますので、ぜひこれからもご協力よろしくお願いいたします。今日は本当にありがとうございました。

宮城　ありがとうございました。何か山城さんの方からご発言があるということです。

山城　先ほどの島袋会長のご提言、いろいろありがとうございました。実は私は久米島出身で、ウチアタイ（胸に突き刺さる）するというか、おっしゃる通り、二〇〇一年から一〇〇〇名近く人口が減っているんですね。二年ぐらい前から久米島関係の小さな集まりをもっていたのですが、なんとかしよう、ということで経済活動しているメンバーで、久米島関係者に声掛けして、九月に一二〇名くらい集まりました。沖大の理念にもありますように、地域に貢献するということも大切ですので、これをしっかりやっていこうということで、その中で提案されたのが「ふるさと納税」でした。あと我々物産の方では久米島の深層水を活用した海ぶどうとか化粧品とか、塩とか、年間約一億ぐらいは仕入れしているのですけれども、やはり産業が地域にないと当然雇用が生まれませんので、お年寄りが亡くなって、若い人たちが仕事がなくて出ていく、ということで人口が増える要素がほとんどないですね。一方で石垣島とかはこの一〇年間で約四〇〇〇名ぐらい増えているんですね。八重山の方は。伊江島も五〇〇名くらい減っていて。特に久米島、伊江島とかが目に見えて減っていっている。このままでは今約八〇〇〇名ですから、久米島は八〇年後にはもう無人島になってしまいます。離島振興と言いながら行政の施策はほとんど成果が伴わない振興策が多いですので、そうじゃなくて我々が具体的に出来ることをこれからもやっていきたいなあと思っていますので、またアドバイスも含めて、よろしくお願いいたします。

宮城　ありがとうございました。同窓会のお話があったのですけれども、そこでまだ発言いただいていないパネリストの方に、一言というぐらいでよろしいので、同窓会、またあるいは卒業生と学生がクロスしたりすることの意味とか、自分にとってどういうものか、あるいはどういう可能性をもっていると思うか、あるいはどういうふうなつながりを作っていけたらいいのか、ということを一言ずつ、相馬さん、垣花さん、松永さんにコメントをお願いします。

相馬　卒業生と学生がつながることで、私が強烈に覚えていることがあります。実は私は沖大の写真部でした。写真部で活動している時に、三〇年ぐらい前のＯＢの方と一緒に話す機会がありました。その時に琉球新報の山城さんと高里さんがいらっしゃっていたのですけれど、そのお二人からいろいろ大学のときの話とか、写真の話とか、そのいろいろ今の仕事の話とかを聞いて、すごいそれが自分の中でとってもかっこいいなというふうに思ったんですね。こういうすごい先輩がいて、大学時代自分たちと同じように、まあ酒を飲んだり、遊んだりというようなことをしていながらも、今こうして社会に出て働いている姿を見て、すごく励みになって、こういう大人を目指したい、というようなことを考えて、私は大学時代に琉球新報を目指していました（笑）。でも今はタイムスの関連会社で働いているのですけれども、だからそういう先輩との出会いは、とっても学生時代の自分が進みたい道とか、本当に目標になるなあというふうに思っています。今でも会社は違うんですけれども、山城さんの撮っている写真とかを見ても、尊敬していて、少しでも私もそういった仕事が出来るようになりたいなあと考えています。

宮城　垣花さん、よろしくお願いします。

垣花　大学と学童は少し似ているなあと思った点がありまして、大学は四年で生徒が卒業します。時には残る方もいらっしゃいますけれども。学童も大体一年生から三年生、四年生ぐらいまでで、変わっていく。保護者と子ども自体も変わっていく、ということで、大学や学童保育でこれまでやってきたこと、培ってきたことを、後の世代にどう伝えていくのか、ということについては、とても難しい問題があります。そこにずっとどなたかが居て、ずっとその歴史を語ってくださるということであれば、また新しい方にも伝えていくことが出来ると思うのですが、そういったことが出来ない場合にどうしていくのかということは、早急に考えていかないといけないのかなと思います。全国で、すごい主体的に進んでいる地域の学童クラブの多くは、実はＯＢ会がしっかりあるところが多かったですね。現在のクラブの保護者会の役員さんの他に必ずＯＢの方が入ってもらうような仕組みを取っているところがかなりあったなあということは、最近県外に行かせてもらったときに感じたことでした。

沖縄の学童にしてみても、今、補助金がある程度もらえて、二〇年、三〇年前よりは、かなり指導員の方の労働条件も、昔に比べれば、よくはなってきている、という現状はあります。その中で、二〇年、三〇年前の保護者の方や子どもたちや指導員の方々が、今の子どもたちや親たちのために何が出来るかというふうに考えて、いろいろ行政に対して働きかけをしたり、署名運動をしたり、していった積み重ねがあって、今の学童保育があった、ということを今現在五十歳代の指導員の方々が、沖縄でいうと「つくり運動」から関わってきた方々が、まだ学童に関わっているクラブでは、それが今の保護者に伝わっているという現状があるとは思うのですが、なかなかそれが出来ていないクラブ差。何故このクラブが今この施設を使っているのかとか、何故、待機児童を出していないのかとか、そういったこともその当時の人たちは思いが分かち合えているのですけれども、それが二、三年後の保護者たちになってくると、そのことを知っている方自体がもう半分以下になっているということがあります。

先人たちがやってきたことをどう後世の人たちに伝えていけるのか、ということをシステムとしてやっていくのか、ということと、あとはその語り合いとか、伝え合いの場をどう確保していくのか。そこがすごく大事なところではないかなと思います。

あとですね。先ほど久米島の話題が出ましたけれども、私の嫁は久米島出身で、とても器量がよく、素敵な女性ですので、久米島の発展には女性の力が必要なのかなというふうに思いました。

宮城　なるほど（笑）。それでは松永さん、お願いします。

松永　同窓会というよりも、私と現役の学生が何かつながれないかなと思うことがあるのですけれども、琉球新報にも毎年夏になると学生が職場研修で三週間くらい来ます。昔は、大田昌秀さんが教授だったころは、琉球大学の社会学科のマスコミを専攻する学生たちだけが、県内各社、テレビ局、新聞社に記者研修に来ていたのですけれども、今その琉大からは全然来なくなって、沖縄国際大学が毎年来て、さらにジャーナリズムを勉強している早稲田大学とか立命館大学とか、県外の大学生もたくさん来るようになりました。早稲田の学生では琉球新報の記者になった者も何人もいますし、NHKの記者になった者もいます。どうして琉球新報じゃなくて、全国紙とかに行けばいいじゃないか、と聞くと、沖縄の新聞を見てみたいんだ、と、かなり注目をされているんですね。だけど沖縄大学から研修生来ないんですね。それは非常に私は卒業生として残念だなあと。新聞社に沖縄大学の学生は興味がない、ということでしたら、それはもうしょうがないのですけれども、もしそういう学生がいるのであれば、そういう研修に送り込むような、大学当局の下地を作っていただいて、三週間くらいこちらで面倒見ますので、やっぱり実際に働く現場を見ると、入ってみようかなと思う学生が結構いるんですね。そういう機会が沖縄大学の学生にないとしたら、私は非常に残念だなあと思いますし、もし何かそういう状況があれば、私も協力したいと思いますので、よろしくお願いいたします。

宮城　ありがとうございました。これもぜひ受け止めて考えていきたいと思います。それではパネルディスカッションの時間はあと十分ほどなんですけれども、会場の方々で、例えば地元の方で、もう少し沖縄大学に地域でこういうことをしてほしいとか、あるいはこういうところをもう少しこうしたらとか、というご質問などおありでしたら、何でもご自由によろしいですので、どなたかいらっしゃいませんか。

フロアA　お聞きします。この「地域に根ざす学びの場をめざして」というタイトルなんですけれども、今、久米島あるいは伊江島とかですね、人口流出が非常に激しい状況、この二、三年は。それで例えばよく私は存じ上げていないのですけれども、大学の役割として、ああいう離島とか遠いところ、あまり学業と関わりの持てないようなところ、特に離島については、皆さんも最近ご存じのように沖縄タイムスに連載されている「十五の春」があります。高等学校がないがうえに二重生活を強いられている。で、何故那覇なのか？　これはいわゆる親御さんは、みんな進学を希望しているわけです。ですから那覇に送っている。ですからそういう意味で大学の役割というのは、まさに、まあ学校はなくても、立派な先生方がいらっしゃるのですから、例えば地域に出向いての講座とか、そういうのを何か大学の方でやっているのかどうか、お聞きしたいと思います。

宮城　ありがとうございます。これは地域研究所の関係ですか。

フロアA　いや、どこでも結構です。要するに大学が出向いていって、地域で何かやっているのかどうかです。

宮城　そうですね。それでは大学サイドでどなたか？　緒方先生、お願いします。

緒方　土曜講座は実は五〇〇回のうち、この六年くらいは地域研究所が担当をしているのですけれども、お蔭さまで五〇〇回まで持ってくることが出来ました。実はほとんど毎年のように学生を地域に行かせておりましたが、この二、三年は途切れています。またぜひ行かせたいと思っております。それからもう一つ、高校までしかないところに、必ず移動市民大学は予算を取っております。二つずつですけれども、今年は後半になりましたけれども、一月に石垣島で、それからそのあと、粟国島でやっております。それでこの二年ぐらいは、たまたま久米島の高校と提携を結びまして、久米島に集中的に三回くらい行ったこともございますし、積極的にやりたいと思ってますが、なにしろ、すぐに行くわけにいきませんので、大体年に五回ずつくらい、久米島には今力を入れてやっている最中でございます。高校とも連携しながらやっております。ただ離島はたくさんございますので、まんべんなく回るというわけにはなかなかいきません。平均的に言って、大体最低二つか三つずつは回って、移動市民大学をやっているということでございます。

それから先ほど新崎先生の方で、ぜひ、沖縄大学を受けてほしい、というのも含めてですね、プレゼンスを示すために、今懇談会とか、父母との懇親会をやっております。懇親会というのは、現在、例えば久米島から沖縄に行かせている子どもの父母の方と懇親をしています。もう少し地域住民の方とも広くやったほうがいいかなとも思いますけれども、日程の関係でなかなか一つの島で夕方だけとか、そんな感じなので、これはちょっと工夫した方がいいかなと。離島には随分やっているつもりですけれども、なかなか大学に対する期待とこちらのやっていることと落差があるかなと思っている次第です。

宮城 ありがとうございました。あっ、金城さんにお願いします。

金城 今、会場の与儀さまからお話のありました「十五の春」なんですけれども、やはり南大東島、すごく深刻な問題です。ちょうど今年の五月から映画の撮影が始まりまして、タイトルが「十五の春」、これが来年の三月に上映予定になっております。内容は舞台が南大東島から十五歳の春に卒業して、沖縄本島の高校へ進学するという、すごく家族の愛と言いますか、切実な現実があります。私の場合どうしても南大東島の環境を知っているがために、試写会で号泣してしまって、もう午後の仕事が手につかないほど泣いてしまいました。とても本当に真剣な問題を島の方たちは抱えながら生活をしているというのも、皆さんに分かってもらえる映画が三月にありますので、ぜひ宣伝させてください。見てください。よろしくお願いします。あと大東の方にもぜひ移動講座の方よろしくお願いします。

宮城　分かりました。よろしいですね、緒方先生。それでは他にまた会場の方から何かコメント、ご意見。あっ、お願いいたします。

フロアB　今日のシンポジウムについては、少しクレームになると思うのですけれど、よろしいでしょうか。時間はどれぐらいございますか。

宮城　一分でお願いします。

フロアB　ああっ、ハハハ、それではとても話せないですけれども、もっともっとグローバルな、もっと多岐にわたるお話が聞けるかと思ったんですね。今まで最初から最後まで同窓生、同窓会の話ばっかりが主になっているんじゃないか。片腹痛いやら両腹痛いと思うのですけれども、その場違いな所に迷い込んでしまったんじゃないか、と遠慮しいしい、今日は来ているんですけれども、そういった企画であればそれは仕方がない。もう三十秒も過ぎたと思いますけれども、この沖縄の問題、結局地域に根ざす学び、というそのテーマであれば、沖縄の命や力、文化の問題だと思うんですね。そういう話が出てこないのが大変寂しい思いをしています。大学のシンポジウムとして、もっとレベルの高いものをお願いしたいと思います。

宮城　ありがとうございます。グローバルなものを大学が求めないといけないというのは本当にそういうことだと思いますが、申し訳ありません。本当にもう時間がないのです、あとお一人、どうしてもという方いらっしゃいますか。

フロアC 先週、琉大の方で二十一世紀フォーラムというのがありまして、ちょうどこういった学び、地域教育との協働を目指していく、というテーマでシンポジウムがあったのですけれども、その時、宮古から来た、宮古の教育事務所の方でしたが、その方が言ったことが非常に印象的だったんですけれども、宮古の子どもたちは学びに飢えている、と言うんですね。ですので琉大の分校を宮古に作ってくれないか、という要望をしていたんです。その人が言った言葉が、宮古の子どもたちは大学に憧れていると。琉大でシンポジウムがあったので、琉大に憧れていますよ、ということを言っていたんですね。自分も去年通信制の大学を卒業したんですよ。まあ自分もその勉強することが好きで、学びたいなと思って、社会に出て、学びの大事さを知ったのですけれども、とにかく大学というのは憧れの存在であってほしいですね。本当に今大学の教育が存亡の危機に瀕していると思うんですよ。田中大臣が大学の設置を許可しなかった、というニュースがありますけれども、やっぱりこの成熟した社会で何が求められているか、というとやはり「知」だと思うんですね。まさに知をリードする大学がどう憧れの存在になっていくか、ということが子どもたちにとって大事になってくると思いますので、これがゆくゆくは小学校も中学校も高等学校の教育にもつながっていくと思いますので、大学が憧れの存在になってほしいなと思いますので、よろしくお願いします。

宮城 ありがとうございました。先ほどの方（フロアB）の意見も、たぶんそういうものを踏まえた上で地域に根ざして、というかなり難しい課題を抱えながら、どうやって作っていくか、と言うことだと思うのですね。もしパネリストの方々の中で、一言、これだけはまだ言っておきたいぞ、というのがありましたら……。では山城さんどうぞ。

山城　先ほどの松永さんの話に若干つながるんですけれども、まあ大学時代、バイトとかやっていて、あまり大学の勉強に一生懸命ではなかったですけれども、先生方が学生に与えられるというか、きっかけを作るというのは、問題意識かなと思います。問題意識を持つことが大事だと。それは政治だったり、経済だったり、先ほどの文化だったり、いろいろあると思うのですけれども、それを先生方が学生にきっかけを作ってくれるといいのかなと。それが私は当時は新崎盛暉先生だったりとか、そういうきっかけを与えられたかなあという気がしています。それが今も活きていると思います。たまたま今回、声がかかって、ちょっと資料を整理したら学園祭のサークルの発表が「沖縄の自立経済を考える」だったんですね。結果的に三十年経った今もそれをやっているのですけれども、そういう問題意識を大学で考えるきっかけを頂いたかなと思っています。

あと、もう一つだけいいですか。外でも発言されている方が沖大の先生方に多いのは非常にいい事だと思いますけれども、あと事務職の方との連携ももう少し強化されるともっと沖大が強くなるのかなと思います。先生方が発信するものをフォローアップしたりとか、そういうところに一生懸命いろいろやられているとは思いますけれども、そういうふうな連携がもうちょっと強化されたらもっと強い、発信力のある大学になるのかなあ、という気がしています。またそれを期待したいと思います。よろしくお願いします。

宮城　ありがとうございました。それでは最後になりますが、まとめというのも難しいかと思うのですけれども、まあこのディスカッションの、あるいは第一部からの今回の試みに関してのコメントなり提言なりを頂きたいと思います。外部評価委員のお二人、平良肇さん、続いて岡本由希子さんにお願いしたいと思います。

平良　皆さん、こんにちは。平良肇と申します。仕事はこの近くで塾を経営しております。その傍ら十年ほど前から、沖大の山門先生のご指導の下にムイクワ、ジャスミンですね、「ジャスミンの香りの漂う街づくり」を続けて、今年で十周年を迎えました。これは個人的には中国との友好の橋をかけよう、というのが私の個人的な思いです。今日は五〇〇回に及ぶ土曜講座、おめでとうございます。そして先ほど緒方先生から、この冊子を頂きましたけれども、ちょっとちらっと読んだだけでも、知の検索が出来るなと思っております。五〇〇回講座に立ち会うことが出来て、大変嬉しく思っています。

さて今日のテーマは「地域に根ざす学びの場をめざして」ということです。先ほど五名の沖大の卒業生の方が、いろいろお話をいたしましたが、やはり今それぞれの場で活躍されている、というのは学生の頃に大いに勉強されたのかなと、そういう感じをいたしております。まあ松永さんみたいにお酒を飲んで、という方も、実は私もあまり学校行かなくて、お酒は好きで、先生方と一緒に飲んだくちなものですから、よく分かります。

それで五分でまとめろ、ということなんですけれども、実は地元に住んでいるものですから、先ほどのご提言を含めてお話をしたいと思います。私は学びということを、子どもたちに言うんですね。最近私は還暦を超えたんですけれども、ちょっと気になる言葉があるんですね。それは、「学びて思はざれば即ち暗く、思いて学ばざれば即ち危うし」という論語の一節です。つまり私は子どもたちにこう言っているんです。どんなに知識を蓄えて、高校に入ったとしても、大学に入ったとしても、それはいいですよ、と。しかし新しい事態が起こったときには、学びなおしをせんといかんよ、と。そういうことを言うんですね。実はそれをですね、私はこの場にふさわしいかどうか、例えば領有権を巡る尖閣諸島の問題は、まさしくそういうことなんです。かつての思考の枠組みが取れなかったんですよ。これを新崎盛暉先生から、生活圏の視点で捉えたらどうか、という提案がありました。ですからそういうことで、私は近くに学びの場があるということはとっても大事だなと。
私は地域というのを実は地元に置き換えたい。地元に大学があるにも関わらず、地元の住民は意外とそれを活用していない。毎月木曜日にあります社会教養セミナーにもお誘いをするのですが、なかなか来てくれない。そういうことがあるものですから、これまで私は外から橋を架けようと思ったけれども、大学のうちに入って、今度は大学から外に渡りをつけようということを準備中です。そして出来れば地域研究で、口コミ、ミニコミ誌ですね、それを作って、そこに地域の話題や学校のことを載せて、これをお配りする。そして出来れば学長先生はじめ、先生方が地域に赴いて、直にお話をする。そうすると学びの場がもっともっと開けていくのではないか。折角地元に大学があるわけですから、この知性を私たちはうまく活用しなくてはいけない。そういった思いをしております。沖大があるんだけれども、沖大が発信しているのが地元に届いていないんですよ。ですから地元というのは、いわば読む世界、聞く世界ですから、やはりそれに馴染むようなことをやっていかないと絶対に伝わりません。例えば、今日のチラシを私は配りました。ほとんど来ていません。つまりですね、もっと話す、聞く領域に先生方が踏み込んでいくことによって、交流が出来るのではなかろうか。私の経験ですよ。そういう思いをいたしております。じゃあ岡本さんバトンタッチしましょう。
宮城　ありがとうございました。
岡本　沖縄大学土曜教養講座五〇〇回おめでとうございます。この場に招いていただいてありがとうございました。沖縄大学の外部評価委員会の一員であります岡本と申します。普段は人文学の本を作る編集の仕事をしておりまして、その関係でいろんな大学の先生方やあるいは教職員の方々と一緒に仕事をすることがあります。これまでの出版の関係から内地の方でもいろんな大学の人々とおつき合いがありました。高校まで暮らしていた沖縄に七年前に戻って参りまして、沖縄大学で特にいろいろとイベントやシンポジウムなど参加したり、聞きに来たり、ということ度々ありますけれども、その中で沖縄大学の良さを先ほどパネリストの皆さんもおっしゃっていましたけれども、本当に何て言うんですかね。近いという言葉は度々、いろんなパネリストの皆さんの口から出てきていました。いろいろ聞いていて、それをメモしていたのですけれども、例えば、小さな大学だから人と人との距離が近くて、その中で、例えば知念さんが、講義に関しても先生が上から目線じゃなくて、一緒に考えて、一緒に学びあうことが出来て、それで意見を自由に言い合うことが出来た、という、こういう体験って自分の大学時代を振り返ると、そんなことなかったな、と思うと、そういう授業で、そういうふうなゼミで学ぶことをしたかったなあとも思っています。そして卒業生がいつでも出入り出来る、ということも伝統として残してほしい、ということをおっしゃっていました。まあ大学って何だろう、というのは、それこそ学ぶことを、特に大学で学ぶということは一体なんだろう、というのは繰り返し問われますし、今、ほとんどの大学が、日本の大学が就職前の職業訓練みたいな形になっていって、政策的にもなっていく、その中で本当に考えたり、調べることの基本とか、考えること、それから人の話を聞くこと、というそういう基礎的なことをまずやっていくというのが大学の中でおろそかにされているんですよ。そういうところで、もう一回沖縄大学が「地域に根ざす学びの場を目ざして」というときに、これまでの伝統の良さを生かしながら、そこの卒業生、同窓生の皆さんが話したのを生かしながら発展していくことが出来ればなと思っています。

いろんなところで、沖縄大学の卒業生やあるいは在校生に出会うのですけれども、何故か皆さん、愛校心が強いんですよね。例えば最近ですと、九月九日のオスプレイ反対の県民大会に、学生たちが沖縄大学の旗を持って、県民大会に来ていて、私びっくりして、そんな大学の旗を持って参加したいというぐらい、そういう気持ちが、自分の学校に持てるということは本当に素晴らしいなあ、と思いました。そして地域に開いていくということを、皆さんに沖縄大学の新しい校舎の作り方、道に向かってこう開いていく校舎の作り方からも示されていると思います。それをどうやって生かしていくか、というのは、これから学生を中心とした試み、そして先生や職員の皆さんの試みの中で作られていくことと思いますけれども、私は結構沖縄大学好きなんですよ。それでこの大学で卒業して、社会に出て行った人たちの顔を今日見ることが出来て、私は非常に皆さんの話が聞けて、嬉しかったです。なんかあまりまとまりのない話になっていますけれども、これからの沖大にとって、何が本当に求められているのか、ということですね。それこそ自分の足で立って、それでいろんな交流を持ちながら、考えることが出来るという、そういう力を持って、大学から出て行って、社会を支える一人ひとりとなっていく。これから大学が、それこそ新崎先生のお話にありましたけれども、そうした人間のつながりの拠点の一つ、結節点となる、ということが非常に大学の特徴だと思っていますので、学生にとって、やっぱり二十歳前後の頃にいろんな大人に出会えるというのが、そしていろんな人の話を聞けるというのが、非常に大事なところだと思っています。これからもよろしくお願いいたします。

宮城　ありがとうございます。本当にもう少しお二人からも言葉を頂きたいと思いつつも、予定がありますす。皆さま、長い時間、お疲れさまでした。いろいろとまた話したいこと、もう少しそれこそ苦言・提言をいただきたい部分も本当はあるんですけれども、それもまた今後の課題としつつ、沖縄大学としては進んでいきたいと思います。終了の挨拶を、最後に仲地博副学長にお願いしたいと思います。

仲地　仲地でございます。おかげさまで土曜教養講座、大変好評でございまして、昨年は那覇市から表彰を受けました。今年は沖縄タイムスから表彰を受けました。ちなみにご関心があると思いますので、沖縄タイムスからの表彰は賞状と賞杯と賞金がいくらだったと思いますか。実に三〇万円もいただきました。大切に使わせていただきたいと思います。

今年は節目になりまして、土曜教養講座が五〇〇回を迎えるということで、緒方所長のリーダーシップで、実行委員会が出来まして、五〇〇回の土曜教養講座の節目をどう迎えるか。今年は沖縄社会にとっても節目の年でございました。ちょうど復帰四〇周年という年です。知の集積拠点としての大学として、この沖縄社会の四〇周年という節目にどういうふうに大学が対応するか。ということで、この復帰四〇周年と、五〇〇回の土曜教養講座という二つの節目にどのような企画を立てるか、ということで、四月から十二月まで、八回にわたって、復帰四〇周年シリーズということで、取り組まれました。土曜教養講座は復帰四〇周年ということで、沖縄の社会をどう見ていくか、どう未来を展望するか、というテーマ。沖縄大学のずっと得意とした、そしてずっと追求してきました、平和や子どもや環境学や沖縄学や、そういうことをテーマにして参りましたけれども、四月は四・二八にちなみまして、復帰の現状、五月は五月十五日の復帰記念の日にあわせまして、金城一雄教授が企画をいたしました、復帰を振り返って、沖縄のこれからを展望するという主旨の企画、そして同じく節目がこの五〇〇回であります。

五〇〇回の節目に沖縄大学の教育がどうであったか、そしてこれからどうであらねばならないのか、ということをテーマにしようということが、本日のこのテーマの取り組みの主旨でありました。特に沖縄大学で学んで、地域に根ざして活躍をしている、と。東京に行って出世をした、という人ではない。世界に雄飛した、という人ではない。沖縄の地域に根ざして、そして沖縄大学で学んだことがどのように生かされているか、という人たちをパネリストに選んだ、と。各世代から、相馬さん二十代ですかね、二十代から、知念さん六十代ですかね、そういうふうな構成になっております。沖縄大学、多様な人材、二万数千の多様な人材を輩出することが出来ました。私は沖縄大学で仕事をして三年半になりますけれども、いろいろ印象に残ったことがありますが、その中の一つに、桜井前学長から聞いたこういう話があります。沖縄大学の社会連携活動は地域貢献ではない、という話です。地域貢献というのは上から目線だと言うわけですね。大学が地域に何かをしてあげます、という上から目線だと。沖縄大学は地域貢献ではなくて、地域を共に創ると。平場の一員としての、社会の構成員としての沖縄大学なんだと。この言葉は非常に印象的でした。それが地域共創であるということです。沖縄大学が地域共創を担える大学として、今後もがんばって参りたいと思います。お互い、私どもも、皆さま方も、地域の一員として、この地域の未来をどう創っていくか、共に明るい沖縄を創るために、そういうふうな場として沖縄大学を利用していただきたいと思います。パネリストの皆さま、ありがとうございました。ご参加の皆さんもありがとうございました。今後ともよろしくお願いいたします。

宮城　ありがとうございました。皆さま、長い時間ご清聴ありがとうございました。今一度パネリストの方々に温かい拍手をお願いいたします。ありがとうございました。

地域との交流・共創の場として

加藤　彰彦

沖縄大学の土曜教養講座五〇〇回記念の特別企画「地域に根ざす学びの場をめざして」に参加して、あらためて「大学とは何か」「沖縄における大学の意味とは何か」という本質的な問題を考えさせられた。

今回は、本学の卒業生六人がパネラーとして参加したのだが、二十代から六十代まで各世代にわたっており、それぞれの時代背景と、その時々の学生気質のようなものも感じられて興味深かった。

しかし同時に、沖縄大学という学びの場に身をおきつつ、共通して全員が語っていたのは、「大学では異なった体験や文化をもった人が集まり、一緒に語り合い学ぶことによって今まで気付かなかったものが見えてきたり、発見できる」という点であった。

「沖縄大学では人と人との出会いが拡がり、思いもかけなかった人とも知り合うことができた」という体験も多い。

「人の交流が大学の大きな魅力ではないか」「大学が家庭的でアットホームな感じがあり、本音で語り合え、自分が何を考えているのかが見えてきた」といった発言もあった。

したがって「私にとって、沖大は出会っていなかったら、今の自分とは別の人間になっていたのではないかと思えるほど重要な存在であった」という感想にもつながってくる。

沖縄大学は、その創立の当初から、地域の大学として生きていく宿命を背負っていたといえる。激しい地上戦では、県民の多くが犠牲となり、山や海、田畑には鉄の暴風雨が吹き荒れ、多くの住民の生命が奪われた。

家も建物も、そして農作物も破壊され、誰もが生きることに精一杯であった。力のある者は、弱った者を支え、食べもののある者は、ない者に与え、互いに助け合い力を合わせることによって、人々はこの過酷な現実を乗り越えることができたのである。新しい戦後の沖縄を立て直すために、人々は何よりも時代をつくり出す「知」の「学び」を必要としていた。

そして何よりも、沖縄の復興を担う人を育てることが急務であった。

一九五八年に開設された沖縄短期大学では、翌年の一九五九年には小中学校教員養成のための初等教育課の設置が琉球政府文教局から要請され認可されている。

琉球大学を卒業した小中学校の教員は、本島の都市地域に集中し離島や僻地の小中学校を避ける傾向が強く、先島の宮古、八重山地域では教員が足りない状況にあった。

沖縄短期大学では、教育環境に恵まれない地域の子ども達のため、どこへでも率先して赴任し教育に打ち込むように指導し、先島僻地の教育環境に大きく貢献したことはよく知られている。また入学してきた学生の年令は十代から四十代まで幅広く、昼間働きながら夜間に学ぶ学生が多く、戦後の官公庁や公務員、民間会社の人材養成に大きな力を発揮していたのである。

このように、沖縄の地域社会が求めているニーズに応えるという形で、沖縄大学は地域の大学としての内実をつくりあげていくのである。復帰時における廃校阻止の活動では、沖大存続二〇万人街頭署名が開始され、那覇市内の人通りの多い場所で、教職員、学生が手分けをして署名活動をしている。

文部省での座り込み抗議運動に続いて、一九七二年十二月二十一日には那覇市与儀公園で、沖大、沖教組、県労協共催による「沖縄大学の存続を勝ち取る県民総決起大会」が開催され、約四〇〇〇人が参加している。

こうして、沖縄大学は存続し、再出発をしたのである。一九七八年の秋「地域に根ざし、地域に学び、地域とともに生きる開かれた大学」という理念が確立し、入試方法やカリキュラムの再検討、本土大学への派遣学生制度、社会人対象の各種教養講座の実施などが行われていくのである。

沖縄大学の五十四年に及ぶ歴史には、こうした地域に学び、ともに行きていくという底流が流れている。しかし、人は変わり、沖縄大学の地域に根ざした学風も少しずつ薄れていることも確かである。今回、助産や介護などの医療現場や学童保育などの教育、福祉分野で働く方々、またジャーナリズムや、沖縄の産業の現場で働く方々の報告を伺いながら、沖縄大学の魂はしっかりと根づいているということが伝わってきてうれしかった。

二〇〇四年八月、沖縄国際大学に米軍ヘリが墜落し、二〇一一年三月には東日本大震災と福島原発の爆発があった。そして、沖縄の基地被害は戦後ずっと続いており、県民の人権も無視され、生活の不安定さも継続している。

大学は、こうした沖縄の現実に向き合い、世界史、アジアの動向を学びつつ、新たな沖縄をつくり出す人材を養成していく役割があることを痛感している。これからも沖大はこの道を進んでいきたいと念じている。

「復帰」四〇年・持続可能なシマ社会へ

―琉球列島の環境問題からの提案―

第五〇一回沖縄大学土曜教養講座（二〇一二年十二月八日）

『琉球列島の環境問題』刊行記念シンポジウム

一、シンポジウムの趣旨

地域研究所初代所長の故宇井純先生は、沖縄大学退任に際して、沖縄タイムスに「格闘：島が溶けてなくなるぞ」を連載され、その八回目（二〇〇三年五月二十八日朝刊）に「それは持ちますか」を執筆されている。

その冒頭で先生は、「このところ、この島で生起し、あるいは遭遇するいろんな動きに対して、私が判断する第一の尺度は『それは持ちますか』つまり持続できるか否かでこちらの考えを決めることにしている」と述べておられる。宇井先生にゆかりのある在沖のメンバーは、これを先生の遺言ととらえ、二〇一一年四月に「『復帰』四〇年、琉球列島の環境問題と持続可能性」共同研究班を沖縄大学地域研究所において結成した。「復帰」四〇年の節目に当たり、3・11後の沖縄社会のあり方を再考するためである。

以後、二年近くにわたり、琉球列島の各所で多様な取り組みを行っている実践者たち二十五名を網羅し、二十四回の研究会・編集会議を重ねて二〇一二年十二月八日に出版にこぎつけたのが『琉球列島の環境問題』（高文研）である。その成果を広く沖縄社会にアピールし、特に終章「持続可能な琉球列島への展望」にもとづき沖縄社会に問題提起しようというのがシンポジウムの趣旨であった。土曜教養講座五〇〇回記念〈「復帰」四〇年〉シリーズの最終回（第五〇一回）である。

当日は執筆者二十五名のうち十五名に登壇して頂くことができた。これだけの数の話者が、しかも地域での実践者が一堂に会したことは、五〇〇回を数える土曜教養講座でもおそらく初めてのことであろう。およそ一〇〇名の参加者が、四時間にわたり熱い議論を展開した。会場から寄せられた次の男女二名の感想が当日の雰囲気をよく伝えている。

●本の序に書かれているように、右肩上がりの経済成長はもはやあり得ない。持続可能なシマ社会に期待したい。情報通信技術や交通機関の発達で世界が狭くなり、人口も増えるその環境の中で、沖縄が見本になる「何か」を見出せるとよいと思う。シンポジウムでは執筆者の皆様の生の声を聞かせて頂き、沖縄の問題を含め大変にためになった。（六十代男性）

●いろいろな地域、いろいろな視点・角度からの問題提起を受けて、琉球列島の多様性の豊かさと同時に、問題の複雑さ、困難さを痛感しました。自分たちが地域で取り組んでいることを地道にやり続けるしかないということなのでしょうけど……。そのことを改めて思いました。そのためのたくさんのヒントがこの本の中にはあると思うので、じっくり読ませて頂きます。（六十代女性）

さて、研究班結成、『琉球列島の環境問題』執筆、シンポジウム開催の動機に戻るが、私たち共同研究班のメンバーが目指したものは、琉球列島のシマ（共同体、島嶼）におけるこれまでの暮らし方やそれが直面する環境問題を明らかにし、その社会経済政治的な背景を構造的に分析し、さらには歴史的な要因を検証することで問題の根源にまで遡っての理解に努めること、その上で、琉球列島における持続可能性を考える際の手がかりを読者に提供することであった。この本やシンポジウムが端緒となって、持続可能な琉球列島を目指す多様な試みが、百花繚乱と花開くことを願っている。

二〇一二年十二月二十一日

『復帰』四〇年、琉球列島の環境問題と持続可能性」共同研究班

班長　桜井　国俊

二、『琉球列島の環境問題』刊行の趣旨についての若干の補足

上記のシンポジウム（沖縄大学土曜教養講座第五〇一回）の趣旨で『琉球列島の環境問題』刊行の趣旨が述べられているが、3・11後の沖縄社会のあり方をどう考えるかなど、若干補足しておきたい。

3・11後の沖縄社会のあり方について

二〇一一年三月十一日に発生した東日本大震災に伴って生じた福島原発事故は、「過度な競争」「経済効率」「利便性」を偏重し追求してきた現在の私たちの暮らし方を根底から問い直す出来事であった。またこの事故は、日本の政治経済システムが社会的・経済的に差別してきた地域に、原子力発電所や米軍基地などの迷惑施設を押し付けてきたことを浮き彫りにした。そして、その歪みは、当該地域社会において社会的弱者や次世代、そして自然環境にしわ寄せされている。今、私たちは、これまでの暮らし方や自然との付き合い方、構造的な差別に立脚してきた政治経済システムを容認してきた自らの姿勢を見直し、転換する必要性に迫られている。

二〇一二年とはどういう年か、この四〇年は沖縄にとってどのような時代であったか

本年二〇一二年は沖縄の施政権が日本政府に返還されてから四〇周年の節目の年である。また、Ｒｉｏ＋20（一九九二年にリオデジャネイロで開催された地球サミットから二〇年の節目にリオで開催された持続可能な地球社会に向けた努力がどこまで進捗したかを確認し更なる努力を誓いあった国際会議）が開催された年でもある。この機会に、琉球列島の島々が持続可能な社会に向けどこまで歩んだのか、それとも

逆走していないか、確認する作業をしてみるのは無駄ではあるまい。そしてまた、改めて持続可能な琉球列島に向け、進むべき方向を見定めるべき時であろう。『琉球列島の環境問題』は、かかる問題意識のもとに、琉球列島の各所で多様な取り組みを行っている実践者たちが、この地域に暮らす人々に伝えるメッセージである。それはまた、持続可能な日本、持続可能なアジア、そして持続可能な地球社会を目指す人々への連帯のメッセージでもある。

この四〇年は、沖縄にとって、自尊心を持ち兼ねる時代であった。世界中の人々との対話を通じて争いごとを解決し、先祖から受け継いだ豊かな自然と調和して幸せに暮らせるはずの、平和憲法が支配する日本社会に復帰したはずであった。少なくともそれが、沖縄の人々の切ない願いであった。しかしながら、日米両政府の裏切りによって、この願いは実現されなかったのである。日米安保条約のための捨石とされ、見返りとしてのアメである高率補助で自立心を奪われ、人間としての尊厳に不可欠な人権さえ奪われてきたのである。それがまた、先祖たちから受け継いだ素晴らしい自然を、取り返しがつかないまでに毀損してきた。各種の土木公共事業が、沖縄の自然にそぐわない本土基準で実施されてきたからである。六十七年前の地上戦で破壊しつくされた自然が、それが持つ素晴らしい回復力によって復元することを損なってきたのである。しかしこの点については、日米両政府の狡猾な切り崩しに、沖縄社会が一致して「NO！」という意思表示をすることが出来なかったという苦い思いもある。今後も続く分断圧力にどのように抗していくかは、引き続き大きな課題である。

もはや右肩上がりの経済成長はあり得ないことについて

地球環境は既に満杯である。地球上の七十一億の人々が、日本の我々と同様の暮らしをするなら、地球が二・三個必要であると言われている。もはや右肩上がりの経済成長はあり得ない。それがなければ満足できないというようなライフスタイルは、あり得ないのである。いまこそ先祖から受け継いだ自然の中で自足して暮らし、それを後の世代に引き渡すことに限りない喜びを感ずる生き方をしようではないか。琉球列島に根付く様々な文化は、この風土の中でこそ活力を得、発展する。日本社会が、そして地域社会もが自らの文化を商品化する現下の状況では、それは衰微する運命にある。

三、シンポジウムのハイライト

このシンポジウムは三部構成で実施された。第一部は「シマジマからの報告」であり、『琉球列島の環境問題』の執筆者九名が琉球列島の各地で暮らしはどうなっているのかについて報告を行った。第二部は「問題整理と歴史的経緯」で、第一部で提起された問題群の構造とその歴史的背景について六名の執筆者が論じた。そして第三部は「持続可能なシマ社会へ」というテーマの下に、これから私たちはどうするのかについて執筆者十五名がパネルディスカッションを展開した。第三部は、『琉球列島の環境問題』の終章の問題提起に基づくものであり、このシンポジウムのハイライトであった。

そこで、以下に、第三部での議論の模様を再現する。

第三部　持続可能なシマ社会へ―これから私達はどうするのか―

司　会：三輪大介（沖縄大学地域研究所特別研究員）
参加者：桜井　国俊（沖縄大学教授）
安里　英子（沖縄大学非常勤講師）
薗　博明（NPO法人環境ネットワーク奄美）
上山　和男（一坪反戦地主北部ブロック）
崎山　正美（風水舎）
真喜志好一（建築家・沖縄環境ネットワーク）
上勢頭芳徳（竹富公民館前館長）
上村　真仁（WWFサンゴ礁保護研究センター）
中西　康博（東京農業大学准教授）
目崎　茂和（三重大学名誉教授）
平良　勝保（法政大学沖縄文化研究所国内研究員）
砂川かおり（沖縄国際大学講師）
宮良　弘子（アースの会）

眞喜志　敦（共同売店ファンクラブ）
緒方　修（沖縄大学地域研究所所長）

司会　それでは第三部に入りたいと思います。執筆者十五名の皆さまにご登壇いただいておりますが、最初に桜井先生に、「持続可能なシマ社会へ」という第三部のテーマについてご報告をいただきたいと思います。その後、パネルディスカッションに入ります。

桜井国俊　『琉球列島の環境問題』をお持ちの方は二八五頁を、お持ちでない方はコピーを配布しましたのでそちらをご覧いただきたいと思います。この本の終章で、編集委員会の名前で「持続可能な琉球列島への展望」というのを書きました。現在、琉球列島の各地でどういう課題があるのか、またその課題にはどんな背景があるのかということを明らかにした上で、それではこれから「持続可能な琉球列島」に向けて私たちはどうしたらいいのか、そのことを私たちは議論し、そして具体的な行動を起こさないといけない。そのための叩き台をつくろうというのが、編集委員会の一致した考えでした。

編集委員会は、この本の表紙に書いてありますように、砂川かおりさん、仲西美佐子さん、松島泰勝さん、三輪大介さん、そして私の五人です。その中の仲西美佐子さんと松島泰勝さんは、今日は所用があり、出席できないわけですけれども、この五人で議論を重ねてつくり出したのが、二八五頁の叩き台でございます。

二八五頁にありますように、沖縄県は本年二〇一二年度、「沖縄

桜井国俊

二一世紀ビジョン実施計画」というのを打ち出しました。これは従来の「復帰」四〇年の、国から示された振興開発計画ではなくて、県が主体になってつくった計画ということですので、書き手が今までと明らかに違うんですね。今後の沖縄の在り方を考えるに当たっては、この「沖縄二一世紀ビジョン実施計画」をまずきちんと検討することから始めなくてはならない。

結論から申し上げれば、この計画は、やはり今までの四〇年の振興開発と同じで、本土基準で構想されており、沖縄の実態に合わないものである。四〇年の振興開発が沖縄のすばらしい自然や、そこでの人々の暮らし、そして文化をいかに壊してきたかということを総括するならば、やはり私たちは、「沖縄二一世紀ビジョン実施計画」を批判的に検証したうえで、今後どうしていくのかを打ち出さなくてはならない。そこで、私たち編集委員会がキーワードとして立てたのが、二八八頁に書いてありますけれども、「環境」、「平和」、そして「自治」というキーワードです。この三つをキーワードに立てながら、最終的に打ち出したものは、二九九頁以降の「持続可能な琉球列島へ」という見出しで記述した枠組みでございます。

「持続可能な琉球列島をどう創るのか」という問題意識で議論をしていく際に、まず重要なのは、「復帰」後の四〇年、沖縄であれば日本政府が進める四次の振興計画の下、奄美であれば奄振開発計画の下、私たちは政府支出への依存度を大きくし、本土基準に依拠した開発を進めてきたわけですが、それが琉球列島の自然や人々の暮らしや文化に及ぼした影響について、しっかりと見直していくことが必要です。その上で、改めて私たち自身が未来を切り拓いていくという視点に立つことが必要ですが、その際には、昨年の3・11の原発震災の教訓をどう沖縄でとらえ返すのか、という視点も重要です。

さて、この四〇年間、振興開発によって琉球列島のコミュニティが破壊され、そして自然が破壊されてきたというふうに捉えるならば、コミュニティの再構築をいかに図るのか、ということが私たちの課題となります。一つには都市型のコミュニティをどう再構築するのかであり、あと一つには農村型のコミュニティをどう再構築するのかであります。

その課題に立ち向かうときに、島々でつくり上げられてきた伝統や智恵の標準のようなものがあって、それに従えば解決策が出るというようなもの、つまり魔法のような処方箋はないのだということをまず確認する必要があります。島々はそれぞれ違うわけです。展開されてきた歴史も文化も島ごとに違います。先ほど、上勢頭さんが竹富の言葉で語られましたけれども、竹富には竹富の個性がある。それぞれの個性があり、それらの中でつくり上げてきた智恵も大事にしながら、同時に、これからのコミュニティづくり、共同体づくりに共通して生かせるものもあるだろう、そういうことが最後のところに書いてあります。そういう取り組みの中では上山さんからご報告のありました「逆格差論」も、再評価してその精神で生かせるものがあるのではないか。あるいは、水俣でも地元学というものがありますが、その考えも生かせるのではないでしょうか。地元学については、三〇二頁に紹介しておきましたが、吉本哲郎さんはこうおっしゃっています。

「私たちが何気なく過ごしてきた地域には、実はすばらしいものがあります。『こんなものが』と思うような『あたりまえのもの』が、実は外の人が見れば新鮮で、価値があるものだったりします。それを見出すことが地域の持っている力、人の持っている力を引き出す地元学の第一歩です。地元学は、地元にあるものを探し、新しく組み合わせたりして、町や村の元気をつくっていきます。でも、その取り組み方や対象はさまざまです。なぜなら、土地や地域が違うし、住んでいる人も違うからです」

つまり、共通する処方箋というのはありませんが、取り組み方にはお互い学び合えるものがあるのではないか、ということですね。その後ろに書いておきましたけれども、吉本さんが示唆されるような考えと、まさに逆を行っているのが、私たちの暮らす沖縄ではないでしょうか。フォートラベルという旅行会社が、今年（二〇一二年）の八月八日に発表した「夏休み、家族で行きたい国内ビーチベスト10」によれば、一位が竹富島のコンドイビーチで、九位の阿波連ビーチ（渡嘉敷島）まで、すべて沖縄の自然海岸です。その片方で、沖縄島では人工ビーチがどんどん増えています。計画中のものもあります。例えば、ラムサール条約登録候補地の泡瀬では、埋め立て計画は経済的な合理性がないということで、公金の支出の差し止めを命じる判決が地裁や高裁で出ているにもかかわらず、埋め立てが進められています。その埋め立て計画の中にも人工ビーチがあります。私たちは、大事なものを潰しているのではないでしょうか。そういう沖縄の現状をあらためてきちっと分析しながら、未来を切り拓いていく。そういう議論をぜひしたい、ということで、問題提起を終章という形でさせていただきました。

それでは、これからの討論を三輪さんの司会にお任せしたいと思います。

三輪大介（司会） ではパネルディスカッションを始めます。まずは、今までの報告で言い足りなかったことなどがあるようでしたら、最初の段階でご発言いただきたいと思います。

安里英子 一つ言い忘れたことがありました。今、桜井先生もおっしゃったんですが、海浜の埋め立て事業が盛んなんですが、リゾートをからめて言いますと、美しい自然の浜はほとんどリゾートホテルが占有しています。囲い込んでいます。で、人工ビーチは、というと、これはほとんど沖縄人が使っているわけです。このことをまず報告しておきたいと思います。

安里英子

それで、観光というところで振られたんですが、それ以外のことで一言、言っておきたいのは、地元学というのと逆格差論というところの要になっている言葉で、名護市では「地域の発見」という言葉を使っていました。地域の可能性を自らが発見する。例えば、どういうものかというと、具体的には、ここで関連している眞喜志敦さんの共同売店、これは可能性として非常に大きい。共同売店というのは単なる消費組合ではなくて、生産組合でもあり、自治をも含んでいる。自分たちで運営していく地域の要になっている。経済もエコロジーもすべて含んでいるということがあります。そういう意味では、地域循環型の経済であり、土地利用ということをこれからしっかりつくっていかなければいけないんじゃないかな、と思います。

薗　博明　先ほどは、沖縄に来た懐かしさのあまり、いらんことばかり言って、中身は一つも言っていないことに気づきました。

奄美「自然の権利」訴訟は奄美のクロウサギなどを原告に訴訟を起こし、日本で初めてということで、話題になったわけなんですが、その中の地域の状況、法廷の場での議論は一切省きました。慣行も、そういう法律もないので、生き物を原告にした裁判はだめです、ということで門前払いのような判決でしたけど、判決文の中で、七十八頁にわたって、こちらが主張したことを全部受け入れてあるので、実質勝訴であると言われております。大事な部分を私が拾っただけで、一四八頁から一四九頁にかけてありますが、判決文七十八頁の中の最後は、「極めて困難で、かつ、避けては通れない問題をわれわれに提起したということができる」と締めくくっています。そのページだけでも読んでいただければ、と思っております。

薗　博明

それから私たちが、これから環境問題を中心に、平和の問題、基地の問題を取り組むに当たって、いろんな絡みがあってつながっていると思うんです。奄美・沖縄で共通して言えるんじゃないかと私が思っているのは、地縁血縁の共同体の固いきずなです。どうでしょうか。島津の植民地収奪の中であれだけひどい仕打ちを受けながらも祖先が生き延びてきたのは、何がエネルギーになったのか。私は、「地縁血縁共同体の固いきずな」と思います。この「地縁血縁共同体の固いきずな」をもう一遍、環境問題に取り組む中で取り戻したい。それから私たちは先祖への敬愛の念、自然への畏敬の念、自給態勢の努力を営々と続け重ねてきました。この自給態勢を維持してゆくために、いろんな生き物たちを獲り過ぎないよう心掛けてきた。私が小さいとき、小さな貝を拾ってくると、親父に「海に早く戻して来い、このバカが」と言われた。やはり、自然の生態系が持続できるということを、日常生活の中でやっていた。このことを、もう一遍、思い起こしながら今につなげていかなければ、と私は運動をやっています。

今の世界は、人類の歴史の中で大変動の時期に入っている、というのが私の捉え方です。いろいろな歴史上の革命を私たちは勉強してきたわけなんですけれど、その革命に劣らないぐらい世界は大変動の時期に入っている。その中で混乱や混迷が続くと思いますけれど、その時、もう一遍先人たちの生きざまを振り返りながら、奄美の先人はこう生きたと、世界に向かって発信したいという思いもあります。とりあえず、私が気にしているのは近い将来、食糧の不足、食糧問題をめぐって世界の各地で対立や紛争が起こる。その中で、人類はどう生き伸びていくか、ということを今から考えていかなければならないのではないか、と思っています。

それから、桜井先生の「県と一緒に」という発言はうらやましいですね。鹿児島県の中での奄美は、他県にはあまりみられない特別な関係があります。

上山和男　さっき言いたくて言えなかったことがあります。実は、先ほど宜野座の話をしました。宜野座から今いる大湿帯《おおしったい》というところに入るに際して、私は一九七五年に宜野座に入ったけれども、すぐに名護プラン、逆格差論を具体的に作成した名護の役所の地域自治研究会という研究会がありまして、その人たちと最初につながって、逆格差論もいっしょに議論したし、私がこうこういう農業をしたいんだ、ということに対していっぱい協力を得たんですね。たとえば、大湿帯は当時電気がなかった、電話も入ってなかった。それからジープでも雨のときはなかなか入っていくのが難しかったというところを、彼等の協力で、大湿帯という集落が一人前の集落に、人が出入りできる、自分らが生活し、生産できる集落になっていったという経過が、八〇年前後から五、六年の間、あったわけです。

そのリーダーだったのが、岸本建男という人でした。その人が後に市長になり、そして苦渋の選択ということで辺野古に海上基地を受け入れるという選択をした。彼と私は、そう言う意味では、七五年ぐらいから付き合っているんだけれども、彼がしばしば口ずさんでいたのは、「三割自治」という現実があるんだ、ということと、公共工事及び基地依存経済ということと雇用問題との絡みで、逆格差論が実現するための政権の状況は非常に難しいということをしょっちゅう嘆いていた。そして、最終的に、私がある意味で彼と離れてしまう前後には、こういう言い方をしていた。「逆格差論というのは、地域自治体の職員としての仕事をするに際しての戒めみたいなものである」という言い方に変わってきたわけです。ここに沖縄の地方自治の置かれた現実がある。これがそのように厳しくあったんだなぁということを痛感した経緯があります。

上山和男

一点言いたいのは、私の担当したところのすぐ後にコラムがありまして、輿石さんという人が逆格差論を簡単に、こんなものはコンサルが書いた作文に過ぎない、ということで一蹴しているんだけれども、文章とコラムとの関係がどうなっているのか、という点では疑問もあるんだけれども、そういう意見があっていいと思う。いいと思うんだけれども、区別して見てください。私の担当した中のコラムとして見ないで……、（笑い）ということに気をつけていただきたい。以上です。

崎山正美　沖縄に生まれて、ずっと沖縄の問題は終わりがない、ということを今、感じています。まったく思いがけないところから復帰しまして、本土に追いつけ追い越せということで歩んできたわけですが、ずっとずっと問題だらけで、私たちは現象論から抜けきれない状況が続いてきたと思います。それは絶え間なく起こってくる環境問題と基地の問題、その対応に追われていて、内部構築ができていないことがあったと思います。

先ほど第一部でフロアから行政の縦割りについて質問がありましたが、急な質問でうまく整理ができませんでしたが、行政にいて思ったことを最後に申し上げますと、小さい自治体には企画というセクションがありますが、大きな自治体ではあまりないですよね。企画は総務課あたりに行きますが、企画調整業務の能力はほとんどない、という実態があるのではないかと思います。調整がない。企画というのは、従来ですと、開発を企画だと言っている人もいました。ところが、持続的発展的な企画をし、それをいろんな部署との調整に持っていって、理想的な形に持っていく、という部署がない、能力がない、

崎山正美

という実態があると僕は思います。

今、沖縄県は、持続的発展みたいなことを、二一世紀ビジョンで言いますが、それをやるのであれば、本当に企画調整能力を向上させない限り、これは絵に描いた餅だと思います。それは、県だけではなく市町村においても調整ということがほとんどない。調整をするということは、面倒なことを持ってきた、と思われかねない。そういう職員がいっぱいいるんですね。別に悪い人ではないんですよ。なぜそういうふうになるかというと、いわゆる定数削減を数値目標化しているわけです。内容ではなくて、とにかく職員を何人にする、というところに目標がいってしまっていて、組織の中身の議論がない、ということがあると思います。ですから、そういう中で、本当の望ましい発展をしていくというのは、なかなか難しいので、そこから議論を始めないといけないのではないか、と思います。

ただ、それは急にはできない。人材も急には育ちません。人材育成をするのも重要ですし、さらにもっと行政内部の人材の流動化を図るべきだというのが私の意見です。そこに人がいなければ外から持ってくる、ということをもっと自由にやる、ということをしないと、内部で人事を繰り返してもしょうがない。

真喜志好一　今度の本の終章で書かれていることを巡っての話ですよね。この終章で、沖縄県の二一世紀ビジョン実施計画を受けて、ここに書かれています「持続可能な琉球列島を実現しその未来を切り拓くには、キーワードとして環境・平和・自治を明確に意識した取り組みが不可欠と考える」と、ここの「環境」「平和」「自治」という三つの単語を

真喜志好一

組み合わせた言葉は、沖縄だけに出てくる言葉なんですね。「環境と自治」という言い方をヤマトのあちこちでは出来ると思うけれど、沖縄では米軍基地との関係で「平和」というのが必ずくっついてくる。ということで、一九九五年の少女暴行事件を契機にして、沖縄県民が「基地の整理縮小」「日米地位協定の改善」などを求めて県民大会を持ちました。その県民大会を受けて、日本政府とアメリカ政府は「沖縄に関する特別行動委員会（ＳＡＣＯ）」という機関を立ち上げて、半年ほどで中間報告、一年後に最終報告を出しました。これを振り返ってみて、僕らの足元を、日本政府やアメリカ政府に騙されないために、僕らがきっちりしなきゃいかん理由が一つあるので指摘しておきます。

　このＳＡＣＯ最終報告に書かれている、基地の返還リストの一番最初に普天間飛行場があって、その次に北部訓練場、安波ダム周辺にある訓練場、そしてギンバル訓練場、こういうふうに並んでおりました。この並びは、実はオスプレイ繋がり、オスプレイを配備する準備なんですね。北部訓練場を返して、高江の周りにヘリパッドをつくると言っています。二〇一二年四月に米軍がつくって、六月に防衛省が翻訳をつくって沖縄県や宜野湾市などに配付した、いわゆる「環境レビュー」をめくっていくと、その高江の周りのヘリパッドが、出発地点になって、沖縄のやんばるの亜熱帯の森を地形に沿って、オスプレイが低空飛行をしていく訓練の出発点になっているわけです。

　それから、安波訓練場を返す代わりに水べりの訓練場が欲しいということで、国頭村と東村の境目を流れている宇嘉川の河口を新たに米軍は訓練場として手に入れています。一九九七年十二月に大田知事がサインをして、日本政府は九八年十二月に閣議決定して米軍に提供している水域がある。その提供している水域は、東村のあの辺りの海域が、太平洋から一〇〇メートルの断崖がずっーと続いているんですが、宇嘉川の河口だけがすっぽりと切れている。その宇嘉川の河口にそっくりの地形のところで、オスプレイがゴムボートを下ろしている米軍のイラストがある。そこもオスプレイなわけです。

そして、さらにギンバル訓練場を返しますが、ギンバル訓練場にヘリパッドがあるので、それをブルービーチに移して後、ギンバルを返す、と。ブルービーチのヘリパッドはもう完成していて、ギンバル訓練場は去年（二〇一一年）返還式が行われたはずです。

ブルービーチに新しくつくったヘリパッドというのは、ブルービーチの岬の根っこの辺りにあって、ちゃんとしたコンクリートのヘリパッドになっています。このヘリパッドが、環境レビューの中で、スワン、白鳥という優しい名前をつけて、オスプレイの訓練場の一つになっています。海から着陸し、海に抜ける。そして、金武町上空を飛び回る。こういうふうになっているわけです。僕が言いたいのは、われわれは日本政府やアメリカ政府にいつもいいように騙されている。騙されないようにしなきゃいけない、ということなんです。今、われわれは騙されているんだよ、ということ。

それらのことを、先ほどフロアからお一人紹介していましたが、琉球朝日放送が「標的の村」というすばらしいドキュメンタリーをつくっていて、辺野古の高江の問題が扱われております。ぜひ、みなさんユーストリームで見てほしい。僕らの今を考え、将来を考えるために、日本政府もアメリカ政府も叩き潰していかなきゃいかんぞ、という覚悟を決めてやっていくことだと思います。

司会　有難うございました。今回、本をつくっていく過程で、さまざまな議論をやったんですが、一つは島々の多様性、個別性、固有性ということなんですね。今、私は宮古に住んでいます。やはり軍事基地の問題というのは、今一つダイレクトに伝わってこない部分があったりします。いかがですか？

上勢頭芳徳　宮古の方もそのようですけど、宮古には自衛隊の基地がありますよね。八重山にはないんですよ。国境地帯の八重山に、どうして基地がつくられなかったか、ということをいろいろ考えますと、宮古・八重山は人頭税時代に相当ひどい仕打ちを受けましたから、神様も「もうこれ以上、お前たちに苦労させるわけにはいかない」と思って、基地をつくらせなかったのかな、と思ったりするわけなんです。それはともかく、基地がないというのはいかに平和か、ということですね。来てみられたらわかると思います。

上勢頭芳徳

今、修学旅行生がよくやって来ます。沖縄本島で、ひめゆり記念館で体験者から話を聞いたりガマに入ったりして、直接的な平和学習をやって、それから八重山にやって来ます。それで、彼らに説明するときに言っているのは「どうです、爆音がしないでしょう。アメリカ兵もいないでしょう。基地がない、ということはいかに平和か、ということです」と、逆説的な平和学習になっている。本島の方で苦労しておられる方がいらっしゃるのに、まったくもって申し訳ないと。日本が沖縄に基地の肩代わりをさせている。八重山が本島に肩代わりをさせているんじゃないかな、とそんな内心後ろめたい気持ちがあるんです。そうは言いながら、与那国ですよ。与那国も自衛隊を誘致しようとしているところなんですね。本当にこれでいいのか。

今朝、竹富から石垣に渡ってくるときに、石垣の埋め立て地にＰＡＣ３が何台も並んでいるところを見ながら石垣に入ってきたんですが、八重山もいよいよキナ臭くなって、そんな状況になってくるのかなあと、こんなことで沖縄が平準化されてたまるか、と思っているところなんです。

しかし、基地がないから高率補助金がないんです。高率補助金なしでもやっていけるんです。そんな地域の生き方もあるってことを理解してもらえたら高率補助金のために新たな基地を受け入れるとか、そんなことはないと思います。以前、名護でシンポジウムがあったときに、本当に悪い事を言ったと思うんですが、名護市の職員に「あなたたちは、まだこれ以上欲しいんですか」と言ってしまったんです。申し訳ないことを言ってしまって、後でその職員が「抗いようのない、どうしようもないアメリカと日本政府の圧力の前に、自分たちの無力さを感じているんですよ」と淡々と言っていたことが印象に残っています。悪い事を言ってしまったなあ、と。生傷に塩を摺りこむようなことを言ってしまったなあと申し訳なく思ったことがありました。

沖縄の中でも地域によって、みなさんが温度差とおっしゃいましたけれども、宮古と八重山ともまた温度差がある、という、その辺のジレンマと言いますか、沖縄の中でのいろんなコンプレックスが渦巻いているということを申し上げておきます。

司会　今、基地の問題の話になっていますが、これは逆に言えば、宮古が抱えている水の問題、地下水汚染の問題ということは、なかなか沖縄島の人にはぴんと来ないことがある。私たちが琉球とくくっているものの中に、実はものすごく多様なものがあるということを、ちゃんと分かった上で議論を始める、というのが、この本をつくる最初の趣旨であったわけです。そういう意味では、本当にいろいろなところからの報告をいただいて、この本の底を上げている、と思うんです。上山さん、それに関連して何か……。

上山　それに関連はしていないんですが、今の上勢頭先生の話と関連しています。今名護の市長は、稲嶺市長です。この人は、一昨年の選挙で、海にも山にも基地を造らせない、とはっきり言って、そして市長になったわけです。その後、今まで保守派の、あるいは基地誘致派が多数を占めていた議会において、その後の市議選で、反市長派十二に対して十六という、安定多数の与党を作っています。つまり上勢頭先生は、あんたがた、という言い方をしたらしいのですけれども、やっぱしね名護市は変わっているということなんですよ。明らかにこの間の、復帰後の、基地問題が出た当初は、我々が市民投票をやったときに、四択というね、基地は嫌だというのと、いいというのとの二択ではなくて、経済効果が期待できるから、誘致に賛成、というのと、その正反対のやつと四つの選択肢をつくった。これは何を物語るかというと、やはり当時の名護市民は基地を受け入れるのと、経済というものと天秤にかけていたことがある。しかし今やその状況は変わっている、ということがはっきり言えます。稲嶺市長になってから、補助金は一切拒否しています。そしてふるさと納税というのもあって、いろんな人から税金が名護市に還付されてきている。

司会　他の方面から、上村さん。

上村真仁　ちょっと話が変わるかも知れませんが、桜井先生の方から、コミュニティの再構築であるとか、共同体の話がありました。復帰四〇年で共同体の意識・価値観がどのように変わってきたか。また、これから琉球列島の共同体がどのようになっていくかはとても重要だと考えています。特に、世代間での経験の共有と継承が大切だと面ます。私は、石垣島の中で、十年に満たない地域との関わりしかありませんが、その間にも、地域を担う方々の世代の交代を見ています。十年ですので十歳ぐらい世代が変わります。具体的には、私が地域に入ったころは、復帰前に物心がついていたというか、中学生ぐらいだった世代の方々が公民館の中核でしたが、現在は、復帰世代の人たちが中心となっています。また、復帰後に生まれた方々が、公民館の中核ではないですけれども、段々力を付けて、コミュニティの中心を担うようになっていま

上村真仁

す。その中で感じるのは、それら世代間での価値観であるとか、生活に対する思いとか、自然に対する関わりとかが、随分変わっていると感じています。こうした価値観や生活体験の変化が、村づくりの方針を考えるときなどに、如実に表れています。それが良いか悪いかということではありませんが、自然との関わりや自然への思いなどが希薄化しているのではないかなと危惧することがあります。

例えばこの本の執筆者の皆さんは、四〇年間の中で、環境に関わり、運動に関わる中で様々な教訓を得、経験を積まれている方々ばかりだと思うのですが、それをどのようにすれば次の世代の皆さんに同じような緊張感を持って受け継ぐことができるのか、そのあたり、世代間の価値観のギャップを乗り越え、経験をどのように共有、継承していくかが、これからの持続可能な琉球列島を構築できるかどうかの重要な鍵になってくるのではないでしょうか。

また、もう一つには島々の間での情報の共有が重要だと思います。例えば沖縄島は復帰直後から開発が進んでいますが、私の暮らす八重山はひょっとしたらこれから開発が進むかもしれません。来年の三月には新石垣空港の供用が開始します。その中で今どんどん周辺で土地を売る看板が立っています。恐らくこれからリゾートの開発や都市的な土地利用が進んでいくと思います。現在、八重山の中では、こうした土地取引の活性化を経済発展の好機と捉えようという機運があります。しかしその一方で、それらを脅威として捉え、適切にコントロールしていこうという取り組みがあまりないような気がします。他の島々の教訓を如何に生かしていくか、どう情報が共有されて、経験がシェアされて、持続可能な琉球列島に向かうか、ということが課題かなと思います。多くの先輩方がいらっしゃっていますので、問題提起になりましたが、皆さんの方から何かご意見とか、道しるべを与えていただければありがたいなと考えています。よろしくお願いいたします。

司会　本の中で、今日はちょっとお出でいただけませんでしたけれども、久米島からの報告の項で佐藤先生はクメジマボタルからの警告ということで書かれていますけれども、これはそのクメジマボタルを通して、まあ生活のあり方ですね、昔水田があった状況が変わっていって、またそのクメジマボタルというのを一つのシンボルとして、新しい動きをつくり出していっていることが書かれています。ぜひお読みいただきたい。で、崎山さんが読谷と糸満の話を書かれています。新しい地域住民の方々が担っていく役割というところを……。

崎山　地域住民が担っていく役割ですか？　糸満市の米須では、先ほど桜井先生から話がありました吉本先生に二年間来ていただきまして、その地域の自立というところをやっておりました。これは吉本さん流にいえば、「ないものねだり」から「あるものさがし」へという視点なんです。当初、この事業を導入する前に、いろんな意見がありましたが、大体吉本さんの言うとおりに流れていきました。要するにないものねだりをしてもしょうがない。本来は自分たちのある資源の中でやっていくのがいい地域を創るのではないですか、というのを言ってきまして、それが軌道に乗るまで一年ぐらいかかりました。

米須は農村地域ではありますが、吉本さんが言ったことは、これは農村問題ではありませんよ、と。そうじゃなくて、既にそこに住んでいる人々は都市的な生活をしており、純粋に農業をしている人はごく一部でしかない。大体はサラリーマンであるとか建設業です。そういう中で、この地域づくりをしないといけないというところを彼はちゃんと言いましたね。実は米須というところは、意外と移住者が多いんですよ。沖縄県外から来た人が結構いる。そういう人たちが、米須の活動に随分参加してくれました。それで大体理念を共有し、自分たちの資源でちゃんと環境を守り生きていくということをやり始めています。まだ軌道に乗ったとは言いませんが、そういうふうな地域づくりが今米須では取り組まれておりまして、これは糸満市の事業です。

司会　若い世代への継承の問題という話が今ありまして、もう一つは地域住民と新規住民との繋がりの問題があります。

崎山　米須はそういう意味では、新規住民が自治会の中にちゃんと入って、活動を担ってくれています。ですから純粋な農村とは言えない。沖縄本島中南部にはほとんど、純粋な農村はないと思います。大体はサラリーマンですよね。その中で、どう生きていくか、というところが、米須で今取り組まれています。そこで吉本さんがいつも言っていることは、「ないものねだり」から「あるものさがし」をしましょうと言っているわけです。これまで復帰後、沖縄県は高率補助の中で、いろいろねだって来たでしょう。そうじゃなくて、自分たちの資源をちゃんと確認して、そこから出発しましょう、というのが吉本さんの指導でした。

私は水俣病資料館に行きました。最初にそこの館で見るのは、如何に日本人は環境と共生してきたか、というところから始まるわけです。実はその中に、宮古島の狩俣の話が出てきます。如何に自然と付き合ってきたか、ということから始まっていって、それから水俣の壊されるまでの環境の話が出てきて、それから水俣病の発生となる状況を伝えます。最後には私たちは、ここで水俣病の被害を受けたのだが、しかし私たちはここに生きていきます、という、最後の送り出しは、水俣病患者の杉本栄子さん一家の写真が出てきます。ここがやっぱり沖縄の戦争資料館と違うところで、沖縄の戦争資料館は最後まで暗く終わっていく。水俣病資料館ではこんなにも大変なことが起こったのだけれども、私たちはここに環境を再生し、ここに生きていきます、という最後のメッセージが被害者の家族から出てくるわけです。そこがすごくいいと思いましたね。

沖縄県には戦争問題もあります。その後の基地の問題と開発の問題も際限なく繰り返してくるわけですが水俣病資料館にあるような方向性に持っていかないと、なかなか先は見えない感じがします。

司会　この本の中で、特徴となっているのは、まず一つは歴史的な背景を掘り下げていったということ。今、起こっている問題は、今起こった問題ではなくて、必ず歴史的な、時間的なつながりがあって、今がある、ということ。もう一つは目崎先生や中西先生に書いていただいたような、地理的な、シマの成り立ちの問題ですね。この二点をしっかり抑えていくことが、私たちが、自分の暮らし、コミュニティをつくっていくことを考える上で大切だと思います。目崎先生、中西先生から補足するようなことがございましたら……。

中西康博　先ほどお話ししましたけれども、私が一番強調したいのは、やはり日本の中での沖縄というのは、当然ながら亜熱帯気候下にあるので、特にその水環境問題において、水の物性が関わる湧昇流ができるかできないかということが、非常にファンダメンタルな問題だと思います。つまり、ここら辺の海というのは放っておけばきれいなんですけれども、きれいであると魚介類は生まれない。例えば東京湾、江戸前寿司っていうのは、あれは結構、循環的なものに立脚していて、簡単に言うと、江戸に住んでいた人たちのウンコ、シッコが流れて、それが魚介類に行って、それがもう一回戻っていく、ということになろうかと思うのですけれども、ここではそれをやってはいけない、というふうな土台がある。自然環境に立脚した根本的な違いがある。それをやってしまうと、つまり沿岸海域を富栄養

中西康博

化すると、ここは逆に魚がいなくなる。

水循環を見ても、最終的には海に流れ出していくわけですから、水に伴っていろんな物質が海に流れ出していく、ということからしても、ここの自然環境の健全性というのはサンゴを見ればわかる、ということになると思います。つまりサンゴを再生するということが、ここの自然環境そのもの全体を再生するということになると思います。そういう意味で、サンゴの健全性がこの地域全体の環境の健全性の指標、シンボルになる。

目崎茂和　地元で何か問題が起きたときに、敵の姿がはっきり見えている場合には非常に闘いやすいんですよね。例えば基地なんかだと、もうはっきり言えるし、犯人は分かっているんだし、ここに集約できるかどうか。

ただゴミ問題なり、なんなりとなると、自らが出した環境問題ですから、それとどう付き合っていくのか。それと同時に地域のコミュニティを作れ、作れっていうと、昔からの伝統的なコミュニティって、実は考えようによっては、人によっては、大変な毒で。地域のコミュニティ、特に島のコミュニティに同化できるかというのは、むしろよそ者だからこそ、これは昔から日本の民話の中にある「まれびと」なんですね。まれびとを如何に迎えて、まれびとは神様でもあるし、新しい情報を持っていて、神様の話は新しい力にもなるし、一方、それをうまく使いこなせない場合には、こいつを殺すんですね。まれびと殺しの民話はたくさんあります。まれびとを殺して、知識だけもらってしまう。それで自分のものにするという。これは

目崎茂和

シマ社会であれ、日本の古い民族であれ、みんな基本的には同じであって、環境問題の場合に、ここら辺の、よそ者と闘うべき相手と、それと同時に自分だけの小さいコミュニティだけに頼らずに、いろんなかたちでよそ者を引き受けながら、同時にその人たちの力も借りながら、みんなで。特に基地問題なんていうのは、三重なんかにいると沖縄では大変だな、というだけで終わってしまうんですね。やはりこういうものをヤマトなり、なんなり含めて、共有化させるということが大事で、そういう意味ではこの大学というこういう発信の場を持っているところで、学生たちを含めて、この教科書を徹底的に読ませて、ぜひやってもらいたいと思います。

司会　平良さん、よろしかったら補足をお願いします。

平良勝保　先ほども少し言いましたけれども、持続可能なシマ社会を形成するとき、人口の増加などが起こっていきます。では一体、いろんな今起きている環境問題は、仮に人口が半分になると解決するのか。つまりキャパシティを超えているのではないか。沖縄というシマのキャパシティを考えたりするときがあるわけです。これは私の個人的な発言というよりも、皆さんに習いたいのです。例えば最近、ヤマトから沖縄へ移り住む人はかなり多いと思うのですけれども、これは沖縄の未来にとっていいことなのか、悪いことなのか。そういうことを知りたいなと思います。

上勢頭　人口の増加は、私たちみたいな小さなシマにとってはいいことだと思います。ただしそこに入ってくる観光客を人口として考えると、水の問題とか、海の問題とか、交通の問題

平良勝保

とか、そういったことが関わってきますから、そういった意味では観光客が及ぼす影響ということは考えなければいけない。

先ほど桜井先生から、沖縄のビジョンのお話がありましたように、県知事は、観光客一〇〇〇万人なんて言っておりますけれども、これは水の問題、海の問題が、たちまち溢れてくる。そういったことで言えば、三五〇人の竹富島に観光客が年間四〇万人来ているということは、これはもう明らかにオーバーフローしているわけなんですが、しかし、幸いというか、ほとんどの観光客が一時間半ぐらいでするーっと帰っていくばっかりですから、お金を落とすどころか、ゴミを落とす暇もないくらいです。だからまあいいか、と思っているところなんです。だから人口問題を考える場合に、いわゆる住民登録をしている人口と、流入人口、これをいい言葉で「交流人口」なんて、かわいい言葉を使って、目先をごまかしているようなところもありますけれども、観光客の動きが重要な問題になってくるのではないかと思います。

司会　もう時間が過ぎてしまいました。会場からどうしても一言、二言、という方いらっしゃったら？

フロア　崎山さんの話に継続するのですけれども、役場の方では企画調整力がほとんどなくなっています。そういう意味では、地域政策をつくる担い手について桜井先生や砂川先生に意見をもらえたら。皆さんたちが思っている住民の定義がみんなそれぞれで、住民票を持っている人が住民なのか、ここで働いている人が住民なのかといったときに、なかなか地域づくりをする集まりに、役所の場合、参加者を集めきれないんですね。例えば代表的な事例だと、那覇市でおもろまちの開発をやるとき、最初の都市計画説明会の時は、参加者は一人だったと聞いています。

司会　マネジメント力の問題では？

フロア　いやいや、地域住民からすれば、非常に忙しいんですね。那覇市のホームページ見なさいと言っても、ずらずらずらと、子どもの人口からゴミの問題まで、みんな……。

司会 今回いろんな話者の中で出てきましたけれども、土地利用という問題は大きい。都市であろうと、農村であろうと。伝統的な土地利用の非常によくできたシステムがあったけれど、今それがなくなっている。それをもう一度取り戻すことができるのか。あるいはどこか部分的にそれを私たちが受け継いでいくことができるのか。そこら辺を、今後考えていきたいと思っています。

本当にすみません。時間がずい分超過してしまいました。最後の締めを桜井先生にお願いしてもよろしいでしょうか。

桜井 議論は終わらないと思うのですけれども、この終章のところの主張は「いかに自分たちのコミュニティを創っていくのか」ということに尽きるんですね。それは都市的なコミュニティであったり、農村的なコミュニティであったりすると思いますけれども、それを誰かが創ってくれるという発想はもうなしにしたい。誰がそこで暮らしている者と言えるか、というようなファジーなところがありますけれども、自らが創っていく、そのことが大事ですね。その中で行政とも関わる。あるいはその他のビジネスをやっている方々とも関わるべきだという話が、竹富のお話にありましたけれども、そういう、自分たちが自らの未来を切り拓いていく、自らのシマを創っていくんだ、という、その際に、他のシマの経験も役に立つでしょうし、自分たちのシマの過去のプラス・マイナスのさまざまな遺産が生かされなければならない。そういうような活動を琉球列島のさまざまな場所で展開していく中で、それをネットワークでつないでいくことで、我々は未来を切り拓いていくしかないのではないか。

私はその時に、いつも自分のベースにするのは、長年、私は東京の郊外にある武蔵野市の市民だったものですから、そこで迷惑施設である焼却炉をどこにつくるのかについての市民としての経験です。その当

時武蔵野市長はいわゆる革新市長でしたけれども、迷惑施設をどこにつくるかの判断を市民に求めるのは市民に申し訳ないという古いタイプの市長で、市長自らが苦渋の決断をしてここに決めたと市民に報告したのです。それに対して市民は、なんで勝手に決めるんだと言って、全部白紙撤回させて、朝まで議論というのを何回もやって、それで結局、一番いい場所に一番いい施設をつくろうということになったのです。恐らく全国的にもないと思いますけれども、市役所の隣につくったんです。武蔵野市民は、それまでは隣は何をする人ぞ、でした。武蔵野市では市民として登録している期間は平均二年です。ものすごくローテーションが激しいんですね。市民同士のつながりが極めて希薄な街でした。迷惑施設の焼却炉の用地決定に関わった市民たちは、そのことを契機に、折角出会えたんだから、一緒にいい街をつくろうというかたちで、焼却炉だけではない、魅力ある街づくりを自ら行っているんですね。

私はその経験を見て、それは物質的な豊かさを意味するわけでは全くないのですけれども、極めて満足度の高いわが街ができるというのを実感しました。わが友ができる。そこの中で暮らしている子どもたち、自分の子どもに限らないですよね。そこで暮らしている若者たちが、すべて愛おしくて、みんなが声をかけようとする、そういう街づくりにつながっていくんですね。これはエネルギーも何も消費しないんですね。物質も消費しない。しかし実に豊かな街が生まれると思うのです。

今まで、高率補助金で自然だけでなくて、われわれの心もかなりぼろぼろになってきてしまったのではないかと思うのですが、それを改めて、ここで、この「復帰」四〇年という節目に、われわれ自身が立つ、という、そういう志を持って、これから琉球列島のさまざまな場所で展開していくならば、その交流のネットワークというのは、日本にも、あるいは世界にも発信できるものになるのではないか、ということで、本日お集まりいただいた皆さまも含めて、さらに本日はお出でいただけなかった皆さまも含めて、そういうアクションをこれから展開していきたいと思います。本日のシンポジウムがその契機になれば、と思っております。本日はどうもありがとうございました。

司会　ありがとうございました。それでは、閉会のあいさつを地域研究所所長の緒方先生、よろしくお願いいたします。

緒方　修　五〇〇回記念は、「復帰」四〇周年と絡みまして、四月二十八日に始まりまして八回やりました。八回もやったのか、という声があるかも知れません。実はこれ少なくて、土曜講座は通常、その倍くらいやって来ております。それでこの成果も次から次と生み出しております。これは十一月に出版しました『地域共創・未来共創』という本です。それから『世界の沖縄学』、そして今回は『琉球列島の環境問題』という、既に三冊できているわけです。さてこれからお立合いでございますけれども、この後、実は「琉球の世界遺産」の本が出ます（『世界遺産・聖地巡り』二〇一三年三月刊行）。それから「尖閣列島の自然と歴史」、これは来年の一月十二日にここで開催され、十三日が石垣島であります。それからその後、土曜講座のまとめが出ます。八回のうちの四回分をピックアップしまして、出します。

今日のシンポジウムで一つだけ感想を言わせてほしいと思います。上勢頭先生がおっしゃっていた、星野リゾートとの協定書の場面でございます。指を切って、血染めの協定書だったと。この本を読みますと、「竹富島の神々に誓って遵守する」というようなところに、血染めの、つまり血判を押されたわけでございます。この覚悟がやっぱりシマを守るのではないかと、非常に感銘いたしました。それで私もこちらの地域研究所の宣伝で大変恐縮でございますけれども、本をあと四冊出します。ということは、十一月から三冊出して、あと四冊出す。七冊も、この小さな大学が出すということでございますけれども、こういう大学が他にございますでしょうか、ということなんです。（拍手）

こういう小さな大学ですけれども、ここにお集まりいただいて、それからそれが全国に情報の発信をしつつあるということです。これは紀伊國屋にも配本されます。紀伊國屋は世界中に何十ヵ所かございまして、私も自分の本をロサンゼルスの本棚で見て、非常に嬉しかった記憶がありますけれども、これは並べられるかわかりませんが、恐らくうちなーんちゅはブラジルにもおります、いろいろなところにおりますので、目に触れる機会があるのではないかと思います。ここで行ったシンポジウムが大きく言うと、世界中にまた発信する、一つのきっかけになるのではないかと思います。長くなりまして、恐縮でしたが、五〇〇回記念シリーズの締め、千秋楽ということでございます。今日は本当に奄美からもいらっしゃいました。名護からもいらっしゃいました。大変長い時間、お付き合い頂いてありがとうございました。

司会　ありがとうございました。

四、持続可能な琉球列島へ

シンポジウム（第五〇一回沖縄大学土曜教養講座）の第三部でのパネルディスカッションは、持続可能な琉球列島への出発点であった。それはまた、『琉球列島の環境問題』では二九九頁以下で述べられている。それを以下に再録して、今後の持続可能な琉球列島づくりのための当面の指針として共有したい。今後の課題は、琉球列島の各地での実践を通じて絶えず指針の見直しを行い、より実践的で内容豊富なものとしていくことである。

・・・・・持続可能な琉球列島へ・・・・・

「復帰」後の四〇年、沖縄は日本政府が進める四次の振興（開発）計画のもと、奄美では奄美振興開発計画のもと、政府支出への依存度を大きくしてきた。琉球列島における開発、近代化は、他府県なみの社会資本整備をもたらしたが、その反面で自然環境という自然資本を著しく劣化させてきた。自然資本を含む人間の暮らしに絶対不可欠な資本を経済学者の宇沢弘文は「社会的共通資本」と呼んでいるが、ここには教育や医療などの「制度」も含まれる。それを全ての人々が享受するため、どのような「政策」が必要なのかという議論も重要であるが、琉球列島の住民の自己決定の枠組みは従来「シマ」であった。公的機関の政策ないし制度に全てを委ねるのではなく、自らの生活圏に対する責任を引き受け、未来に対しても責任のある決定を行うことが自治の根幹だったのではなかろうか。

そこで大きな課題となるのが、生活圏＝コミュニティの再構築という問題である。ただし、都市的地域と農村的地域のコミュニティを同列に扱うことはできない。都市部では、保全した自然環境から享受する恵みや、共同・協働する文化（ブーやユイマール）が急速に衰退してきている。換言すればこれらの欠落を商品経済と行政サービスで補完せねば成立しない社会である。そして、廃棄物、原子力発電、軍事基地などのリスクは非都市圏に押しつけ、そこにあらゆる資源の供給を依存することで成立する社会である以上、「想定外」のアクシデントに対して極めて脆弱である。

コミュニティ再構築の当面の課題は、災害への対応、景観や緑化などを通じた街づくり、社会的弱者のケアなどを全て公的サービスに委ねるのではなく、「住民」参加ならぬ「行政」参加の中で能動的に社会制度を構築していく作業である。また、資源供給を負担させている地域へ正当な費用を支払う制度デザイン、リスクを自ら引き受ける社会基盤整備（例えば廃棄物処理施設を街の中心に設置した例がある）も重要な検討事項であろう。これらは公的機関の役割とみなされてきたが、政策立案は政治家と行政だけの専権事項ではない。

また、コミュニティや個人単位でも出来ることは多々ある。農業者や林業者の元に通って直接的に労働力を提供するグループ活動や、廃棄物の分別収集・減量、自然エネルギーの自給などに取り組むコミュニティは実際に増えている。単なる「消費者」という個人の集合を脱し、有機的な繋がりの中で小規模でも生産領域を確保し、小さな助け合い・分かち合いの領域を復元して「生活者」となることが最初の一歩となろう。再構築の基本単位となるのは、自治会あるいは小学校区（およそ一万人）あたりが適当かと思われる。「顔の見える」生活圏の再構築は、災害などのアクシデントに際して、社会的弱者のリスクを軽減させる効果も大いに期待できよう。台風接近の度に一人暮らしの高齢者宅を訪れ戸締まりを手伝うといった、非都市圏に今なお残る「当たり前」の助け合いは、小さな事のようであるが実に重要な安全保障の一要素である。

安全保障という意味では、各家屋の敷地内に作られる「アタイグヮー」の再評価も重要であろう。そこで作られる作物は、日々の食卓に一品を添えるだけではなく、社会関係の潤滑油ともなっている。これらの作物を近隣に配ることを通じて、物々交換、情報交換が行われ、独居高齢者の安全確認など様々な効用を生み出している。また、幾重もの抱護によって守られているアタイグヮーは、災害などの緊急時にも威力を発揮してきた。都市部においても、周辺に小さな生産領域を配置できるような住環境の設計を考えていかねばならない。

自ら意思決定に参加する生活圏には、愛着も湧くであろうし、コミュニティの個性を打ち出していくことも可能となる。そうしてつくられた居住者にとって魅力ある住み続けたいまちは、来訪者（観光客）にとっても魅力があり、リピーターとして訪れ、ゆっくりと歩いてみたくなるまちとなる。「住んで良し」のまちづくりが、「訪れて良し」のまちづくりとなるのである。

一方農山漁村では、農林漁業の衰退、若年層の都市への流出、居住者の高齢化が進行し、限界集落化しつつある。同時に、従来なされていた共同体のウェデー、ブー（共同作業）による共有資源の管理や民俗行事、祭事などの継続も困難になりつつある。人口流出の大きな要因が、雇用、教育、医療にあるとすれば、政策の果たす役割は大きなものとなる。

地域社会に雇用機会を生み出していく上で参考になるのは、生物多様性が高く、エコツーリズム発祥の地ともいわれるコスタリカの取り組みだ。同国には、一九八九年に設立された生物多様性研究所（ＩＮＢｉｏ）という非政府機関があるが、同研究所は地域の住民を訓練し、分類学者の補助員（パラタクソノモと呼ばれる）として雇用して植物採集・昆虫採集の業務に従事させ、同国の生物多様性の全貌を解明しようとしている。環境破壊を最小にとどめた雇用の創出であり、利益が地域に還元されるだけでなく、生物多様性の解明と保全に関わっているのだとの誇りを地域住民に与えることにもつながっている。こうした訓練を受けた人々は、エコツアーガイドとして最適任であることも重要な点だ。

世界自然遺産への登録に値すると言われるやんばるの森について、先進国日本で同様の取り組みがなされていないのは実に皮肉なことだ。日本政府は、普天間基地の辺野古への移設を容易にする目的で、やんばるの市町村を対象に年間一〇〇億円、一〇年間で一〇〇〇億円にのぼる北部振興事業を実施し、多くの箱モノをつくってきた。しかしこれらの箱モノは、以後、その維持管理費で自治体財政を圧迫することとなったのである。箱モノではなく、誇りの持てる地域と職の創出こそが公共事業として最優先で考えられるべきであろう。この点については、コスタリカのパラタクソノモに加え環境保全型農業に対する欧州諸国のデカップリング政策※も参考になろう。

※通常、農業所得は収穫量×作物価格であり、収穫量とリンクする（カップルとなっている）が、条件不利地域での農業の環境保全機能支援のために、このリンクを外し（デカップリング）、該当作物の作付の有無にかかわらず定められた直接所得補償を行うこと。

教育や医療面における政策の果たす役割も大きい。教員や医師が不足する土地に暮らす人々が、子どもにより高度な教育を、高齢者により最新の医療をと願うのは至極当然のことである。しかし、改めて小さな生活スケールからその内容を吟味していくことも必要であろう。琉球諸語の継承や、独自の民俗文化や歴史に対する理解を深めることは教育の大きな役割である。山学校での遊び（直接利益を目的としない学び）が教えてくれる自ら決めて習得する自然観・生命観は人格形成の中で大きな位置を占めよう。地域社会の担い手として必要な知識と技術の習得は、決して副次的な教育課程に押し込められる内容ではない。

末期医療の賛否はさておき、きめ細やかな予防医療の必要性を否定する人はいないだろう。そこに費やされるコストは、末期医療のコストとは比較にならない。教育や医療といった公共性の高い公的機関が担うようなサービスであっても、その内容を自ら吟味し、創意工夫して地域教育・地域医療・地域福祉として再編成していく作業が必要であろう。池間島で展開されている小規模多機能福祉施設の取り組みなどは、その一つの回答かもしれない。雇用や産業の育成、あるいは「シマおこし」に関しても、コミュニティの中で内発的に作り上げていくことは決して不可能ではない（内発的発展論については、松島泰勝：本書『琉球列島の環境問題』２．２．２（５）参照）。その際には、水俣の「地元学」など、他地域での取り組みに学ぶことも重要だろう。地元学ネットワーク主宰の吉本哲郎は、「私たちが何気なく過ごしてきた地域には、実はすばらしいものがあります。「こんなものが」と思うような「あたりまえのもの」が、実は外の人が見れば新鮮で、価値があるものだったりします。それを見出すことが地域の持っている力、人の持っている力を引き出す地元学の第一歩です。地元学は、地元にあるものを探し、新しく組み合わせたりして、町や村の元気をつくっていきます。でも、その取り組み方や対象はさまざまです。なぜなら、土地や地域が違うし、住んでいる人も違うからです」※と述べている。吉本が重視するのは内と外の眼差しのギャップである。

※「地元学とは!-」http://www.city.higashimatsuyama.lg.jp/conveni/living/kankyo/k_kihonkeikaku/jimoto/jimoto_i.pdf

吉本が示唆するものとまさに逆を行っているのが私たちの暮らす沖縄である。フォートラベル株式会社が二〇一二年八月八日に発表した「夏休み、家族で行きたい国内ビーチベスト10」によれば、一位のコンドイビーチ（竹富島）から九位の阿波連ビーチ（渡嘉敷島）まで、いずれも沖縄の自然海岸である。その片方で沖縄島では人工ビーチ造成ラッシュで、既に四〇ヶ所近くの人工ビーチがあり、計画中のものが更に一〇ヶ所もある。ラムサール条約登録候補地の泡瀬では、埋立計画は経済的合理性がないとして公金支出の差止めを命じる判決が地裁、高裁で出ているにもかかわらず、埋立が進められている。その埋立計画の中にも人工ビーチの建設が含まれている。沖縄のこうした現状を見るにつけ、「こんなものが」と思うような「あたりまえのもの」が実は価値があるのだということを、広く県民の間で共有していくことの必要性を痛感させられる。

共同体による資源管理については、環境史のパートでも触れているとおり、琉球列島には重厚な共同体的資源管理の制度である「コモンズ」が形成・維持されてきた歴史がある。現代では、県外・海外からの資源輸入あるいは社会インフラ整備などによって、自然資源を直接的に利用する頻度は急激に減少している。それに連動して、かつて資源の持続的な活用のために必要と考えられてきた管理制度や規範が弛緩するのはある意味必然であろう。しかしながら、近年の生態系サービスの議論が示すように、森林地帯やイノーなどの自然環境は極めて多用な機能と価値を有している。その維持管理を担うのは誰かと考えた時、公的機関だけに任せて解決できないのは明らかで、この六〇年の歴史がそれを証明している。実際に、様々な規制、罰則、監視、共同作業といった独自ルールを設けて森林地帯や島嶼地域の防風・防潮林、河川、イノー、御嶽などの聖地を維持管理してきたのは、ほかでもない地元共同体である。

かつてのようなコモンズの復活が困難であったとしても、そこから私たちは多くのことを学ぶことができるし、再構築の途を模索していかねばならない。それは慶良間のダイビングの事例のように新たな利害関係者の登場によって生じる展開であるかもしれないし、共同体が主体としてより重要な役割を担う展開かもしれない。いずれにしろ、その地域に住み続け、その責任を引き受ける者たちが長期的な見通しのなかで構築する制度や取り組みであれば、自然環境を無闇に毀損するような行為には及ばないはずである。

3・11を経験した今日、私たちは「地域」が生き残るためのビジョンを求めている。「復帰」直後に登場した「逆格差論」は沖縄にとって重要な思想的資産であるかもしれない。それは、かつて玉野井芳郎が提唱した「地域主義」とも通じる議論であろう。人間の生存と暮らしの基盤に自然環境があること、全ての経済活動はこの環境容量という制約のなかに規定されること、都市の論理で農村部の豊かさを測ることの愚かしさ（フローとストックの混同）、基地収入や振興開発では自立経済を達成し得ないこと、といった指摘は今なお十分に通用する内容である。ビジョンは机上の空論、理想主義に過ぎないとの批判には、実践の中から修正して応えていくほかない。問題はこの実践の内容である。本書第一章には、琉球列島の島々でそれぞれの課題に挑む実践者の生の声が納められている。当然、執筆者が皆同じ考えを持っているわけではなく、中には正反対の見解が交差する場面もある。それは私たちが認識している以上に、各シマの歴史、文化、自然特性は多様で、直面している問題に万能薬はないということである。

それでも敢えて、これらの実践の中に共通する持続可能な琉球列島を実現するための原則を導く事ができるとすれば、自然環境の保全と資源管理はどのような形で行うべきか、エネルギー供給や廃棄物処理の問題をどう解決するか、雇用や産業をどのように創り出すか、安全保障をどのように実現するか、これらを自らの問題として、等身大の生活圏に本当に必要とされる規模や質を問い直していく作業＝自己決定のプロセスが不可欠である、という点だけは言えそうである。そして多くの場合、そのヒントは足下にある。沖縄には「腰当て森」（クサティムイ）という言葉がある。琉球列島に暮らす人々は、往古より祖先（自然）に抱かれ、自然（神）に守られて生きてきた。それはどれだけ商品経済や科学技術が発達しても変わることはない生存の根幹である。ヤマチリムン（山を切る人：乱暴もの。でたらめな人）、ヤマチッチャン（山を切った：木を切ることから発し、どうしようもなくメチャクチャにしてしまうこと）など木を切ることが大きな問題を引き起こすと認識していた。ヤマヌハギイネーウミンハギーン（山が剥げると海も剥げる：山の生態系が崩れると海も貧弱になる。）という格言もある。沖縄の高齢者たちは、実体験としてその事実を私たちに伝えてくれる。奄美では木を切るときに「七代先まで考えろ」と言われるそうである。七代＝およそ二〇〇年以上のスケールで現在の行為に責任を持てという教えである。今一度、先人たちの言葉に耳を傾け、土地の履歴を学ぶことが、私たちのシマの持続可能性を探る本道であり近道なのかもしれない。

あとがきに代えて

『臨床の知とは何か』（岩波新書）という本がある。著者は中村雄二郎。私が長年勤めた文化放送の先輩でもある。もっとも創成期に少し在籍しただけとのことで私は面識はない。放送局の現場に長くいると、じっと立ち止まって考える機会はほとんどない。四半世紀も過ごした報道や制作の仕事は戦場の混乱さながらだった。迷ったら行け、という徹底した現場主義、チーム一体となった速報・即応体制、週に一度の徹夜勤務……まったく体力・気力がなければやっていられるものではない。会社を辞める時は、前線の兵士達を見捨てて一人安全な地へ逃れるようなやましさを感じたものだ。

この本を読んだのは、そうした「戦場」でくたびれ果てていた時であった。行動と共に思索の大事さをも感じた。しかし著者はむしろ「科学者達」に対し、現場の豊かさに学べ、空理空論ではなく実践を積み重ねて現実を切り開け、と唱えている。

この稿は、二〇一一年三月十六日、名桜大学総合研究所創立十五周年記念事業として開催された講演&シンポジウム「地域貢献に対する大学研究所のあり方」のシンポジウム部分から一部抜粋した。緒方はシンポジストとして、主に土曜教養講座について述べた。「臨床の知」という言葉を交えながら、五〇〇回近い土曜教養講座の歩みを紹介した。それに対し、清成忠男元法政大学理事長・公益財団法人沖縄協会会長（当時）から次のようなコメントを頂いた。この本のあと書きにふさわしいので、清成先生、小川寿美子教授（名桜大学総合研究所所長）の許可を得て再録した。

（清成氏）

沖縄大学の発表は面白いですね。緒方先生の話の中に、中村雄二郎という人の名前が出てきましたよね。中村雄二郎さん、大変優れた哲学者ですけれども、岩波新書に「臨床の知とは何か」という名著があります。先程の緒方先生の話というのは、相通じるものがあるんです。それは中村先生は近代科学の客観性とか普遍性とか、自然科学が典型、無論社会科学もそうですけれども、その科学が立派な学問的な体系を持ってる訳です。だけど、現実をみるとね、説明できない事も沢山あるということを指摘されてるんです。現実と近代科学の体系の間には、物凄いギャップがあるということを指摘されていて、そのギャップを埋めるというのは、やっぱり、事実認識、的確な事実認識と近代科学をどう媒介するかという話なんです。それで彼は、「臨床の知」っていうふうに表現してるんですが、フィールドワークの知とも言ってるんですよね。だから、現実を見ていって、現実から発見していく。（略）ＩＰＳ細胞で有名な京都大学の山中先生、臨床医だったそうですね。それから、琉球大学にも臨床医からスタートして、遺伝子研究センターに入って、色々な研究してる方がいらっしゃいます。そうすると、やはり、臨床から出てきて、それぞれの基礎と繋いでいくような分野っていうのは、さっき言った、近代科学と現実を繋いでいってるんですね。だから、中村雄二郎先生の言うような、「臨床の知」が学問と繋がるということですね。

「臨床の知」という表現を使うと、誤解が生じる可能性もあるんですけどね。医者が臨床で患者を診る時に、基礎医学、生理学に始まり、ずっと背景にあるけれども、しかし診断する時は、現実に患者の身体を診てから、そこで「臨床の知」が生まれてくる。基礎科学の応用ってのはおかしいですけども、「臨床の知」が生まれるみたいに思えてしまうような感じはあります。それは別として、現実と理論との間を詰めていく作業っていうのは、実は大学では意外にやられてないんですよね。体系だけを教えるだけで終わってる。それは、自然科学も社会科学もそうです。経済学なんていうと、非常に抽象的な理論を教えるだけで、体系を教えてる訳ですね。しかし、その体系を構築された前提条件が色々ある訳です。そういうものを皆、無視しちゃっています。ですから、実際上、そういう近代科学、習っても役に立たないということが、出てくる訳です。だから、大学っていうのは授業法は必要ないんじゃないかって気がするんです。

それから、ノーベル経済学賞取ったハイエク氏が言っているわけです。知というのは、学問的な体系の知と、もう一つは、その場の知という、つまり現場で発見される知があるだろう、時と場所が特定されていて、その場で発見される知っていうのがあるだろう「on the spot」、「その場の知」と呼んでる訳ですよね。現実に色々な判断をしていくときに、役に立つのは、「on the spot」の知の方じゃないかという、こういう指摘もしてるんです。だから、中村雄二郎さんの意見と、皆、一致していくんですね。だから、現実を見ながら理論で媒介していくようなことを、これは啓蒙とは違う、むしろ、新しい発見です。それを、沖縄大学のああいうシリーズを見てると、そこは一貫して通っているんだというふうに感じました。

私達が三鷹でやろうとしてることは、まだまだそこまで絞り込まれてないような、まだ途中だということなんです、我々の場合には、大学のためにやる、大学の行き所のためにやろうとか、そういうんじゃなくて、やっぱり社会全体の中で大学を位置付けて、それで見ていこうと。正確には、民、学、産、公といって、官っていうのは止めたんです。ですから、それのやり取りで、構築していくということになるわけです。だから、二〇の大学が参加しているといっても、大学が組織として、関わってくれているというよりも、例えば、どの大学だったら、この先生というのがいる。理解してくれて、熱心な先生がいて、そういう先生達の集まりといった方が正確ですね。大学というのが全く理解してくれない場合がある訳です。大規模な大学ほどそうなんです。大学として理解してくれてない。法政、明治、立教というのが入ってますけれども、この三大学は大学として理解してないです。しかし、この三大学の先生の中に、もの凄く理解してくれる人達がいて、この人達に共通してるのは、皆、社会という視点から大学を見て、それで市民に接するという、こういう人達なんですね。ですから、そういう人達が、多くなればなるほど良い。

そして、新しい大学が、学長が変わったことによって、三鷹ネットワーク大学を再認識されて、接近されてきているのが、嘉悦大学で、加藤寛先生が八十歳を超えて学長になられて、大学が一変したんです。それで加藤先生は、嘉悦大学というのは花小金井という住宅街にあるのですけど、学生達を地域に出しちゃうんです。商店街でも地場産業でも何でもいいから、学生を出して交流させて、自分達の立ち位置を認識させるんです。

もう一つ例をあげますと、大学が一つもなかった、足立区にある東京未来大学という変な名前の大学、そこに、モチベーション行動科学部っていう学部がこの四月からできたんです。何だか分からないですよね。ところが、日経新聞に紹介がでたんです。極めて、明解なんですね。学生達に、やる気の研究、ホームページ見たら「やる気の研究」って載っているわけですけれども、結局、進路も分からない、何を勉強していいのか分からない、学力がそんなにある訳でもない、自分達どうなるの、と。だから、入学しても退学する学生が多い大学が随分ある訳です。ところが、そういう子供達に向けて、「やる気の研究」ってのをぶつけたんです。提案したのは、理事長とリクルートから来た理事なんです。二人が私の所にその説明にやって来たんです。それで「モチベーション学部」というので文部科学省に申請したんです。そしたら却下されたんですよ。モチベーションなんていうのは学問じゃないって言われたそうなんです。動機付けですから。それで、学問にするにはどうすればいいかと考えて、「行動科学」ってのがあるから、くっつけて、いい加減な話です。それで認められちゃったって訳です。ところが、昨年の暮れ辺りから、学生の面接を始めてるんです。ＡＯ入試なんかで。そうするとね、非常に出来のいい子が来るんですって。やっぱり、学生達は皆、モヤモヤしてるんです。これからの世の中がどうなって行くのか分らない。どう生きていいかも分らない。誰も教えてくれない。それをこの自分達が探すのを大学がバックアップしてくれる。そういう大学だと思ったわけです。教育学と心理学と経営学と、三つのオーバーラップしたところで、カリキュラムがあるんですね。これ恐らく、どうなるか分らない大学ですけれども、分らない学部だけれども、学生のほうがかえって興味持ってくれたというので、むしろ学生達が、多分、新しい学部を作ってくんじゃないかと思うんです。学生と教員の、そういう実験じゃないかなと思って見てるんです。

発案者はリクルートの社員から理事になった人です。二〇〇ぐらいの大学を回ったそうです。個人的な大学観というものの見方を持っていて、それをベースにして提案したらしいんですね。ですから「そんなものは、くだらない」と言って、弾いちゃわないで、やっぱり見ていく必要があるんだろうなということです。それからその大学は、クラス担任制なんです。クラス担任は教授じゃないんです。職員なんです。それが面白いんですね。クラス担任の仕事は何かといったら、生活指導と進路指導なんです。それが背景にあって、自由に学問させるような仕組みを作ったということなんです。だから、これからどうなるかなと、多分そういう仕組みを採っていると、中途退学はないと思うんです。これからの結果を見るということで、私は楽しみにしているんです。それ以外に、三鷹と比べたら進んだ例が随分あちこちに出てきてるなという感じを持ちました。

（司会：小川氏）

はい、どうも有り難うございました。先程、土曜教養講座、非常にお褒めの言葉が高かったんですけれども、いかがでしょうか。何か一言。

（緒方氏）

いや。何か、買い被られ過ぎみたいな気もするんですけども。実は、あの、極端な例で客が五〇〇人入る時もあるんですが、だけど、これは一つの例として笑っていただきたいので、話題を提供しますけども、「禁煙講座」ってのをやったんです。「山代先生の禁煙講座」。そしたら、先生から言われたんですよ。「煙草を吸う人は来ません。吸わない人は来ません。従って、誰も来ません。」と。で、本当に、職員八人でお客さんが二人で、そのうちの一人は私が連れて来てという感じで……。また、客が一〇人っていうこともありました。それを一々土曜講座ってカウントするのかと言われると、困りますけど。実は土曜講座は五〇〇回を数えるんです。量が重なれば、質に転換するということもありうるってことですね。それだけ繰り返し繰り返しやっていると、何というか、五〇〇回だと言ったら、わっと、これやりたい、あれやりたいと、他の大学からもくるんです。是非、土曜講座でやってくれと。大臣に話つけるから、だとか、こっちが、ちょっと出来そうにないようなことも含めて……。昨日、その整理をしたんですけど、もう身の丈に合ったことをやっていこうと思いました。（五〇〇回記念大会は）那覇市民会館とかで一〇〇〇人規模でやろうとか、台北でやろうとか、福建省でやろうとか色々考えてました。何百万円か集めてと。でも、もう止めました。小さく、引き続きずっと、一〇〇人も集まればいいかなというつもりで、共同研究班なんかの発表とかですね、そういうふうにして、やっていきたいなと思っています。ただね、市民向けには非常に宜しいんですけど、学生が聞きに来ないんですね。これが大問題なんですよ。学生に是非、聞かせたいと思ってるんですけど、「土曜講座に出たら補講の代わりにするとか、出席にする」とか、色々やっているんですけど、なかなか学生が来ません。これが大問題ですね。

(清成氏)

北欧というか、ノルウェー中心に、デンマーク、スウェーデン、イギリス、ドイツ、この五ヵ国の一〇ぐらいの大学が参加したNMUっていうのがあるんですが、Northern Maritime University と言います。だから、北方海洋大学と言ってる。これもネットワーク大学なんです。結局、北方圏の水産業とか、それのロジスティックスとかですね、マネージメントとか、色々なものを含めてるわけですけど、各国に専門家がぽつんぽつんといても、トータルのまとめ役というのはいないわけですね。それで、EUのプロジェクトでその一〇大学ぐらいが集まって、ネットワーク大学ができて、カリキュラムを見てみると、偉く良くできてます。じゃ誰が、事務方やるかっていうと、事務局をドイツのリューベックの小さいシンクタンクに任せてるんです。それで今度は、そのシンクタンクを調べてみたら、例えば、水産業クラスターみたいな、リューベック市が計画しているクラスターのマスタープランなんかを作ってるんです。わりと広域的に研究してる、そういうシンクタンクなんですね。それが、EUから補助金を貰って、広域的な視点から、必要なこと、ニーズを見つけ出して、やってるわけです。そして、リューベックにある地元の大学が、一番コミットしています。リューベックの人口を調べたら、二十一万人なんです。

石巻と女川と東松島という一つの経済圏で、人口が二十一万人なんです。それで石巻の人に、「これどうだ」と言ったら、大学さえその気になってくれればと言うんです。だから東北大学もあるし、東北学院もあるし、東北福祉大もあるし、だけど誰も音頭をとる人がいない。だからもっと広く岩手大学、北海道大学などを全部ひっぱり込めばできるはずだけど、そういう声が、東北の復興では全然、出てこないというんです。非常に残念ですね。そういう試みを調べたら、恐らく、世界各地にあるんじゃないかと思います。

（緒方氏）

清成先生の音頭で、四大学の連携ＧＰっていう補助金を私達が頂きまして、一千何百万円、毎年、三年連続で貰った訳ですけれども、そこに参加したのが札幌学院大学、法政大学、高知工科大学、沖縄大学でした。街づくりのために、学生をどうやって教育するか。街づくりのためには街を知らなきゃ駄目ですね。例えば、インターシップであるとか、全部、外に出ないと話にならない。ということで強く主張して、各大学が、沖縄大学に学生を送ってくる。沖縄大学は札幌学院に学生を行かせる。法政大学にも行かせる。高知工科大学にも。それはお金があったからできたことですけどね。それの蓄積はやっぱり、これから生きてくるんだろうなと思います。

もう一つ、大学の関連で言いますとね、やっぱり大学というのはなかなか容易ならん所だと思ったのは、沖縄大学の場合、小さなところですから、この科目をちゃんと修めて、例えば私がやってる「マスメディア論」も含めて、街づくりだとか、色々なものがあります。さきほどの「地域幸福論」もありますけれども、それを二十四単位取った学生は、副専攻ということで、学長が修了証というか、副専攻の証明をあげました。それを、同時に四大学の修了証にしようと言ったらね、驚いたことに、他の大学はそれが全然、駄目なんです。特に、法政大学は大きすぎて、「今からそういう根回しは全く不可能です」と言ってました。多分、スタートした三年前にやっていても恐らく不可能だったんでしょう。そうすると沖縄大学というのは小さな所で、これ取ったら副専攻修了ですよって言ったら、あぁそうですかって皆通っちゃった。ですから、学生にはメリットなんです。沖縄大学が（図らずも）一番進んでいて、高知工科も札幌学院も理事長が言うもんだからＧＰを取ったみたいな状態なんです。その辺が、民間だったら（違うでしょうね）。容易に変わるっていうか、制度をさっと変えなくちゃいけないというか、ちょこっと変えただけでできることが（大学では）なかなかできない……。その辺が、大学の性格を変えないと、今の時代に対処できないという危機感を持ってるんです。どうも皆さん危機感が薄いのではないか。特に、沖縄大学は、一方ではこういう地域社会に開かれた土曜講座を続けてはいますが、学生が参加しない、教職員も参加しない。地域研究所だけがやってる、（となると）ちょっと危機感を感じます。

※この稿を書いた後、以下のような記事に気がついた。

「市民講座は市民を受身にする。行政に文句を言うのではなく、何が問題で、どうすればいいのか、提案する能動的な市民が必要だ」（鷲田清一、当時大阪大学学長、『教育学術新聞』平成二十年八月六日）

土曜教養講座も五〇〇回を超えた。既に啓蒙的な役割を終え、これからは能動的な市民・学生を育てる機能を強化しなければいけない。いや、「育てる」というのはおこがましい。「共に創る」気持ちが大事なのだろう

緒方　修

二〇一三年二月二十三日記す

未来《みらい》を共創《きょうそう》する智恵《ちえ》
——沖縄大学土曜教養講座が問う日本の課題——

2013年 5月24日　第1刷発行
編　者
沖縄大学地域研究所
発行所
㈱芙蓉書房出版
(代表 平澤公裕)
〒113-0033東京都文京区本郷3-3-13
TEL 03-3813-4466　FAX 03-3813-4615
http://www.fuyoshobo.co.jp

印刷・製本／モリモト印刷

ISBN978-4-8295-0586-1